路卫兵 著

中国长安出版社

图书在版编目(CIP)数据

破禅/路卫兵著. --北京:中国长安出版社, 2012.2
ISBN 978-7-5107-0500-7

Ⅰ.①破… Ⅱ.①路… Ⅲ.①女性—历史人物—生平事迹—中国—古代 Ⅳ.①K828.5

中国版本图书馆CIP数据核字(2012)第023235号

破禅
路卫兵 著

出版: 中国长安出版社
社址: 北京市东城区北池子大街14号(100006)
网址: http://www.ccapress.com
邮箱: ccapress@yahoo.com.cn
发行: 中国长安出版社 全国新华书店经销
电话: 010-85099947 85099948
印刷: 北京市凯鑫彩色印刷有限公司
开本: 710毫米×1000毫米 1/16
印张: 20
字数: 323千字
版本: 2012年5月第1版 2012年5月第1次印刷
书号: ISBN 978-7-5107-0500-7
定价: 38.00元

题 记

花气薰人欲破禅，心情其实过中年。春来诗思何所似，八节滩头上水船。

——北宋·黄庭坚

序

关于“破禅”

这本书写的是历史，也是女人。是通过历史这个载体，传递男人女人间的一些信息，其中写到了爱情，写到了婚姻生活，写到了为人处世，写到了事业与奋斗。历史流淌，改变的是朝代、制度、观念，不变的是人性、情感、生活。这些才是人生永恒不变的主题。

书中写了44位女性，分别选取她们最典型的人生经历，浓缩成44个不同的人生瞬间。这44个瞬间属于44个不同的女人，既是女人群体的一个缩影，也可以看作一个女人的人生经历。人的一生是复杂多变的，尤其是女人，很难用几个瞬间做出全面的概括。

所选女人，都是特殊的女性，是古代后宫的主人——皇后或者嫔妃，过去能有官家身份（国家养着）的女人，也就是这些了。应该说，她们是女人中的佼佼者，是古代女性的代表，搁现在就是成功的职业白领，或是尊贵的官太太。因为地位和环境的特殊性，这些女人的情感冲突更加激烈，也更具典型性。

后宫生活和现代生活比，其实没有本质上的差别，只因它的封闭而添了许多神秘。而在这个相对狭窄的空间里，更容易彰显人的本性。这里有真诚，有虚伪；有专一，有背叛；有温情，有冷漠；还有大度、包容、体谅，以及嫉妒、倾轧、愤怒。一如当代男女的相识、热恋到婚姻、事业的全过程。后宫也是一个社会的缩影，后宫女人既是生活的主角，也是权力转换的中站，从而让沉闷的政治有了炫目的色彩。

在行文安排上，我打破了传统历史书籍以时间、事件，或是归类为主线的排序方式，而是按照一个女人一生的大体走向进行安排，分成爱情、生活、处事三部分，其中加上性情，组成人生的四幕。

史料依据为《二十四史》和《资治通鉴》，并在合理范围内想象、填充、议论，绝不天马行空地戏说。在取材上，舍弃那些众所周知、轰轰烈烈的大事件，择取一些能够反映人物内心波动的小事或言论，以凸显人物的性格，力求还原其有血有肉的生活原态。在写作基调上，以情感为主线，用现代人的视角重新审视古人的思想和行为。

书名叫《破禅》，源于北宋黄庭坚的一首小诗：花气薰人欲破禅，心情其实过中年。春来诗思何所似，八节滩头上水船。

女人如花，花气薰人。女人贯穿于男人的一生，并不只在中年，只是彼时的感悟会更深一些。女人是一本书，需要男人用一生去研读。

“破”在字典中有多重解释。它有损坏、废弃之意，比如破坏、破禁；也有剖析、解释之意，比如破解、破析；还有达到、超出之意，比如突破、破纪录，等等。

破禅是用男人的视角来诠释女人，也想表达以上三个层面的意思。

首先，破禅有破戒的意思。男人可以征服世界，却不一定能征服女人。在女人面前，男人的修行和悟禅，有时会变得不堪一击、毫无用处。

第二，破禅还有悟禅、悟道的意思。男人由不懂女人到读懂女人，最终还会产生新的修为、悟出新的禅道。男人只有懂得了女人，才能真正懂得世界。

第三，破禅还有达到、超出禅之极限的意思。正如武功的最高境界是人剑合一、无招胜有招。禅的最高境界也不应该局限于禅道本身，而应超出禅道之外，达到人禅合一、无禅胜有禅。

最后我想说，破禅的不仅仅是男人，还有女人。人的一生，其实就是一个不断突破、不断破禅的过程，就看你如何去破、怎样去破了。

以上是为序。

路卫兵

2012 年 1 月 1 日

目录

第一幕 爱情篇

第一章 人生若只如初见

第三章 直道相思了无益

第二幕 性情篇

第四章 谁解女儿心

当一个人地位低下时，他不会有太高的奢望。比如刘婕妤，在她还是刘侍女时，她不会去想当皇后，而她一旦跻身高层，想法也就随之改变。人都有这样一个毛病，就是越尊贵越受不了窝囊气，刘婕妤被赵煦宠爱、受众人逢迎，偏偏矮孟皇后一个头，所以她心里不舒服。女人间较的是心劲，刘婕妤的种种表现，不过都是心里想法的外在反应而已。

小三出现，另一个女人必定受伤，特别是这个女人全身心倾注在那个男人身上时。袁齐妫对刘义隆用情之深，深到偏激，深到极端。为了刘义隆，她甚至想要杀死亲生儿子。情之深、爱之切，感情便很脆弱，也容易受伤害。袁齐妫过不了心里那道坎儿，她固执地等待老公回心转意，由失望到绝望，最后在忿恨中撒手人寰。

煽情是女人的拿手好戏，绵软无力的样子，我见犹怜，没几个男人挺得住。所以，当杨艳枕在司马炎腿上哭泣时，司马炎也会情不自禁地淌下热泪，从而答应她提出的任何要求。这正是杨艳想要达到的效果。女人柔情里的内涵，迷惑中的男人是琢磨不透的。

女人的欲望最初的表现并不明显，但会在长久的压抑中积累膨胀，一旦遇到合适机会，她们也会放纵自己，比如在她们拥有权力而又无人监督之后。冯妙莲的张狂，便是在拓跋宏南下闯天下时到达顶峰的。在那个封闭狭窄的空间里，她无节制地放纵，最终也饱食恶果。

在男权社会，女人有着诸多无奈。面对柔然可汗勇斛律的傲慢，冯跋只能忍痛将自己的宝贝女儿出嫁，而乐浪公主，也只能任凭父亲把自己作为礼物出让，没有说不的权力。她是伟大的，也是悲哀的。

第五章 只恨我是女儿身

痴心女子负心汉，是说女人比男人更痴情。男人最初的热烈，往往转化成女人最终的疯狂。丁太后情迷慕容熙，把他当成命根子，快乐悲伤皆源出此人。这种激情甚至可以提高智商，她巧妙废储，成功地将情人推向前台。不过，真情未必纯情，这种痴迷里掺杂了太多“欲”的成分，所以她最终换来的，是情人对她无情的背叛。

冯太后是性情中人，却又理智得可怕。她可以为丈夫殉情自杀，可以为情人毒杀“亲子”，却也可以做到对情人们赏罚分明。她生活放纵，却又勤政爱民、政绩斐然。理智与情感这两个矛盾相反的特性，不断在她身上交错冲突、周而复始地演绎着。她性格鲜明，活得洒脱。她的一生都充满着激情。

人的性情表现不一，但骨子里的东西却不易察觉，也很难改变。女人的名字也并非弱者。一贯柔顺懦弱的王贞风，居然敢当着众人的面顶撞生杀在握的皇帝刘彧，刚烈至此，让人在慨叹之余，又生出些许敬佩。或许这才是王贞风最真实的一面。

花蕊夫人活得真实。拥有富贵时，她会快乐、满足。失去安乐时，她会失意、落寞。在面对天子威严的赵匡胤时，她又血性彰显、豪气干云，仍旧昂着高贵的头，发出“十四万人齐解甲，宁无一个是男儿”的悲情呐喊，这让举旗投降的丈夫兼后蜀国主孟昶，以及表现得同样消沉落寞的南唐后主李煜望尘莫及，也让后人赞叹不已。

破禅

第三幕 生活篇

第六章 情到浓时情转薄

第七章 回首向来萧瑟处

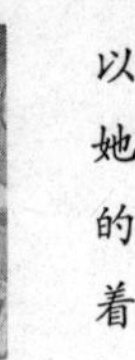

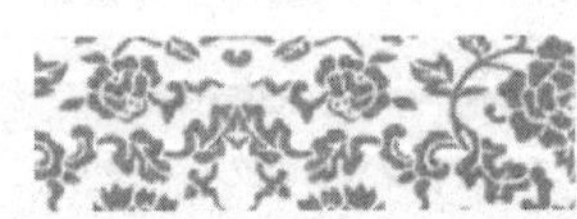

第四幕 处事篇

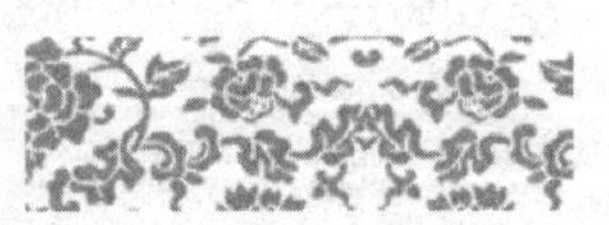

第八章 含情欲说宫中事

第九章 唯有落红官不禁

第一幕

[爱情篇]

平生不会相思，才会相思，便害相思。

——元·徐再思【双调·蟾宫曲·春情】

第一章 人生若只如初见

人生若只如初见，何事秋风悲画扇。

——清·纳兰性德【木兰花令】

01 迷茫

海枯石烂这话并不靠谱

破禅

海誓山盟总是让人感动。而与之相对应的，却往往是食言、欺骗、背叛，以及随之而来的纠结满腹、伤心欲绝。情之浓，爱之深，恨之切，这些个相近与相反的极致，总是浑然一体的。对刘彻最初的承诺，陈阿娇是那样陶醉，她不会想到，未来的金屋，将成为她承载寂寞的牢笼。

誓言是什么

除了卿卿我我，能让热恋中男女惬意的，应该还有海誓山盟。那些炙热火辣的表白，揪心撕肺的承诺，以及情意浓浓的相约，总是让人为之感动。在彼时的某个瞬间，似乎茫茫天地之中，独留下二人世界的鲜活与生动。

诚然，这种鲜活也许会幻化成泡影，生动终究趋于黯然。犹如一支满仓的绩优股，在表面光鲜的背后，有着太多的人为因素，蓦然回首，却发现它并不能套现期待的结果……不过这已经足够了，因为它已给过你希望，也已淋漓尽致地展现过了它的真诚。

与海誓山盟相对应的，往往是食言、欺骗、背叛，以及随之而来的纠结满腹、伤心欲绝。情之浓、爱之深、恨之切，这些个相近与相反的极致，总是浑然一体的。就像一奶同胞的三兄弟，本源同出却性情迥异。它们相互发酵促进，不断制造着疯狂；也通过强烈的反差，衍生出让人不忍接受的现实——从而也就有了誓言之外的另一种可能。

其实，这并非海誓山盟的过错。海枯石烂式的誓言，本就是彼时心情的一种夸张而又极端的表达，是用人们不可撼动的实物，对未来的情感做出的一个虚拟揣度。“山无陵，天地合，乃敢与君绝！”“来生再续缘，与你共缠绵。”这些主观上的意愿，又有多少可信度呢？人不会有来生，山也不会消失，天地更不可能合二为一。而让人心痛的是，“与君相绝”在操作上却具有可行性，也容易得多。

只是，人们宁愿相信它的真实而愿意乐在其中。因为那是在特定的时间、特定的环境中，发出的内心最为纯粹的呐喊，是情感升华到顶峰时的一种宣泄，是彼时情景的自然反应。不过，那时的男女不会留意韶华易逝、世事无常；也不会想到容颜易老、情难永驻；更加计算不到誓言之路的崎岖与坎坷。他们已经完全陶醉在那个定格的时刻中不能自拔了。

是的，以后的事，又有谁能说得清呢？即便还有能够兑现的海誓山盟，在置换了空间和时间之后，大多也像重新谱曲的歌词，演奏出了另一番情调。又像年代久远的水彩画，不再有当初艳丽的颜色。它已转化为一种亲情或责任，在不断的回忆中重复加深。

这其实已经很不错了。更多时候，它则会趋于平淡，重回到最初的原始状态。又或者让人变得疯狂，做出非常的举动，演变成令人心痛的结局。汉武帝的金屋藏娇，就属于这种情况。刘彻的承诺曾让阿娇欢欣喜悦，而他的最终背约，也让陈阿娇情绪一度失控，最终带着那遥远的回忆，遗憾地离开了人世。

金屋锁住一颗落寞的心

刘彻是爱过陈阿娇的。他对阿娇做出过两个承诺：我将来要娶你为妻，还要造一个很大很大的金屋子让你住。

赤裸裸的表白，天真无邪的童声，处处透着坦荡和真挚。

阿娇看得出来，这份真挚不是伪装的，是完全发自内心的，这让她无比的感动和向往，恍惚间，阿娇仿佛看到了人生未来的景象——与心爱的刘彻君在一个好大好大的金屋之中，甜甜蜜蜜、你侬我侬……

应该说，这两个承诺刘彻最后都实现了：陈阿娇先是成了太子妃，刘彻当了皇帝后，她又升格为皇后。同时伴随她的，还有一座金碧辉煌的新居。

只是后来的结果，没能像阿娇所希望的那样。金屋的坚不可摧，并不代表情感的永恒，刘彻最终将他那颗曾经火热的心带走，却把阿娇的那一颗永远锁在了那里，孤孤零零地映衬着四周的耀眼光芒，慢慢在落寞中枯萎、凋零。

金屋藏娇的典故，大家耳熟能详，但它并非正史记载，而是出自《汉武故事》一书。此书又名《汉武帝故事》，是一篇史传类的志怪小说。既然是小说，其中当然会有杜撰演绎的成分，史书典籍是绝不会记载诸多详细的生活细节的（就连陈阿娇这个名字，在正史中也找不到，为了行文方便，咱们姑妄呼之）。然而它也有一定的可信性，至少它是在基本史实的基础上进行的合理延伸。

小说中的人物对话是否有过，这个固然无法考证，但是汉武帝对陈阿娇的宠爱，却是有史可寻的。陈阿娇被立为皇后，武帝“擅宠骄贵”(《汉书》)，那是万分呵护甚是喜欢的，这也足见二人婚后最初的那段生活还是非常幸福甜美的。

由此我们也可以肯定，刘、陈二人是有着一定感情基础的。如果他们远离人群，去到传说中的桃花源，过那种“采菊东篱下，悠然见南山”的世外生活，他们一定会幸福美满、终老一生的。

然而，世外桃源，不过是人们逃避世事的一种理想，是对纯真爱情和恬静生活的一种向往，是苦闷困顿之时的自我解脱而已。犹如海誓山盟一样，其中夹杂着诸多虚拟的成分。善良无助的人们总是设想着远离人群，远离尘世的躁动与喧闹，但无奈的事实却是：人终究不可能离开人群，人也不可能彻底隔绝各种诱惑，做到完全的潇洒超脱。刘彻和陈阿娇也不例外。

诱惑与困扰

让刘彻不再留恋陈阿娇的原因有两个：一是美色的诱惑，二是子嗣广延的困扰。

若论政绩，汉武帝的雄才大略是被历史所肯定的。政治上的老练与机敏，注定了他情感上的多元，也注定了他不会专属于一个女人。

情感上始终如一的皇帝，在历史上也曾有过，比如明朝的宪宗皇帝，就一如既往地爱着大他 17 岁的万贞儿，虽一生政绩平平，却书写了古代帝王在感情世界里的奇迹。

从性格上讲，明宪宗在感情上有着强烈的排他性，而汉武帝却没有。他会为了卫子夫而舍弃陈阿娇，没了卫子夫，他还会喜欢上钩弋夫人。就是到了晚年，他仍会迷恋上有“北方佳人”之称的李夫人。（有关明宪宗、万贞儿、李夫人的事迹，后面会有专章论述）

刘彻的爱是多元的，情感是波动的。与明宪宗相比，刘彻更像一个饱食人间烟火的普通人，而不是羽化成仙的神圣。

陈阿娇没有为刘彻生儿子，这也是他们感情淡化的原因之一。母凭子贵，向来是古代后宫的潜规则之一。而作为一个皇帝，刘彻也不会不考虑龙脉的传承、帝国的延续。这就让刘彻在面对色诱之时表现得更加坦荡，不再过多去理会阿娇的感受，心安理得地撇下陈阿娇，移情卫子夫。

当然，这两点都是客观原因，你也许会说，如果刘彻心里对阿娇始终如一，也一样会保住那份纯真的爱情，人家陈阿娇不就做到了吗？

阿娇能做到，刘彻未必能做到，作为皇帝，他在感情上，在生活上，在其他任何方面，都是主宰者的身份，他也有重新选择的权力。就像现在好多热恋中的男女，问题总是会出现在条件优越、占据主动的一方。

现实就是这么无情——谁付出的多，谁受到的伤害也就越大。阿娇没得选，她只能面对随之而来的种种变故。

和所有女人受到情感冲击时的反应一样，陈阿娇在茫然心痛之后，也没能控制住妒火的蔓延。她也是饮食男女，也是一个血肉之躯，她一样有普通人的情感，有着普通人的七情六欲。在皇后的光环笼罩之下，她有着一颗更脆弱、更容易受伤的心。

阿娇不希望别人来抢她的东西，更不希望别人和她抢老公，她会因爱成妒，因妒成恨。卫子夫的出现，无疑刺激了她这种潜在的意识，在积攒到一定程度必须爆发时，她会在懵懂之中做出任何非常规的举动。

犹如溺水之人绝望时会抓住任何一根救命的稻草，并在内心渴望着这根稻草产生神奇的力量。万般无奈之下的陈阿娇，最终选择求助于巫蛊之术，希望藉此来消灭情敌，挽回那早已消逝的渺无踪迹的爱情。

我们可以想象一下，当刘彻和卫子夫一起酣畅地享受着那曾经属于阿娇的甜蜜与温馨时，阿娇却独自一人空守金屋，企盼上天会来拯救她的爱情。这是多么的无奈，又是多么的悲哀！

稻草就是稻草，不会变成诺亚方舟，也不会产生神奇的力量。相反，它却会带来另一种结果：你会因为太用力地去抓，而让自己的身体瞬间失去平衡，也会因此忘记了凝神屏气，迅速而慌乱地沉入水底。

事情败露之后，陈阿娇离开了那个曾给她带来过欢乐，承载着她无数梦想的金屋。她被无情地打入了冷宫，在青灯照壁、冷雨敲窗中，孤独地渡完了余生。

春残花渐落，红颜老死时。这是一副何等的凄凉景象！

回到最初

甜蜜温馨的开篇，花落人亡的结局。事情走到这步田地，我们不得不重新审视一下刘彻当初的海誓山盟。

上面说到的两个原因，不过都是刘彻移情别恋的外因而已，是外部的诱惑。那么，这里面还有没有更深层次的原因呢？毕竟当初的刘彻是那样的信誓旦旦。

答案是肯定的：有。在后来的一系列悲情剧集中，我们往往忽略了事情最初的本质。

也许，刘彻的承诺并不是阿娇想象的那个样子。那时的他们，还不过是几岁的小孩子。也许那句阿娇用生命铭记的话语，不过是刘彻当初一时的冲动，或是天真烂漫的童言。

一个少男对少女的承诺，在乎的不是如何兑现，而是所能沉浸的最大欢乐。这一方面说明少男少女情感上的真挚纯洁，绝无私心杂念；另一方面也说明这种感情并不成熟。

所谓的金屋，在后人眼里，其实早已被赋予了更高、更深层次的意义，而不是当初原始的样子。后人的揣度和美化，并不能代表刘彻当初的心声。或许在他心里，那时的金屋，更像一枚五彩斑斓、充满着无限诱惑的棒棒糖，仅仅是一个有趣的玩具罢了。

02 羞怯

那一低头的温柔

低头红脸的娇羞，是中国女性的传统美，也是备受中国男人推崇和喜爱的美。元顺帝最初便是被完者忽都这种娇羞迷住的。然而，当完者忽都完成从一个普通宫女到皇后的角色转化后，她失去了昔日的风情万种，变成了一个对权力充满了无限渴望的可怕女人。而她先前透支的快乐，也最终转换成烦恼和仇恨。

美丽的完者忽都

如果不是当初的美丽，完者忽都也不会有后来千丝万缕的哀愁。

在常人眼里，完者忽都是幸运的。一个地位低下的宫女，能够得到皇帝的注意和宠爱，进而享尽荣华富贵，这已足以令人艳羡了。何况她还最终得以正位后宫，成为了万人瞩目的一国皇后。

然而，完者忽都也是悲哀的。地位的变迁，使她的人生目标也随之发生改变，由此也平添出许多的烦恼和忧愁。可以说，完者忽都的美丽与哀愁总是相依相伴的，就像两个连体的婴儿，你无论从哪个角度去看，他们都有着相互交融的一部分。

完者忽都是元顺帝的第三任皇后，高丽人。元顺帝名叫孛儿只斤·妥懽帖睦尔，是元朝的第十一任皇帝，也是元朝的最后一任皇帝。在完者忽都之前，顺帝先后立了答纳失里和伯颜忽都为皇后。在答纳失里为皇后时，完者忽都还只是皇宫里的一个小宫女，工作分工是“主供茗饮”(《元史》)，就是负责给元顺帝端茶倒水的。

如果能这样一直持续下去，完者忽都日子过得倒也快活，因为并不是谁都能在皇宫里找到一份比较稳定的工作，既不用挥汗如雨、风吹日晒，又能旱涝保收，夫复何求？但完者忽都并不这样想，她想融入到另一个世界里。

工种虽然低下，完者忽都却有着极具弹性的发展空间。因为她可以近距离地接触皇上，这是那些王公大臣、国家栋梁们都不敢奢求的。犹如时下领导的司机、秘书，甚或是给领导洒扫房间、铺叠被褥的服务人员。他们能更方便地渗透到领导的私人空间，更容易给领导留下深刻印象。

所以，当他们一朝升迁时，你也不必大惊小怪。咦，他们什么都没干，怎么给的乌纱帽比我还大？凭什么！

凭什么？能问这话你就永远不会受到重用。啥叫政治上不成熟？这就叫政治上不成熟。人家干的时候，你早下班去喝咖啡了。人家都把你喝咖啡的时间用在了“工作”上，不提拔他提拔谁？

再者说，我们任用干部的一贯原则就是知人善任。这些人最容易被“知”，当然也就最容易被“任”。

完者忽都不但具备司机、秘书的优势，而且还具备他们所不具备的优势——她是一个女人，一个非常美丽的女人。完者忽都的美丽，不是那种花瓶似的美丽，看久了会生厌。她的美是一种灵动的美，是既漂亮又聪明的那种。她能从众多的茶水工中脱颖而出，就已经充分印证了这一点。

完者忽都的绝活儿

完者忽都的工作很简单，简单到随便哪一个人都能做。但它也很讲技巧，不是随便哪一个人都能做好。俗语说，伴君如伴虎。光知道守着皇帝威风，看着皇帝舒坦那不行，你还要看到危险。因为你不知道这只老虎什么时候温顺，什么时候会发飙。比方说，你不小心跌倒摔破茶碗或是递茶时洒了皇帝一身，那后果就会不堪设想。

技术熟练，这还是最基本的，顶多说明你具备了任职资格，可以保住饭碗而已。完者忽都的本事当然不止这一点，她很会察言观色。

顺帝不高兴时，她就低眉顺眼，大气不出，尽量缩短沏茶倒水的时间，把水温调到口感最舒适的温度（还不能以口试之，像给孩子喂奶那不行，要全凭手感），并注意到皇上有可能迁怒到的任何细枝末节。

顺帝高兴时，完者忽都也会完全放松，杏眼桃腮地展现一下女人的魅力。这种展示也是要讲分寸、讲技巧的。顺帝既然能悠闲地喝着茶，就有可能在喝茶之余环顾四周，这时，完者忽都会有意无意的让顺帝注意到她的这种变化（最好杏眼桃腮与顺帝的环顾相同步）。这情况不用多，一次足矣。

试想，当顺帝正在心里念叨世界真美妙明天会更好时，偶然间与春意盎然的完者忽都四目相对，碰撞出的火花一定是十分温馨的。接下来的完者忽都，会倏地一下羞红了脸，然后娇羞地低下头去……徐志摩曰：最是那一低头的温柔，像一朵水莲花不胜凉风的娇羞。

这种低头红脸的娇羞，是中国女性的传统美，也是备受中国男人推崇和喜爱的美。这种美会让顺帝的目光增添些别样的风情，会让这个惯看风月的男人心中一荡。荡的次数一多，便会一把搂将过来，做进一步的亲密接触。亲密接触多了，则渐渐由爱生怜，再也不忍心让完者忽都干那些端茶倒水的粗活了。

完者忽都就此顺利完成人生角色的重要转变，由一个“低级公务员”变成了后宫的“后备干部”。

官，不是那么好当的

然而皇帝喜欢，不等于皇后也喜欢。事实上，这种情况多数会成反比，皇帝越是喜欢，皇后越是讨厌。所以当顺帝和完者忽都黏糊到不可开交时，答纳失里便开始咬牙切齿了，她开始千方百计寻找完者忽都的过错。

人生往往就是这样，没有谁总是一帆风顺的，在看似平静的表面，风浪和暗礁随时都会出现。而要想最终到达彼岸，你就要学会忍耐和承受。就像你是底层工作人员时，烦恼仅限于工作本身，而一旦成为中层干部，你还必须面对同级的排斥和来自上级的吹毛求疵。

伴随锦衣玉食而来的，是皇后答纳失里的“数棰辱之”(《元史》)，对完者忽都或鞭打或辱骂，无所不用其极。这让完者忽都会偶然回想起那段当宫女的快乐日子，那时谁也不会注意到她，谁也不会忌恨到她。皇帝一个满意的微笑，都会让她高兴好半天。

有些事纯属鸡蛋里挑骨头，答纳失里完全由着自己的性子来，尽管完者忽都赔尽了小心，仍旧不能幸免，但她现在没有办法，她只能面对，也必须面对。任何事都有一个适应的过程，她要适应新的岗位，也要让答纳失里逐渐适应她，接受这个事实。她知道，只有时间才能改变这一切。

让完者忽都庆幸的是，答纳失里的皇后只当了一年，便因受牵连而被逐出了宫门。事情来得很突然，以至于答纳失里都没来得及细心体会到底发生了什么。答纳失里的哥哥、御史大夫唐其势谋反，事败后被杀。和哥哥一同起事的弟弟塔剌海无路可走，就跑到了姐姐的后宫藏匿。答纳失里心疼弟弟，情急之下“以衣蔽之”(《元史》)，这个下意识的动作触犯了大元的法律，她犯了窝藏罪，被就地免职，开除出后宫。过了不久，答纳失里又被毒杀。

答纳失里一死，皇后出现空缺，顺帝便想立完者忽都，结果遭到丞相伯颜的反对。伯颜当时把持朝政，势力很大，顺帝做不了主，最后还是立了伯颜忽都为皇后。为了慰藉完者忽都，顺帝给了她一个安慰奖，册立她为第二皇后，在待遇上和正宫皇后一样。后宫二把手，对于完者忽都来说，多少有点遗憾。不过这已经是直升机似的升迁了，尊容显贵，今非昔比。

完成了角色转换

随着地位的变化，完者忽都的性情也开始发生变化。变化总是潜移默化的，绝非一日之功。最初完者忽都的变化并不明显，甚至在一段时期之内，她仍保持着先前的本色。完者忽都出身低微，一朝得势，当思来之不易。她对现在的位置是非常珍惜的，她要努力提高素质，以迅速适应新的环境。

没事的时候，完者忽都便拿《女孝经》来看，或者从史书中寻找历代皇后的贤德行为以便效法，努力将自己打造成一个母仪天下、素质过硬、受人民拥戴的好皇后。

最为难得的是，她还保持了善良本色，能够体恤穷人。至正十八年(1358年)，京城饥荒，饿殍遍野，完者忽都便开设粥厂，救济饥民。她还拿出自己的私房钱，让资政院收葬那些被饿死的饥民尸体，共有十万具之多。

然而，一个人养尊处优惯了，是很难再切身感受先前的穷苦日子的。完者忽都的这种爱心和善举，也会随着时间的推移而淡化。而一个人地位的变化，也往往会带来性情的变化。随着时间的推移，完者忽都彻底完成了角色转化，变得现实起来。有个小例子很能说明问题。顺帝的第二任皇后伯颜忽都生性节俭，在她死后，完者忽都看到她留下的衣服破旧不堪，竟然讥笑说：“正宫皇后，何至服此等衣耶！”（《元史》）正宫皇后原来就穿这个啊，还不如我这候补的。

这还不算什么，关键是完者忽都还对权势产生了浓厚的兴趣。她深深知道，她之所以能有今天，都是因为她有了权势，所以她极度渴望权势的长久，这个念头在她的儿子爱猷识理达腊成为皇太子后尤为强烈。

顺帝厌倦朝政，完者忽都便与爱猷识理达腊密谋，准备让顺帝退位。她向当时的丞相太平表达了这个意思，想借助他的力量来推动此事。此事干系重大，太平没有答应。顺帝后来知道此事，感到非常震惊，也很愤怒，开始疏远完者忽都，一连两个月都没搭理她。

此时的顺帝也已意识到，完者忽都已不再是昔日那个风情万种的小宫女了，而是变成了一个对权力充满了无限渴望的可怕女人。

那一低头的温柔

完者忽都的哀愁，还来自家庭的不幸。她的家庭演变过程，几乎和她本人的蜕变过程同步，到后来，已找不到任何当初的影子。

完者忽都的家庭，本是高丽国一个最普通的老百姓家庭，每天过着日出而作日落而息的简单生活，虽然辛苦，倒也其乐融融。但在女儿当上大元朝的皇后之后，其家庭成员也就鸡犬升天、日益显贵了，当然也就变得日益骄横起来。到最后，他们已不把任何人放在眼里，甚至高丽王，在他们眼里也不算什么了。

凡事须有度，超过这个度，就会打破一种潜在的平衡。完者忽都家族的飞扬跋扈，终于挤对得高丽王忍无可忍，一气之下，把他们一家子全给杀了。

失去亲人的完者忽都，似乎一下子憔悴了许多，昔日的风采登时踪迹全无。她万万没有想到，她努力编织的幸福生活，会一下子沦落到如此不堪的境地。先前透支的快乐，此时转换成了无尽的烦恼和仇恨。

情绪失控的完者忽都开始鼓动太子为她的家人报仇。爱猷识理达腊也毫不含糊，亲自领兵一万，雄赳赳，气昂昂，跨过鸭绿江。结果爱猷识理达腊中了高丽人的埋伏，被杀得大败，一万人马只剩下十七骑逃了回来。

大仇未报的完者忽都自此更加郁闷纠结。不知她看到那狼狈不堪的十七骑时，还会不会想到当初她向顺帝递茶时，那一低头的温柔……

03 纠结

只因多看了你一眼

破禅

一次简单的会面，却引起当世的误会，后世的猜测。若是南子活到现在，她的内心是喜是悲呢？之所以出现这些令人纠结的事，只因她对自己所崇敬的人多看了那么一眼。不过南子不在乎这些，因为她本就是一个为爱而生的性情女人。倒是孔子的闪闪躲躲，给原本简单的事情，增添了些新的作料。

因一次会面而红了千年的女人

王菲在《传奇》中唱道："只因为在人群中多看了你一眼……"若是南子活到现在，听到天后的这个演唱，内心是喜是悲呢？

当然，我们不是说"子见南子"是如何一出类似言情的传奇故事，而是，因为南子与孔子的一场会面，多看了一眼，便一直在后代人无穷的猜测、争议中红火到了现在。关于孔子到底和南子有没有关系，南子究竟是一个什么样的女人，近年来也被广泛挖掘，在电影《孔子》中，更将这一出演绎成了纷纷扰扰、桃花篱落的现代情感剧。

那么，孔子到底和南子有没有关系，是否发生过类似言情剧的传奇故事呢？我们不妨先来回顾一下"子见南子"的场景。

子见南子，《史记》的记载非常简略，当时南子躲在絺帷中（夫人在絺帷中），也就是帏帐纱帐之类的东西背后，孔子进屋行礼，"北面稽首"，然后南子还礼，"自帷中再拜，环珮玉声璆然"，声音响过，叙述也就戛然而止，没下文了。

太史公的春秋笔法，也给后世带来无限遐想的空间。让人产生歧义的是孔子见完南子后，见“子路不说（悦）”，便信誓旦旦，说“予所否者，天厌之！天厌之！”如果我做了什么不正当的事，那就让上天来谴责我吧！

子路的不悦和孔子的解释，让本来很含糊的事情，变得更加扑朔迷离，从而也饱受后世非议。许多人由此便出来质疑，说如果孔子没做过什么，那还用得着解释吗？身正不怕影子斜，公道自在人心。解释就解释吧，还重复说了两句“天厌之”，这不是越描越黑吗？颇有做贼心虚之嫌。

不光子路，时至今日人们也还有如此的反响。其实这也很正常，南子是卫灵公之妻，是卫国的一国之母，在当时属于公众人物。最重要的是，她还是个名声不佳而又漂亮的女人。所以“子见南子”就格外引人注目，也就难免饱受非议。

那么，事情果真如此吗？未必。

我们先说子路为什么不悦？这其实和子路的性格有关。《史记》上说，“子路性鄙，好勇力，志伉直”，该是个实心眼的人，抑或说是个豪爽或者鲁莽的人。这样的人有点什么事都会写在脸上，不会隐藏在心里。恩师与南子这样名声不佳的人会见，子路自是认为有辱斯文，所以会不悦。

也就是说，子路不悦，不是说孔子和南子做过什么事，而是他根本反对孔子去见南子。见，就是让人不齿、也是让人不爽的事。

那么孔子有没有必要解释呢？有，而且很必要。虽然孔子当时已经50多岁了，未必就要子路来教他该做什么和不该做什么。但当时这个事情也确实非常敏感，容易让人产生误解。子路的不悦，也正是孔子所担心的，所以孔子要解释。

我们不能因为孔子解释了，就说他有问题。谣言止于智者，不过是一句宽慰人心的话，未必人人都是智者不是？况且，彼时的孔子还未达到“耳顺”的境界。

子路是个粗人、莽夫，和智者本就不沾边，解释都不一定能理解，更何况不解释呢？子路作为第三者，其看到和理解的，本就和当事人双方有着一定的偏差。但是谣言的流传，往往又是第三者的主观意愿，这太让人纠结了！所以孔子要正其视听，将问题解决在萌芽状态。

由此可见，子路的不悦和孔子的解释，并不能说明什么问题，更不能看作孔子与南子之间有事儿的依据。

子见南子，就像现在娱乐圈的炒作，让南子一夜成名，并一直红火到了现在。若不是孔圣人的思想流传至今，作为春秋时期的一个国君夫人，就算当时多么著名、多么漂亮，南子怕也不会成为现代人茶余饭后的谈资。假如南子活在当代，她该万分感谢孔子。

可惜，南子没有赶上好时代。她丝毫没有恶意炒作自己的念头，却不断经受那些好事者的意淫，这是不公平的。犹如时下一些人极其变态的心理，看到他人倒霉，在没有搞清事情来龙去脉之前，就无原则地去摇旗呐喊，以满足自己自私狭隘、阴暗邪恶的内心。

是坏女人还是为爱而生的性情女人

那么南子究竟是一个什么样的女人？太史公没有专门记述，只是后人略有评价而已。《十三经注疏》中有引用汉代孔安国的注，说“南子者，卫灵公夫人，淫乱”。话虽不多，却给定了性，就像歌词中唱的：是个坏、坏、坏女人。

其实我们应该重新审视一下南子这个人。她是不是就是后人所说的淫乱女人，是不是已经淫荡到了不可救药的地步呢？

说南子淫乱，主要源于两个方面的事实：一是南子未出嫁之前，与宋国的公子朝相好；二是南子嫁给卫灵公后，与弥子瑕有染。这两件事，就像一个人头上的癞痢或毒疮，成为南子挥之不去的瑕疵。下面，我们一个一个地说。

首先是她和公子朝的一段情。这个实在没必要大惊小怪，南子是当时宋国的公主，公主与公子谈个恋爱，不是很正常吗？南子未出嫁，有选择爱和被爱的权利，至少跟淫乱扯不上边吧？况且，彼时的中国，三从四德的理念还未成为思想的主流，男女间没有太多的禁忌束缚。窈窕淑女，君子好逑，在当时是被歌颂的。

其次是她和弥子瑕的暧昧绯闻。这个就更离谱了，弥子瑕是谁？卫灵公的宠臣。《韩非子》有记载：弥子瑕“有宠于卫君”，曾以“余桃”喂卫灵公，就是在朝会上把自己吃了一半的桃子喂给卫灵公吃。卫灵公非但不恼火，还对群臣说弥子瑕很知道心疼他，觉得桃子好吃就惦记着给他吃，美得屁颠屁颠的。你想到了什么？断背山？也许，卫灵公喜欢的根本就是男子而非南子。

而且，南子为什么要嫁给卫灵公？这是政治婚姻，不是南子所能左右的。不能和心爱的人在一起，却嫁给一个比她大30多岁的糟老头子（据说南子和卫灵公差30岁），搁你你愿意？至于对同样不离卫灵公左右的弥子瑕，南子会不会因日久而生情，这个倒还真有待考证。

南子出嫁后，又偷会公子朝，也是她淫乱的一个重要佐证。但这里面还有一件事需要说明，就是《左传·定公十四年》中记载的，卫灵公曾“为夫人南子召宋朝，会于洮”。要说卫灵公这个人的行为，也确实令人匪夷所思，主动安排老婆和老情人聚会，这不是一个正常男人能干得出的事。

有这样的老公，南子根本没必要去偷会公子朝。所以这就有两种可能：不是人家南子和公子朝没事，就是卫灵公有强迫型精神分裂症。如果是后者，面对这样一个老公，南子做出任何出格的事，是不是都可以理解呢？

关于南子淫乱的绯闻，就仅限于上面提到的这两个人，并无其他例证。就此而说南子淫乱，似乎证据不是很充分。相反，我们倒是从她与这两个男人的绯闻里，看到了一个勇敢而率性的性情女人。

南子的绯闻，只让一个人受不了，就是南子的儿子蒯聩，他甚至产生了杀死母亲的念头。蒯聩路过宋国，听到有人唱歌，“既定尔娄猪，盍归吾艾豭”（《左传·定公十四年》），既然已经满足了你们的母猪，为什么还不归还我们漂亮的种猪呢？这歌唱得是相当的恶毒粗鲁。我们的问题又来了——在荒郊野外唱歌的这人是谁呢？他唱这歌意欲何为呢？

《左传》中说唱歌的是“野人”，该“野人”不是尚未完全进化的人，也不是粗鄙野蛮之人，而是居住在郊野之人，普通老百姓。这就难免让人产生疑问了，当时通讯媒体并不发达，哪里会像现在屁大一点事就能炒得地球人都知道呢？一个普通老百姓整天种地看孩子，从哪里知道的这些？还将其作词谱曲，娱乐生活，很奇怪。

那么，都有什么人会知道南子的事呢？首先，这些人肯定是能得到内幕消息的人，绝非一般等闲之辈；第二，这些人是有文化的人，谱成诗歌唱颂便是证明。当时的文化，可以说是一种只属于上层人士掌握的奢侈品，老百姓根本就不识字，更别说作诗唱歌了。

更重要的是，他早不唱晚不唱，偏偏在蒯聩经过的时候唱，很蹊跷。这只能说明一个问题：这是有人刻意安排，故意唱给蒯聩听的。

综上所述，我们不难得出结论：南子的绯闻，肯定是从王宫内部传出去的。如果是这样，其中便有了不确定的因素，因为政治上的勾心斗角本就可以充当谎言的催化剂，到最后，还有几分可信度呢？

子见南子究竟发生了什么

了解完南子，现在我们回到最初的那个问题，看看南子和孔子之间到底有没有事情发生。在此之前，我们先搞懂事情外围的几个问题：第一，南子为什么要见孔子？第二，孔子对南子什么态度？第三，孔子为什么一定要去见南子？

南子为什么要见孔子？南子会见孔子是什么心态？我们可以用排除法一一分析。

一说孔子是帅哥，南子想要霸占孔子。此说虽然可笑，但支持这种说法的人也不在少数。原因是：孔子身高“九尺有六寸”(《史记》)，大高个儿，相当于现在一米九几，有型。其实大高个未必就是帅哥，况且孔子“生而首上圩顶”(《史记》)，实在和帅哥二字相去甚远。

二说南子是想与名人睡觉的心态。就像现在的意淫，要的是那感觉。这也很滑稽，为什么？孔子现在是圣人，可在当时根本不算什么名人，没有现在这般地位。南子无论从哪方面讲，都不逊于孔子。况且那时的孔子岁数也不小了，南子未必就有恋父情结。

三说南子想追星。也很幼稚。孔子也不是什么星，孔子在当时小有名气，但也不至于引起南子的骚动。当时的孔子颠沛流离，居无定所，往返于各国之间，讲学、传道，也就相当于现在的巡回演出，还处于走穴阶段，连吃饭都成问题。虽属于明星之列，也绝不是什么大腕。

其实，南子召见孔子，更多的还是出于尊重和仰慕。“子见南子”应该是在友好和谐的气氛中进行的。南子躲在絺帷之中，孔子进屋行礼，南子回拜。很客气、很有礼仪的，甚至二人都没有近距离接触。

而南子“环珮玉声璆然”，说明当时南子的穿戴很整齐，装束是很庄重的（并非着急慌忙脱衣服发出来的声音），由此也可以看出她对孔子的敬重。从这种庄重的态度来看，南子肯定也不是个完全不讲究的人，绝不会发生什么形体诱惑，或是语言挑逗之类的肤浅事情。

世人多有这样一个误解：淫妇必是见人就要上床，流氓必是见谁都要占有。其实也不尽然。照此等理论，敢情人家南子除了上床就什么也不会了呗？她在召见孔子时说，“四方之君子，不辱欲与寡君为兄弟者，必见寡小君”（《史记》），这说明南子是参与政治的，也是懂政治的，出于对孔子的仰慕，对人才的渴望，所以心向往之，这些想法应该是很正常的。

南子召见孔子，还有一个原因：她和孔子是老乡，孔子祖上也是宋国人，《史记·孔子世家》中，说孔子“其先宋人也，曰孔防叔”，根儿在宋国。南子是从宋国嫁来的公主，异国相遇，见个面太正常不过了。况且，南子也不是只欣赏孔子，她对有才能的人都很欣赏，比如被卫灵公称为贤大夫的蘧伯玉。难道南子和他也有一腿？

孔子见南子，既然知道会饱受非议，那么孔子为什么还一定要冒险相见呢？孔子注重名声，这是肯定的。当时的孔子志在讲学、为政，推销自己的观点，总要注意自己的形象，更不会拿自己的前程开玩笑，所以孔子不会做傻事。

其实从内心讲，孔子当时也不愿见南子，所以对于南子的邀请先是“辞谢”，然而后来南子几次三番地邀请，孔子就感到不好意思了。南子是国君的夫人，地位在那摆着呢，孔子没有太多选择的余地，所以“不得已而见之”（《史记》）。况且孔子吃着人家的俸禄，出于礼貌也要见上一见。

孔子见南子，实则也是有成熟考虑的。孔子的思想、说教，在当时还处于宣传起步阶段。当时社会百家争鸣，儒家只是其中的一个流派，实惠不实惠，还需时间的检验。任何事情的认知都有一个过程，不是一下子就能让所有人接受的，而这个过程，又是艰难而痛苦的，所以孔子当时并不得志。

就是卫灵公对孔子也不是很重视，孔子在鲁国“奉粟六万”（《史记》)，到了卫国也给他“奉粟六万”，就已经说明问题了，没有给他开列更高更特殊的待遇。南子在卫国是国母，深得卫灵公宠爱，当着卫国半个家。孔子要想推销自己的思想，就必须要过南子这一关。既然有政治上的考虑，当然就不会有作风上的荒唐，人家孔子又不是吃软饭的。

卫灵公有次与南子同车而行，招摇过市，孔子说了句“吾未见好德如好色者也”(《史记》)，也被人们拿来炒作，说孔子在吃醋，笑话，难道孔子已经爱南子到了不能接受卫灵公的地步了？如果这样，那下一步该是买凶行刺，携了南子远走高飞了。

心里阳光一点

子见南子，还有一个细节，是人们一直耿耿于怀的，就是南子是在自己的卧室里召见孔子的。卧室，总能给人一种暧昧的感觉，所以有人就此下结论：孔子也是人(相对于圣人的凡人)，也有七情六欲，干柴遇烈火，俩人没事鬼都不信。

不过这事还真是见鬼了，因为有一个很重要的问题被人们忽视了，就是太史公关于“子见南子”的记载是怎么得来的。是司马先生的凭空想象？恐怕站不住脚。司马迁作为史官，如实记述历史的真实，是职业道德所在,《史记》一书向来以严谨、实录著称于世，所以“子见南子”肯定是有事实依据的。

其实，太史公的寥寥数语，却也交代了几个重要细节——南子坐北朝南，所以孔子“北面稽首”，这个当然可以理解，南子是国母，自称小君，面南背北无可厚非。然而“夫人在絺帷中”，这就是当时的细节了，就像电影的布景、美术。后来还有“环珮玉声璆然”的音响效果。

这些细节，太史公并未亲见，却交代得这么清楚，说明什么？只能说明当时还有其他人在场，这些细节被记录或是流传出来。既然有他人在场，那么孔子和南子就不可能有什么事情发生。南子再怎么着，也不能当着别人的面就霸王硬上弓吧。

后来的事,《史记》没有交代，然而如此重要的宫廷会晤，总该在别的地方有记载吧，在哪里？找不到。南子作风不好，当时都有诗歌传唱，孔子和南子有一腿这么大的事，居然没有任何记载，让人不可思议。这也只能说明一个问题：孔子和南子根本就没发生什么事。

南子名声不好，是个坏女人，所以子见南子必定不干净。这里面存在着逻辑性错误。错误在哪？第一，即便南子淫乱，未必就到了不加节制，见谁和谁上床的地步。所以“淫乱”二字容易让人误解；第二，见一面就有事，也不合乎正常的逻辑，这也不是演三级片呀，总不至于两个人一见面，不管围观群众，上来就招呼吧？

况且，他们之间要真有那心思，也该偷偷行事吧？退一万步讲，孔子还不至于秀逗到在没有搞清周边形势的情况下，就贸然地宽衣解带吧？万一卫灵公进来怎么办？

一些无聊至极的猎奇者，总喜欢在男女问题上大做文章，总想要搞得孔子和南子有点事出来，才觉得有看头，更过瘾。子见南子就说有一腿，那么，子见卫灵公是不是就是同性恋呢！我实在搞不懂这是一种什么心态。我们心里还是阳光一点的好。

04 感染

女人的行为可以改变男人

破禅

一个凶神恶煞的汉子，可以无限制地在同性当中发挥着他的刚性，而在他喜欢的女人面前，则又会突然变得乖巧。这一点，就连历史上著名的荒淫皇帝朱温也不例外，面对温情似水的张惠，心如豺狼的朱温也表现得恭恭敬敬、服服帖帖。

什么样的女人是水做的

《红楼梦》中贾宝玉说过一句话：女人是水做的，男人是泥做的。这是贾宝玉的男女观，水，代表了女人的灵秀韵动；泥，则极言男人之污浊粗鄙。

当然，这只是贾宝玉的个人意见，不一定就是颠扑不破的真理。不过，这句话倒也说出了另一个问题的实质，就是男人为什么喜欢女人，因为水可以将泥变稀变软。

一个凶神恶煞的汉子，可以无限制地在同性当中发挥着他的刚性，而在女人面前，特别是在他喜欢的女人面前，则又表现出另一番景象：他们会隐藏了粗鲁暴躁，刻意去展现自己的彬彬有礼，甚至可以矫情到判若两人，令人为之酸倒。此所谓以柔克刚是也。

也不是所有的女人都能克男人这块钢，按贾宝玉的思路往下走就是：不是什么样的水都能和泥，也不是所有的泥遇到水都能变稀变软。比如在冻土带，或是水结成了冰，就不行。换句话说，水要想和稀泥也要具备一定的前提条件。

其实贾宝玉所谓水做的女人，也不是泛指所有的女人，而是专指和他一起玩的那些年轻漂亮的女孩子们，如黛玉、宝钗、晴雯、麝月什么的，以及按此类条件延伸联想到的其他女孩，吴妈、张妈、周瑞家的一干人等就免了。也就是说，只有他心仪的女孩，才能称其为水。

所谓心仪，一定是打心眼里喜欢。这种女孩有个最基本的特点，就是得漂亮。外形极佳而赏心悦目，看着舒坦，被和成稀泥的可能性就大。看见了糟心、想起来闹心，犹如吃了死苍蝇，这泥也就成了不可溶解的物质，不怒从心头起恶向胆边生就是好事。

当然漂亮只是一个方面，气质也很重要。高贵典雅的女人，自带一股清新脱俗，会不经意流淌出一种像水一样的东西，似天籁的声响，悠远而绵长，让人油然而生敬意。我们今天说的，就是这样一个女子，她可以让一个地地道道的流氓为之折服。

流氓皇帝的另一面

说朱温是个流氓皇帝，这完全是从人性的角度上去理解的。作为五代十国时期，后梁朝的开国皇帝，朱温是一个极复杂的人物。我们且不论他在历史中的功过是非，也不探讨他的政治手腕与心机，单说生活上的朱温，说说朱温和女人们的那些事儿。

中国古代的荒淫帝王，可谓不胜枚举，但无论怎样排序，朱温都堪称其中的佼佼者或集大成者。我们只要看看《资治通鉴》上的简略记载，就能窥见一斑。一次朱温去魏王张宗奭的府邸避暑，看到丫鬟侍女们玲珑凸凹、春衫薄透，于是兽性大发，饥不择食，“乱其妇女殆遍”。张府上上下下，凡是女的，一个没放过。

其实在封建社会，皇帝的荒淫，并不能就算是流氓。皇帝是天子，代表上天来打理人间的一切事物，人世间的一切那都是皇上的，任由皇帝去治理或糟蹋，当然也包括女人。不过像朱温这样不分时间场合，完全由着性子，张狂到恣意妄为地步的，则实在令人咂舌。

更为荒唐的是，朱温连自己的儿媳妇都不放过，“诸子虽在外，常征其妇入侍，帝往往乱之”。儿子们去外面打仗，老公公把诸儿媳妇叫来侍寝，今儿老大明儿老二的，如此人神共愤之举，称其为流氓都太抬举他了，简直是畜生。

可是，就是这样一个霸道到不把女人当人、伦理道德全失、人性完全泯灭的兽性皇帝，却始终对他的第一个老婆张氏礼敬有加，不敢有丝毫的亵渎。

《旧五代史》中说，朱温对张氏“虽虎狼其心，亦所景伏”。意思是心如豺狼虎豹的朱温，到了张氏面前那也是恭恭敬敬、服服帖帖的。可以说朱温这块坚硬的泥土，是彻底让张氏这水给和稀了。这也让我们看到了朱温的另一面。

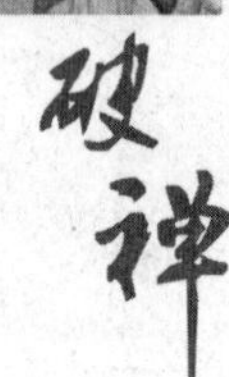

爱，总是有原因的

朱温为什么单单对张氏如此恭敬，我们可以从以下几个方面去分析：

首先，朱温很喜欢张氏。而且不是一般的喜欢，是真心喜欢，这一点很重要。男女之间，只有真心喜欢，才会彼此尊重，甚至还会有所畏惧。和后来后宫里那些女人不同的是，张氏是朱温一见钟情的女人。也就是说，他们之间有感情基础，最起码就朱温而言是这样的。

张氏本名张惠，和朱温是老乡，都是砀山（今安徽省北部）人。张惠人很漂亮，朱温早就“私心倾慕”，并“有丽华之叹”（《旧五代史》），喜欢程度可见一斑。

丽华之叹中的丽华，说的是光武帝刘秀的老婆阴丽华。当时的刘秀和现在的朱温一样，也是一个破落户，并没有发达，而阴丽华则是远近闻名的富家女，而且很漂亮。刘秀当时给自己的人生规划了两个目标，“仕宦当作执金吾，娶妻当得阴丽华”（《后汉书》）。得到阴丽华，那几乎是刘秀的终极理想了。（关于此二人事迹，我们后面还会专章论述）

朱温同样发出“丽华之叹”，对张惠的满意度肯定是百分百。

因为喜欢，也就特别重视。娶张惠时，朱温还在带兵打仗，条件不允许，按说应该特事特办、一切从简。但朱温仍旧“以妇礼纳之”（《旧五代史》），敲锣打鼓，郑重其事的把张惠娶进了门。

人都有向善的一面，不忍破坏那些美好的东西——即便这个人是个十恶不赦的浑蛋。面对如此中意的老婆，朱温没有理由不去尊重。

再有，就是张惠有让朱温折服的气质。张惠出身官宦之家，父亲曾任宋州刺史，殷实而富足的家庭，诗书礼仪的熏染，本身就容易培养出气质型美女。《旧五代史》上说张惠“贤明有礼”，贤惠而知礼节，评价十分中肯。这是一个女人素质和素养的外在体现，并非一日之功，也不是谁想学就学得来的。

朱温其实也有一定的素质，他也是出身诗书之家，父亲朱诚“以《五经》教授乡里”(《新五代史》)，朱温起码的家教还是有的。这就会让张惠的内在气质更加彰显，因为朱温懂得欣赏，不致出现牛嚼牡丹的尴尬。

况且朱温娶张惠，和刘秀娶阴丽华一样，在当时颇有攀附之嫌，毕竟那时朱温还没有飞黄腾达。以低就高，在势头上也矮着一截，不由得你不尊重。

更重要的是，喜欢一个人有时能够形成依赖，这种依赖又会加深他的喜欢程度。朱温娶得娇妻，如获至宝，什么事也都愿意和张惠商量，“每军谋国计，必先延访”(《旧五代史》)。军国大事、战略方针，先跑到卧室兼办公室去征求张惠同志的意见。

不光如此，甚至“或已出师，中途有所不可，张氏一介请旋，如期而至”(《旧五代史》)。有时大军都开拔了，张惠突然觉得有什么不妥，叫朱温回来，朱温也是二话不说立马回兵，不打了。如此一来，张惠简直成了朱温的军师级贤内助，朱温更加离不开她了。

最后一点，张惠人很聪明，处事很灵活。随着事业的飞黄腾达，朱温不会再在意张惠的家世，随着时间的流逝，朱温也不会再在乎张惠的美貌。这就像从恋爱而至婚姻，没了当初的激情，便需要通过用心经营来维系。虽然史书没有具体记载张惠是如何经营他和朱温之间的感情与婚姻的，但举一反三，我们可以从两件小事上，了解一下张惠的处事风格。

聪明女人的处事风格

张惠和朱温有个儿子，就是后来的郴王朱友裕。在攻打泰宁军节度使朱瑾时，朱友裕因为没有趁胜追击，朱温便怀疑他和朱瑾私通，罢了他的兵权，要治他的罪。朱友裕一害怕，脚底下抹油，跑山里躲着去了。

张惠想念儿子，便悄悄叫人找到朱友裕，让他回来给父亲请罪。结果朱温气还没消，还是要杀他。张惠一着急，鞋都没顾上穿就跑到大殿，气喘吁吁地对着朱友裕说，你这样束手待毙回来请罪，不是要告诉你父亲你根本没想造反吗？（汝束身归罪，岂不欲明非反乎？《新五代史》）

这话是说给朱温听的，朱温一想，是这么个理儿，他要真想造反就不回来了，朱友裕因此得以免死。

在破了朱瑾之后，朱温想纳朱瑾之妻为妾，看着柔弱无助的朱瑾妻，张惠于心不忍，但她没有直接劝说朱温，也没有甩脸子、发脾气，而是有些伤感地叹息道：如果这次失败的是我们，那我的命运也和你今天一样了。

这句话换个说法就是：得亏我们是打赢了，否则俺这如花似玉的好身子啊，就被他们给无情地糟蹋了。

这话无疑也是说给朱温听的，她要让朱温换位思考，想到另外一种结局。朱温听后羞愧难当、邪念顿消，于是将朱瑾的妻子送到寺庙做了尼姑。

从这点上看，朱温并不是后来那般的没有人性，因为他还有羞愧感和廉耻心。更重要的是他心中有爱，有对张惠的心疼和体谅。而如此遇事不慌且又讲究技巧的聪明女人，在经营情感与婚姻上无疑也是一把好手，这应该是张惠能让朱温始终尊敬的一个很重要原因。

可惜的是，张惠并没有等到朱温当皇帝便病死了，朱温篡唐建梁之后，便追册张惠为贤妃。末帝朱友贞即位后，又追谥她为元贞皇太后。当上皇帝后的朱温，再也不是那个对妻子礼敬有加的好丈夫，而是“大纵朋淫……帷薄荒秽”(《旧五代史》)。前后变化之大，让人暴跌眼镜。

朱温是不是因为失去了张氏，而自暴自弃就此荒淫起来？这个无法考证。但可以肯定的是，尽管朱温性情残暴、手段毒辣，在他的人生字典里写满了背叛、荒淫、苛政与狡诈，但他也曾经有过温情，有过温馨，有过尊敬而喜爱的女人。

05 恬淡

低碳生活源于心灵

作为皇后，阴丽华不讲吃穿，不讲排场，她甚至可以出让万人企羡的皇后之位。她的生活是低碳的，她的心境是低碳的。她与刘秀心心相通，他们的低碳爱情其乐融融、长久保鲜。在她的影响下，刘秀也变得简朴而低调，国运因此兴隆昌盛。可见：低碳不但是一种生活，更是一种心境，一种态度。

什么是低碳生活

按照一般人的理解，皇后过的日子，就应该是养尊处优非常滋润的。皇后嘛，地位在那摆着呢。出入有轿坐，那是排场；走路有人搀，那是待遇。吃得铺张点不叫浪费，玩得奢华点也不叫折腾，干什么都要高消耗，那都是很自然、很普通、很容易让人接受的事。

可你说这人和人不一样吧，皇后和皇后也有不一样的。比如东汉光武帝刘秀的皇后阴丽华，人家偏偏就不喜欢讲排场讲阔气，生活用度极其简朴，不在乎什么车马仪仗，也不稀罕什么豪华奢靡，那日子过的，用现在的话说，绝对低碳。

追求质朴：富贵千金的低碳生活

阴丽华出身于一个显赫的贵族家庭，其先祖是春秋时期齐国有名的相国管仲，后来管仲的第七世子孙管修，被封为楚地的阴大夫，家族也就迁居到湖南，因为官职原因，家族自此改为阴姓。到了秦、汉的时候，为了躲避祸乱，阴家才又搬到了新野（今河南省西南部）。

经过数代积累，阴家成为当地的豪门望族，“暴至巨富，田有七百余顷，舆马仆隶，比于邦君”（《后汉书》）。富得流油，比起一个小国皇帝来都毫不逊色。

生在这种家庭，阴丽华是标准的富贵千金，就那家底儿，躺着花也花不完啊。可人家阴丽华偏偏不喜欢这些，很崇尚简朴。穿衣服不讲究，吃饭不讲究，就是用得化妆品也不讲究。阴丽华人长得很漂亮，却不是靠衣服化妆染发烫发什么来妆点的，属于那种天然去雕饰的美。也正因为她的这种美，才让刘秀为之神魂颠倒。

阴丽华后来当上了东汉王朝的皇后、皇太后。象征富贵和尊崇的国母，足以让任何一个女人艳羡不已，可以说达到了一个女人所能达到的拥有、享受的极限。但阴丽华依然故我地保持着淳朴的作风，过着她一贯坚持的那种低调的生活，在吃穿用度上还是不讲究，更不在乎车马仪仗，以及丫鬟仆人那些外在的门面。

当然，不讲究并不是不注重生活质量。这就像农村那些上了岁数的老头老太太的家里，虽然没什么像样的家居和装饰物，但却收拾得很利落，简单粗糙的地面和墙壁上一尘不染。阴丽华过的就是这样的生活，一直到她离开尘世。

阴丽华当时过得有多俭朴，她儿子汉明帝目睹到的一幕情景很能说明问题。明帝即位后，去他母亲的房间整理瞻仰遗物时，发现母后生前所使用的梳妆台，竟然是最简陋的那种，甚至还不如一个普通的宫女所用，用的化妆品也是最普通的。

汉明帝一下就懵了，简直不敢相信自己的眼睛，他知道母后生性俭朴，但他做梦也没想到竟然俭朴至此。睹物思人，汉明帝不由地放声痛哭，赶忙吩咐左右，“令易脂泽装具”（《后汉书》），让把化妆盒都换了，化妆盒里的东西也全换上新鲜、高档的。周边的人看到此等情景，也无不痛哭流涕，这就是当时母仪天下的皇后啊。

一个女人最在乎的大概就是自己的容貌了。现在的贵妇，整容美容自是不必说，就是化妆品也没个准谱啊。那时化妆品虽不像现在这么高级，但制造成本不一定低啊，兴许还会更高些，绝对是个烧钱出碳的事儿。一个皇后生活得如此俭朴，很是让人感动。

主动让位：雅仁宽厚的低碳心境

阴丽华是刘秀的第二任皇后，她本是刘秀一见钟情的原配，照理该是第一任皇后的不二人选，刘秀打下江山，第一个念头也是让阴丽华当皇后，可以说阴丽华甚至有可能成为刘秀唯一的一位皇后，但是她却毫不犹豫地将这个万人瞩目的尊位，让给了郭圣通，自己甘愿去当嫔妃，过小媳妇的生活。

刘秀与第二个妻子郭圣通，是在他离开阴丽华去打江山的时候认识的，古代三妻四妾是很正常的事，搁现在就是重婚罪了。从本心上讲，刘秀也并不就是见异思迁，他和郭圣通严格上说，应该属于政治上的联姻。当时刘秀为了笼络真定王刘扬，便娶了他的外甥女郭圣通。

这种功利的联姻，并无什么感情可言，即便后来日久生情，与一见钟情的阴丽华也不可同日而语，犹如经人介绍的婚姻，总不如初恋情人那般让人心动。所以刘秀当了皇帝，首先想到的就是把阴丽华接回宫，"欲崇以尊位"(《后汉书》)。老公我发达了，你以后就跟着我享清福吧！可如此美事却被阴丽华拒绝了，让人很不理解。

阴丽华不在乎这个，她有自己的生活，有自己的乐趣，小媳妇一当就是 17 年，毫无怨言。在这 17 年里，她安安静静地过着自己一贯的低调生活，在待遇方面从不计较。

历史上还没听说哪个女人主动转让皇后特权的，阴丽华是唯一的一个。阴丽华放下的不仅仅是富贵，摒弃的也不仅仅是荣华，还有她与丈夫在一起的时间和机会。因为一个嫔妃是不可能随时见到皇上的，最起码在时间上不如皇后那么宽裕。阴丽华之所以甘愿如此，是因为她喜欢独立和自由，不喜欢与人争斗而去获得什么地位，她觉得那样没意思。

低碳的生活首先来自对生活的态度。出让皇后之位，绝不是阴丽华一时的冲动。当然，我们也可以给她戴个高帽，就像现在的工作报告或是个人总结，说她是以大局为重，以天下为己任。因为刘秀和郭圣通毕竟是政治上的联姻，而政治的联姻也往往有着政治上的功利和纠葛，刘秀当了皇帝不假，但是立足未稳，还需要兼顾方方面面的关系。而且郭圣通当时也已经怀了刘秀的孩子，随时可为刘家立下大功。

也有人说阴丽华是在吃醋，是因为刘秀又觅新欢而生气，这就更让人笑掉大牙了。其实这些看法只是表面的看法，阴丽华没那么小心眼，他们没有真正理解阴丽华的内心世界。

阴丽华的俭朴低调，和她的性格，和她的成长历程不无关系。小时候的阴丽华，便不喜欢与人调笑戏谑，也不喜欢与人争斗，是个规规矩矩，很端庄、很稳重、很文静的女孩子。当然，她也是个很阳光的女孩儿，她喜欢玩，喜欢享受生活。

不但如此，阴丽华还是个很善良的女孩儿，7岁那年，她就失去了父亲，但是就是在结婚之后，甚至是当了皇后之后，每次想起或是说到父亲，她都是“未曾不流涕”(《后汉书》)，哭的跟个泪人似的，是个很孝顺、很善良的女人。

应该说，这些性格是阴丽华与生俱来的。她虽系出豪门，却没有千金小姐的娇气与羞怯，相反，她更像千千万万普通家庭中的一个女孩，有着天真烂漫的一面，也有善良淳朴的一面。只是，她还多了一分坚忍与坚定。

性格和成长历程会决定一个人的追求。也许正是阴丽华恬淡的秉性，让她成为了一个生活上很平淡的人，她对那种富足的生活没有什么刻意的追求，皇后的豪华生活并不是她想要的。相反，她对俭朴甚至流离的生活反而习以为常。

刘秀与阴丽华曾有过一段时间的分离，就是刘秀带兵去打江山的那段日子。老公不在身边，阴丽华便回到老家新野，期间几经战乱迁徙、颠沛流离，受尽了磨难，但是阴丽华毫无怨言，默默为老公祝福，支持老公去做一个男人该做的事。这是一个很独立、很自强的女人，是一个很值得钦佩和敬重的女人。

“雅性宽仁”(《后汉书》)是刘秀对老婆阴丽华的评价，刘秀把阴丽华接回宫，想立她为皇后，理由便是阴丽华“雅性宽仁”。这个评价是非常中肯的，这其实也是阴丽华的处世之道和生活之道，是阴丽华与生俱来的性体。这样一个热爱生活，内心充满慈爱的女人，心中装的是广阔天地，绝不会去做与人争宠的事。

在笔者看来，阴丽华对待生活，要的只是一份宁静和恬淡。所以她厌倦那种宫廷的争斗，所以她会成人之美，让出皇后之位。

其乐融融：长久保鲜的低碳爱情

阴丽华的低碳情结直接影响了皇帝刘秀。刘秀和阴丽华的第一次见面，就是在老家新野。刘秀与阴丽华相识，也是颇具浪漫色彩的。刘秀有个姐夫叫邓晨，老家也是南阳新野的，因此刘秀常去姐夫家玩，凭借姐夫邓晨和阴家的亲缘关系，让他有机会参观这个大观园似的豪门，也有机会见到了阴家的千金小姐阴丽华。

刘秀祖上虽有皇家血统，但并不是正脉，到他这已经是个穷困潦倒的破落户，也就是一个普通的老百姓，和后来卖草鞋的刘备差不多，兴许还不如那做点小买卖赚点零花的刘备呢。总之是丝毫没有皇家贵胄的风采。所以对于刘秀来说，阴氏家族那时的富丽堂皇，简直是遥不可及的，其内心的向往也就可想而知了。

刘秀对阴丽华是一见钟情，阴丽华的美丽也在刘秀心中生了根。阴丽华长得有多漂亮？不知道。反正李白在《南都行》一诗中曾夸过她，说“丽华秀玉色，汉女娇朱颜”。

李白没怎么夸过女人，夸杨贵妃那是寄人篱下，不得不拍拍马屁。单夸一个阴丽华，可见人家的漂亮是有目共睹、流传千古的。刘秀一见倾心，想起来便有小鹿撞胸的快感。

这可不是胡说，是有根据的，据《后汉书》记载，后来刘秀到长安求学，在街上无意中遇到了执金吾的出行队伍，盛大的场面，让刘秀为之震撼。思潮迭涌，又想起了阴丽华，感叹道：“仕宦当作执金吾，娶妻当得阴丽华。”

执金吾是一个官职的名称，职责是保卫京城和宫城周边的安全，防止发生诸如水灾、火灾一类的突发性事件，相当于巡逻的卫队，反正官不是很大。官虽然不大，但是很威风。

政治上的追求是一个男人正常的追求，执金吾的威风，是刘秀艳羡向往的政治目标。将执金吾和娶阴丽华并列，足见他对阴丽华的痴迷程度。可以说，娶阴丽华为妻，是他生活上的终极目标。

两大理想，后来刘秀都实现了，但当了皇帝后的刘秀，内心却发生了很大变化。娶阴丽华时，刘秀是个普通老百姓，家徒四壁、一贫如洗，所以他会羡慕执金吾的威风，也会着迷于阴丽华的美貌。但现在不一样了，他当上皇帝了，贵为天子，他不会再在乎执金吾的奢华富贵，因为他有了比执金吾更加富贵的生活；他也不会再在乎阴丽华的美貌，因为后宫佳丽数不胜数。

但在刘秀心里，一直挂念的却还是阴丽华。因为他喜欢阴丽华，不光是因为她的美丽，还有她低调的平常生活。一个人一生最难忘的，也许不是大富大贵时的体面风光，不是功德圆满后的洒脱如意，而是在他最艰难、最困苦时，心灵得到的点点慰藉与温馨。尽管这种慰藉与温馨，可能仅仅是夏天里的把扇驱蚊，或是冬天里的呵手暖被。然而，瞬间的温暖，却能让人感动常在。

应该说，刘秀和阴丽华相处的那段日子，也就是他娶了阴丽华之后带兵征伐之前的那段日子，尽管贫穷，却是刻骨铭心难以忘怀的。就像如今一些富贵达人，在怀念创业之初的艰辛时，其内心总是波澜起伏的。那种平淡而其乐融融的低碳生活，让刘秀一生感动不已，从而也改变了他对生活的态度。

阴丽华的低碳情结，在刘秀身上发生了潜移默化的化学反应。一向羡慕执金吾生活的刘秀，当上皇帝后却非常俭朴。他除非在特别正式的场合，比如搞个庆典弄个仪式什么的，从不穿绫罗绸缎的衣服，就穿平常的普通衣服，很休闲很随意。在给他修陵时，他要求坟头不要修的太高，占地不要太大，只要周围不积水就行，而且遗诏丧事从简。更难得的是，他还多次遣送宫女出宫，以减少宫内开支。

刘秀一下子变得如此低调，与向往执金吾的时候简直判若两人。刘秀以亲民爱民的形象著称于世，这对当时的社会繁荣，对老百姓能有一个相对宽松的生活环境，都是有好处的。而刘秀的这些变化，和阴丽华对他的影响，是密不可分的。

阴丽华对刘秀的影响，来源于他们的感情交融，也就是来自那段短暂、却其乐融融的岁月。刘秀对那段日子不仅仅是怀念，更多的还是对生活的感动、对阴丽华的真情流露。有一个典型的例子，很能说明问题：阴丽华辞掉皇后当小媳妇期间，她的母亲和弟弟遭到了劫匪绑架，最后全都死于非命。刘秀听说此事后，全然忘记了自己皇帝的身份，表现出一个男人对一个女人朴素而真挚的情感。

刘秀下诏抚慰阴丽华，引用了《诗经·小雅》中的一段话："将恐将惧，惟予与汝。将安将乐，汝转弃予。"（《后汉书》）意思是说，当初我流离颠沛居无定所，吃了上顿没下顿，每天在惶恐中度日，你却与我同甘苦共患难。现在我当皇上了，日子过得好了，燕窝鱼翅随便招呼，是我们享受生活的时候了，你却离我而去了。

这是刘秀的真情流露，是对那段艰苦岁月的感怀。后来刘秀终于还是下决心废了郭圣通，改立阴丽华为皇后。可以肯定，如果没有深厚的感情做基础，刘秀决然不会做出如此有悖常理的事来。

低碳生活：从心灵开始

有地位，有长相，拥有享受奢华的资本，但却千方百计远离奢华。所谓不以物喜、宠辱不惊，大概也就是阴丽华这个样子了。心态如此，并不是哪一个人都能做到的。没有富贵不向往富贵，这是心态上的平和；而拥有富贵却不在乎富贵，才是真正的难能可贵。

阴丽华的低碳，不光体现在她的生活上，更重要的是心灵。她没有过多的欲望，"雅性宽仁"既是她的脾气秉性，也是她的一种生活境界。如果非要给这个境界起个名字，我们权且叫做心灵低碳吧。

如今那些利欲熏心、欲望超强的所谓强人，每天开着奥迪想宝马，抱着老婆想二奶，嘴上却梦呓般喊着提倡环保、要求低碳的人，是非常可笑的。他们只知道低碳的外在形式，而并不了解低碳的深刻内涵。真正的低碳，需要人们从心灵上去认知它、对待它，而不是坐一次公交、搞一次绿化那么简单。

所以，与其说低碳是一种生活，毋宁说它是一种心境，一种态度。

净化心灵，少些欲望，我们的生活自然就会很低碳。

06 心动

我喜欢，我做主

破禅

爱情是相互的，女人同样会对男人动心，但她们却很少主动出击。娄昭君则不然，她拒绝了无数家境优越的富家子弟，却看上了饥寒落拓的普通一兵高欢。为此，她自己给自己准备聘礼，然后让高欢来迎娶她。她帮着丈夫摆脱困境，帮着丈夫平定四方，她无怨无悔，只为对得起那次偶然的邂逅，对得起那份心动的感觉。

城墙上的偶然一瞥

娄昭君最值得称道的一件事，就是自己给自己挑了个中意的老公。自己找男人挑女婿，搁现在不算什么，只要够潮、够猛、够辣，都可以满大街划拉去了。可在古代，这可是件了不得的事。

彼时的女人，还未能翻身做主人，属于男人的附庸，只有被挑被选的份儿。自己做主？做梦吧，根本没那机会。父母之命媒妁之言，嫁鸡随鸡、嫁狗随狗、嫁给狐狸满山走，全凭撞大运。碰上个如意郎，那是你的造化；赶上个丑八怪，你也只有认倒霉，慢慢去适应吧。

可人家娄昭君偏偏不信那个邪，看准了就上手，上了手还就不撒手。男方穷，给不起聘礼，好，我准备。克服一切困难，扫平一切障碍，坚决要嫁有情郎。就这份果敢和勇气，搁现在也属潮人之列。

严格说，娄昭君没有当过皇后，因为她选中的老公高欢，虽有篡位之心，却无践祚之实，并不是真正意义上的皇帝。就像当年的曹操一样，高欢规划了一个历时久远的“二代工程”。他拥立孝武帝元修建立东魏，不过是实现理想目标的一个过渡。他将朝政大权牢牢控制在自己手上，为北齐的建立奠了基填了土，最后的封顶，则是由他儿子高洋来完成的。高洋篡东魏建北齐后，才追尊死去的父亲为高祖。

虽然没当上皇帝，但若论个人权力，高欢和当皇帝也没啥两样，这已经远远超出了娄昭君最初的预期。娄昭君比高欢命长，没当上皇后，却成了货真价实的皇太后，后来又熬成了太皇太后。她享受到了老公带给她的无上荣耀，也验证了自己当年的决定是多么的正确。正是她的独具慧眼，才成就了这段载入史册的传奇婚姻，这就足够了。

娄昭君嫁给高欢时，高欢只是北魏驻守卫平城（今山西大同）的一名士兵，没有丝毫的王者之相。谁也不会想到，这个穷困落魄的士兵，有一天会成为威震八方的大将军。可娄昭君看出来了，只一眼，她便断定这个男人不寻常，并认定他就是自己苦苦寻觅的如意郎君。眼光如此之犀利，也足见这个女子也很不寻常。

那次偶然邂逅，高欢像往常一样在城墙上巡逻。日子天天如此，并不独今日阳光灿烂。所以，这哥们丝毫没有察觉到幸运女神正悄悄地临近，更没有注意到，就在城下的不远处，一个美丽而温情的千金大小姐，正在用她那同样美丽而温情的大眼睛注视着他。

不知是高欢站立城墙之上显得威武，还是倏忽而来的一阵暖风，一下吹开了娄昭君少女的心扉。总之，娄昭君看见高欢后心花怒放，喜悦之情溢于言表，并因激动而忘记了一个大家闺秀应有的矜持，说话也变得不假思索起来。她竟对身边的丫鬟情不自禁地脱口而出："此真吾夫也。"（《北齐书》）看到没有，城墙上来回溜达的这位，就是俺将来的老公。

自己给自己准备聘礼

要说这娄昭君思想也真够开化的，别说在古代，就是现代，这样的女人也很稀罕。在大街上看见帅哥或是心动男生，最多瞥上一两眼、遗憾两三下、心跳三四秒、惊呼四五声，也就爱谁谁地由他去了。爱美之心人皆有之，这也不算花痴好色。但不管如何的惊诧，绝不至于看过之后就认定此人会是自己未来的老公。最多在心里想想，俺将来要找就找这样的。或是简单的做出个无谓的比较，说俺的老公要有如此之帅之酷就美呆了。

可这娄昭君不一样就不一样在这，办事麻利，直接拍板：就是他了。并在接下来的日子里，她开始了一系列的实质行动，摆出一副势在必得、不将高欢搞到手不罢休的样子。足见我们这个娄昭君，在性格上绝对不是那种扭扭捏捏的大小姐做派，豪爽泼辣程度不让须眉。

当然，高欢长得也确实出众，这也是他能迅速引起娄昭君注意的一个方面。高欢生得“目有精光，长头高颧，齿白如玉”，《北齐书》中因而也称赞他“少有人杰表”。那是器宇轩昂一表人才，无论面相还是形体都很有女人缘。

不过兵士们都是统一着装，不细看长得都差不多。能从人堆儿中一下把高欢摘出来也实属不易，总不至于当时高欢身边凑巧都是些歪瓜裂枣吧？况且，彼时的城墙又那么老高，视觉上颇受限制。

帅是一方面，这个并不当饭吃。以娄昭君的条件，要想找个帅哥还不容易吗。她的父亲是赠司徒娄内干，虽说不是权倾朝野富可敌国的高干家子女，也算出身殷实富足吃穿不愁的小康家庭，这样人家的闺女是不愁嫁的。

而且娄昭君才貌很出众，娄家大闺女名声在外，当时“强族多聘之”（《北齐书》），来求婚说媒的络绎不绝，几欲踢破娄家门槛，还都是些有头有脸的，普通家庭连提都不敢提。就这，全都被娄昭君一一拒绝了，一个都没瞧上眼。

要说这姻缘有时也是命里注定，你不服不行。不是有那么句话吗，在正确的时间遇见了正确的人，得什么都赶趟儿才行。

老高的城墙，娄昭君愣就看见并看上了高欢，如果早一点，高欢还没上城墙，或是晚一点，高欢巡逻完了，下城墙去换防找哥们喝酒去了。再或者，娄昭君正好有心事没往城墙上看，也就不会有这段极具传奇色彩的姻缘了，更没有以后那些感人至深的爱情故事，你能说这不是天意？一贯将自己深锁春闺的娄昭君，这次居然一见钟情芳心萌动起来，你能说这不是缘分？

感情这玩意儿本来就很奇怪，那感觉来了任谁也挡不住。感情有时就是一种心灵感应，与心仪的女生或是男生，彼此间似乎能发射出一种无形的波，在空气中高速行驶碰撞，产生热量，然后再回过头去温暖并包围对方的心，制造出相互心动的快感。

不过对于娄昭君来说，看上高欢，才是万里长征走出了第一步，她还要过父母这一关。犹如中学大学里的爱情，多数会遭到双方家长的反对，因为热恋中的男女，并不会费心劳神地去考虑外界的诸多因素。而他们不在乎的那些，恰恰是父母们最在乎的。别的不说，首先高欢和娄昭君的身份地位就不对等，门不当户不对。

高欢家里很穷，是为了吃饱肚子才去当兵的，而且还是个步兵，连匹马都没混上。高欢性子又很豪爽，为人“轻财重士”(《北齐书》)，估计发点军饷也都请弟兄们喝酒了。这样一个一穷二白的小兵，娄司徒若欣然应允，那脑袋一定是有问题了，来提亲的哪个不比他强啊！女儿要真嫁给一个穷当兵的，成何体统？颜面何在？以后还在官场混不？再说了，这穷小子聘礼都未必拿得出。

是的，聘礼。这也正是娄昭君面临的一个大难题。高欢的确拿不出来，穷的叮当响，根本就没敢动过娶媳妇的念头。于是，为了实现自己的夙愿，达到嫁给心上人的目的，娄昭君做了两方面的准备工作：

一，使婢通意。让丫鬟先给高欢吹吹风，说大小姐看上你了，让高欢先有个思想准备，别冷不丁儿一高兴昏厥过去。

二，数致私财，使以聘己。把自己平时积攒的私房钱全都拿出来，派人偷偷送给高欢，然后让高欢回过头拿这个当聘礼来娶自己。

怨不得娄昭君先“使婢通意”，敢情高欢一分钱不用花，白娶一媳妇儿。天上掉馅饼也莫过于焉，兴奋得昏厥过去的可能性极大。

由此我们也可以看出，娄昭君不但性子豪爽、大大咧咧，还挺有思想和主见，考虑问题也是蛮全面的。

娶了娄昭君，这硬件就跟上去了，有钱了嘛。于是高欢招兵买马，并在军中做了个队主的职位，也就是小队长之类的小官，迈出了通往官场实现理想的第一步。自此之后，高欢渐渐发达，队伍越来越大，也越来越受到各级地方势力的重视。

牺牲在男人身后的女人

北魏末年，暗潮涌动、危机四起，国内已是很不平静。然而对高欢来说，却是一个十分难得的发展机遇。

高欢先是投奔了镇将葛荣，后来葛荣起兵反魏，被契胡族首领尔朱荣打败，高欢又转而投奔了尔朱荣。尔朱荣因为镇压起义有功，成为北魏权臣，高欢也得以受到重用。尔朱荣被孝庄帝诛杀后，高欢又趁机剿灭尔朱荣余部，立了大功。在拥立孝武帝元修建立东魏政权后，高欢被委任为大丞相、太师，自此大权在握、势倾朝野。

所有这些成绩的取得，高欢都应该给娄昭君好好记上一笔。娄昭君慧眼识英雄，但英雄不是一天形成的，这就像投资一样，先期的付出并不会一下子就得到回报。高欢“有澄清天下之志”，这是理想抱负。“深沉有大度”，是成功的内在基础。而“倾产以结客”(《北齐书》)，散尽家财，广结朋友，就是客观上的决定因素了。没有娄昭君，高欢本事再大，也无用武之地。散家财还不都是散的人家小娄的嫁妆啊！

在高欢四方征伐期间，娄昭君也是不遗余力地帮助丈夫，成了高欢的贤内助。所谓“密谋秘策，后恒参预”(《北齐书》)，基本就是高司令的参谋长兼政委了。她与丈夫一起同甘苦共患难，也没少替丈夫出主意。

更重要的是，在这个过程之中，娄昭君对高欢始终不离不弃，对这支潜力股的自信指数有增无减。这就让高欢在偶尔失意之时，也能得到心灵上的安抚与慰藉，从而再次激发其勃勃的雄心与斗志。

事实上，娄昭君处理一切问题的出发点和落脚点，也都是以丈夫的事业为前提的。《北齐书》中记载了一个小例子很能说明问题，有一次，高欢在外征讨，赶上娄昭君生孩子，龙凤胎，难产，“左右以危急，请追告神武（高欢）”。丫鬟婆子们都急坏了，说赶紧找大将军回来吧，这可怎么办啊。

可娄昭君坚决不答应，说大王出兵在外，不能因为我这事就离开军队，死生有命，我若真躲不过此劫，他来了也没办法。瞧瞧，多么明事理！生孩子难产脑子都这么清楚。高欢听说这事后，“嗟叹良久”，那是又佩服又感动。

在对待后院问题上（高欢不是皇帝，自然不能说后宫），娄昭君也是深明大义。随着高欢官越做越大，娶的老婆也就越来越多。这个不算什么，也不能就此说高欢对娄昭君没感情了，古代三妻四妾是允许的，也是地位的象征，一个大将军没几个老婆也不正常不是?

说不定人家娄昭君还不答应呢，别的将军们都左拥右抱的，我家高欢比他们差哪了？打打杀杀、国事家事的这么辛苦，凭什么？面子往哪摆?咱们也娶!

娄昭君有这想法也不是不可能，这种思想现在是没人理解了，在过去则很寻常、很泛滥，万恶的旧社会嘛，跟现代潮女还是没法比。当然，也可能是娄昭君想管管不了，毕竟高欢不是以前那个穷小子了，管得住人管不住心，横加干涉反而弄得谁都不高兴，倒不如顺坡下驴，做个顺水人情。

其实娄昭君更多的还是对丈夫的一种理解，一种支持。娄昭君的这种想法，无疑也是爱的一种形式。爱是自私的，也是无私的。就看你怎么去理解，怎么去经营了。

也许正是这样的思想，让娄昭君“性宽厚，不妒忌”(《北齐书》)，能正确看待这个问题。所以她在看到那些随后跟进的姐们儿时，能够释然。而且对待她们就像亲姐妹一样。

这还只是生活上的理解，在政治上，娄昭君一样表现出了她的宽容和博爱。为了丈夫的前途，她甚至甘愿退居偏室。为稳定与北方柔然的关系，高欢娶了柔然的公主，娄昭君为了加重这次联姻的砝码，毅然“避正室处之”(《北齐书》)，让柔然公主坐了正位。这份胸怀，不是哪个女人都有的。

07 吸引

女人的美丽需要保鲜

破禅

女人的漂亮总是期盼男人的认可，男人热辣的目光会让女人变得更加自信。不过，男人喜欢美女，也并不都是糊涂的爱。因为女人的美貌还需要诸多因素的帮衬，才能变得实用和长久。高纬喜欢音乐，冯小怜善于琴瑟，无异于加重了情感的砝码，所以冯小怜的美丽让高纬更加着迷。

男人有时不买美女的账

男人都喜欢漂亮女人，只要他心理足够正常。心灵遭过重创，不小心得了美女恐惧症的，则另当别论。别论归别论，不过这也从另一个角度证明了此命题的正确性。所以我们大可不必信誓旦旦地赌咒发誓，极力表现得不屑一顾，借以证明自己是如何的与众不同，又如何的标新立异。

口是心非而又略显蹩脚的表达，犹如在大白天吟诵赞美柔和月光的诗句，不伦不类之余，反多添了矫揉造作，徒生道貌岸然之嫌。为了一个苍白的表达而致道德上水准尽失，无论如何是划不来的。

不过，男人喜欢美女，也并不都是糊涂的爱。见了美女走不动道儿的大有人在，但只要还没花痴，对美女还是有选择的，特别是对将来要在一起生活的那种。

其实，男人的情感着眼点，不一定只停留在女人的漂亮上。这话看似很矛盾，也有点绕，这也许是许多美女百思不得其解的问题。就俺这身段儿、这眉眼儿、这皮肤、这款、这型，人见人爱花见花开，每一个男人都该乖乖喜欢才是。可事实往往却是，有时男人对这种美丽并不买账。

不买账，其实也不是不买漂亮的账，漂亮还是认可的。只是他不会仅仅因为漂亮就喜欢，最起码在喜欢的程度上大打折扣。在样貌上，女人之间喜欢对比，也喜欢被认可，被认可的最好验证方式，当然就是男人，是男人投送过来的那些目光。目光停留与否，停留的长短和频率，以及是否犀利火辣，这些与女人的自信往往成正比。目光汇聚，总会让女人感到满足。

男人喜欢女人怎样的美

不过，随着时间的延续，漂亮女人也会产生另外一种不解——那些炽烈的目光渐渐变得暗淡以至消失。这种消失不是因为美丽的消失而消失，与年长色衰、青春流逝无关，自然让人感到极度困惑。他为什么不喜欢漂亮的我而喜欢寻常的她？那女人哪点能和我比？她不知道，对于男人来说，女人原始的美貌，只是最初时的一种感官刺激，它还需要诸多因素的帮衬，才能变得实用和长久。就像一个男人，只有在成功的渲染烘托之下，才会显得更加男人。

这就像作山水画。一幅好的作品，需要将作者的情感和阅历融进里面，才会产生灵魂，让死板的东西灵动鲜活。

女人的美貌也一样，比方说，漂亮而温柔，犹如给美添了水，会让它变得润泽滑软；美丽又大方，则像给美充了气，让它趋于饱满圆润；靓丽且典雅，又似给美施了肥，使其更加茁壮丰腴；性感加叛逆的，也好似给美注射了兴奋剂，使其增添了另类的狂放。

这些无不给美丽诠释了新的内容，这样的美才是男人真正喜欢的美。

当然，男人对于女人的美丽，就像厨房里的调味品，喜欢啥味的都有。不过有一点是共通的，就是要合乎口味。比如男女之间有着共同爱好，或者其中之一投另一方所好，也能加重女人美丽的砝码。南北朝时期，北齐的后主高纬和冯小怜，应该就属于这种情况。

高纬喜欢音乐几至疯狂，冯小怜则是调琴弄箫的高手，所以让高纬更加着迷，二人“坐则同席，出则并马，愿得生死一处”(《北史》)，那叫一个腻糊，以至于敌军大兵压境都顾不得了。晚唐诗人李商隐有诗写道，“一笑相倾国便亡，何劳荆棘始堪伤。小怜玉体横陈夜，已报周师入晋阳。”说的便是彼时的情景。

女人如何让美丽长久

高纬（556年～578年）是北齐的最后一位皇帝，共在位12年，一生干尽荒唐之事，在历史上也属于恶君昏帝的“典范”。单看《北史》中记载的“或杀人，剥面皮而视之”的大手笔，其残忍暴虐程度便可窥之一斑。高纬养鹰，“割犬肉以饲之，至数日乃死”。割活狗的肉喂鹰，狗好几天才死。我的神啊，凌迟狗，这哥们玩的就是残忍。

然而就是这样一个残暴的男人，却有着一种极其高雅的爱好。犹如后来南唐的后主李煜，处处会洋溢散发诗人的气息一样，高纬在残忍残暴之余，表现出的竟是音乐家的气质。艺术天份都是与生俱来的，高纬“幼而令善”(《北史》)，自小便喜欢附庸风雅。

而且高纬还不只附庸风雅这么简单，他喜欢音乐几乎到了痴迷的程度。此公常常是自己填词作曲，抱着琵琶，自弹自唱。唱到情浓兴处，还要招呼上百名太监、奴婢一起过来，站好队，分声部给他伴唱或和唱。

这绝非笔者凭空杜撰，《北史》中对这事记载得很明白，“盛为无愁之曲，帝自弹胡琵琶而唱之，侍和之者以百数。”我们可以想象彼时场面之恢弘壮大，绝不逊于悉尼大剧院的音乐专场，火爆程度也绝不输于时下的“超男超女”。如此庞大的皇家乐队，主唱还是皇帝本人，假如走穴定然爆棚无疑，一票难求、拥挤不堪。

高纬还是个能折腾的主儿，敢花钱。为了开凿晋阳西山的大佛像，他曾“一夜燃油万盆”(《北史》)，作风很给力。给女人花钱就更来劲了，颇具时下受美女争相热捧的成功人士风范，那是可劲儿地造。

就连宫里普通的宫女，都是“一裙直万疋，镜台直千金”(《北史》)，好嘛，一条裙子就值万匹布钱，梳妆台更是千金之贵。宫女尚且如此，他喜爱的女人就更上档次了，特别是对冯小怜，那是要星星不给月亮。一句话，在冯小怜面前，钱就是王八蛋。

冯小怜为什么能让高纬如此着迷？自然是小怜年轻貌美，风情万种。

而且人也聪明，善于察言观色，能在男人最需要感觉的时候，适时去撩动一下他的心弦。

不过这些还不足以让高纬为之疯狂，前面说过，美丽是需要添加剂来保鲜的，后宫女人有的是，漂亮、性感、懂风情、懂男人的人才也不在少数（说不定高纬乐队里就不少）。对于这样一个久在花丛不知花香的皇帝来说，一般的美丽已经“动”不了他了。

冯小怜得宠，皆因她和高纬有着共同的兴趣爱好，“能弹琵琶，工歌舞”(《北史》)，一样有着艺术天份，一样是不可多得的实力派。

行文至此，我们有必要介绍下冯小怜的基本情况。她的一生很简单，基本上可以用她的名字概括。一个“怜”字，就贯穿了她生命的始终：小时候的冯小怜，出身寒微，是我见犹怜；被高纬宠幸之后，是呵护备至、爱怜有加；最后高纬命赴黄泉，就独剩下冯小怜的天可怜见了。

高纬总共有过三位皇后：斛律氏、胡氏、穆氏。穆氏本名叫穆邪利，是斛律氏身边的侍俾，被高纬看上后立为皇后，等到穆氏年老色衰，便主动向高纬介绍了自己的侍俾冯小怜，“以五月五日进之，号曰‘续命’”(《北史》)，做了高纬的淑妃，实则是穆氏想让她来给自己讨个吉利。

高纬对小怜百依百顺，整天与她吃喝玩乐，共享美丽时光，当然最多的还是在一起玩音乐。冯小怜卓尔不群的艺术感染力让高纬欣喜若狂，也慢慢形成了依赖。犹如秤离不开砣，琴离不开弦，鼠标离不开键盘，高纬也不能离开冯小怜了。

有次与冯小怜一起狩猎，碰巧北周军突袭，高纬想回去，小怜妹妹正在兴头上，说别着急散嘛，俺还没玩够呐，再来一圈。高纬说来一圈就来一圈，谁怕谁呀。

后来北周大军压境，北齐很快亡国，高氏皇族被押解长安，高纬也成了阶下囚。面对生灵涂炭，帝国凋零，高纬想的不是愧对先祖，而是他的心尖子冯小怜。他只向周武帝宇文邕提了一个要求，就是“请……乞淑妃”(《北史》)，其他有没有无所谓。看来只要能和冯小怜在一起，高纬就是坐牢做鬼也快活。

只有真情才是永恒的

高纬爱小怜，小怜也是思念高纬的。高纬被杀后，冯小怜被赐给代王宇文达为妾，宇文达对冯小怜也很喜欢，但这喜欢并没得到小怜的回应，她心里放不下的还是高纬。一次小怜弹琵琶时弦断了，触景生情，想起往日的幸福快乐时光，感慨良多，遂作诗一首：“虽蒙今日宠，犹忆昔时怜。欲知心断绝，应看胶上弦。”对高纬的思念之情跃然纸上。

诗人墨客对二人的故事向来不绝于书，除了李商隐的千古名句，晚唐诗人李贺也有诗写道：“湾头见小怜，请上琵琶弦。破得春风恨，今朝值几钱。”批判现实主义，对二人做派持否定态度。

不以为然的也有，清人蒋文运评说：“高纬宁亡国，终不肯逆拂小怜之意，正所谓生死好友如此。”情感至上的浪漫主义，倾注了梁祝似的人情因子，持大大的肯定态度。千人眼中有千个哈姆雷特，此说如再渲染演绎一番，则又是一出流传千古的爱情绝唱了。

第二章 人生自是有情痴

人间自是有情痴，此恨不关风与月。

——北宋·欧阳修【玉楼春】

08 魅惑

“大观园”里的秘密

破禅

属于宝黛钗的大观园，犹如上瘾的毒药，在里面待得越久，就越不能自拔。张丽华和陈叔宝的大观园也一样，气质美女张丽华让陈叔宝一见倾心，进而在人前显贵。而面对张丽华的魅惑，陈叔宝更是痴迷不已。他们在大观园中填词作赋、饮酒弹琴，全然忘记园外还有国家社稷、黎民苍生。繁华过后，是落红满地的凄惨结局。

麻雀变凤凰

热闹的大观园，是《红楼梦》里的重头戏。一大帮不愁吃喝的才子佳人共聚一处（以佳人为主，才子唯宝玉一人尔），吟诗作对、赏花观景、喝茶聊天、嬉笑打闹，无忧无虑、其乐融融，好一个远离俗世的人间仙境。

其实类似的情景，倒也不是独版。早在《红楼梦》问世千年之前，此类故事便在历史中真实的上演过。而且其情形竟有着惊人的相似：彼时也有那么一处幽静别致的园子，也是众多美妙佳人共居一处，吟风颂月、诗赋唱和。巧的是，这其中也只有一个男子混居其中，也唤作“宝哥哥”。

不过这个“宝哥哥”的来头比贾宝玉大多了，他叫陈叔宝，是南北朝时期陈朝的皇帝，其父为陈宣帝陈顼。陈叔宝也是陈朝的最后一任掌舵人，作为陈顼的长子，陈叔宝一出生便确定了自己未来的工作岗位，先是立为太子，而后顺理成章地继任皇位，完全不用为失业问题挠头，也不用为温饱问题发愁。不过他并没有像陈家所期望的那样，在工作岗位上干出一番惊天地泣鬼神的伟大事业，他甚至连守成的基本工作也没做好，在位7年，陈叔宝极尽玩乐之能事，终于把祖宗基业都给玩了进去。

陈叔宝生得比贾宝玉富贵，其命运结局却比贾宝玉还惨，隋文帝平南陈灭北齐，平的就是这位。不过，这位“宝哥哥”不是本篇要说的重点，主角另有其人，就是陈叔宝十分宠爱的“张妹妹”——贵妃张丽华。

张丽华的家庭背景并不怎么显赫，她本是“兵家女也”，也就是出身于军人之家。注意，是军人之家而非军官之家，她不属于那种坐享其成、呼风唤雨的“官二代”。父亲除了服兵役，业余时间编点草席，然后由母亲拿到集市上去卖，藉此养家糊口，艰难度日。所以张丽华没有坐吃山空的资本，她要出去工作，要干活，要自食其力，以分担父母的压力。

幸运的是，张丽华很快便谋到了第一份工作。10岁那年，皇宫招人，她得以进入这个让平民百姓无限渴望而又百般艳羡的禁地，这里的一草一木，一砖一瓦，无不对她充满着诱惑，与到处堆满草席草筐的茅屋村舍形成了鲜明对比。不过，张丽华最初的地位很低，给宣帝一个姓龚的嫔妃当给使——就是使唤丫头，地位也就相当于鸳鸯、袭人啥的，再怎么着也是奴才不是主子。侍俾的生活，虽说不上多么富足，但也衣食无忧，日子就这样漫不经心地过着，直到有一天她遇见了陈叔宝。张丽华也是偶然被陈叔宝看到的，陈叔宝到龚贵嫔处玩，看到张丽华，只一眼便喜欢上了。张丽华由此顺理成章的成了太子妃，一下子发达起来，由一个不起眼的奴婢，转而成了后宫主人。

用现在的话说，张丽华算是迈出了她人生最关键的一步，开始进入事业的上升期。相当于现在的预算外转成了其他事业费，再升迁提拔，也就合情合理、容易得多了。宣帝驾崩之后，陈叔宝承继大统，便封张丽华为贵妃。

人生的路很长，但关键的只有几步。而张丽华走出的这一步，或者说“被走出”的这一步（这一步应该是陈叔宝走的，张丽华只是响应召唤，与之携了手，共同迎着朝霞上路了），对她来说，是极具颠覆性的一步，与其最初的理想已不可同日而语。

绝对的气质型美女

要说张丽华能被陈叔宝看上，也是必然的。因为张丽华长得实在太漂亮了，堪称绝世佳人。陈叔宝看到她的时候具体长啥样，是个啥样的印象，咱们不得而知，但据《陈书》对她后来容貌的描述来看，估计不会有太大的出入，只是出水芙蓉与荷花盛开的区别而已。

《陈书》仅用了八个字:“进止闲暇，容色端丽。”一个栩栩如生的美人形象跃然纸上，不但眉清目秀五官端正得一塌糊涂，而且行为举止落落大方，绝无扭捏做作之感，属于那种清新脱俗的气质型美女。

最为惹眼的，则是史书中对张丽华那一头乌黑亮丽长发的描述，“发长七尺，鬒黑如漆，其光可鉴”，这是张丽华有别于他人的一个很重要标志，用现在的话说就是亮点。长发飘飘、乌黑锃亮（注意，不是皮鞋），没有头皮屑，更添了一分妩媚动人。

张丽华的漂亮也是得到大家公认的，如此说，绝无半点牵强附会之意。据《陈书》记载，张丽华早起在阁楼上梳妆打扮，“宫中遥望，飘若神仙”。美人梳妆，于倦懒和宁静中，能够尽显自然之美，恍若仙女下凡，可以想见这张丽华有多漂亮，那早起遥望之人定然不在少数。张丽华漂亮，却不是那种花瓶似的女人，她还是位才女。《陈书》上说她“特聪惠”、“才辩强记”，那脑瓜子好使的不得了，属于智慧型美女。内外兼修，十分难得。

而且张丽华还“善候人主颜色”，就是特别会察言观色，机灵透灵得很，知道什么时候该说什么时候不该说，知道什么时候说什么话效果最佳。这有点像《红楼梦》里的王熙凤，见人说人话见鬼说鬼话，不是聪明绝顶之人，断然整不了这事儿。

如此一位才貌俱佳的美女，你说那“宝哥哥”能不一见倾心爱若珍宝吗?

更要命的是，张丽华不但聪明、会察言观色，还很工于心计，这也是让“宝哥哥”对她爱得死心塌地的关键所在。

陈叔宝喜欢热闹，常带着她和一大帮后妃宾客去游宴，也就是随处落脚随处吃喝，哪黑了哪睡。陈叔宝玩得是潇洒，图的是乐呵，张丽华则不，她一路上“荐诸宫女预焉”，对那些宫女们可劲地夸，这个也好那个也好，这个可用那个也可用。于是“后宫等咸德之”，反过来大家伙也都说她好。这领导没架子，老想着下属，那做下属的心里能不热乎吗?

功夫不负有心人，一分耕耘一分收获，今年撒了种，明年有收获。张丽华在宫中的人气极度攀升，群众支持率持续升温。张丽华在陈叔宝心里的

晚妆欲罢，更把纤眉临镜画。准待分明，和雨和烟两不胜。
莫教星替，守取团圆终必遂。此夜红楼，天上人间一样愁。

——清·纳兰性德【减字木兰花】

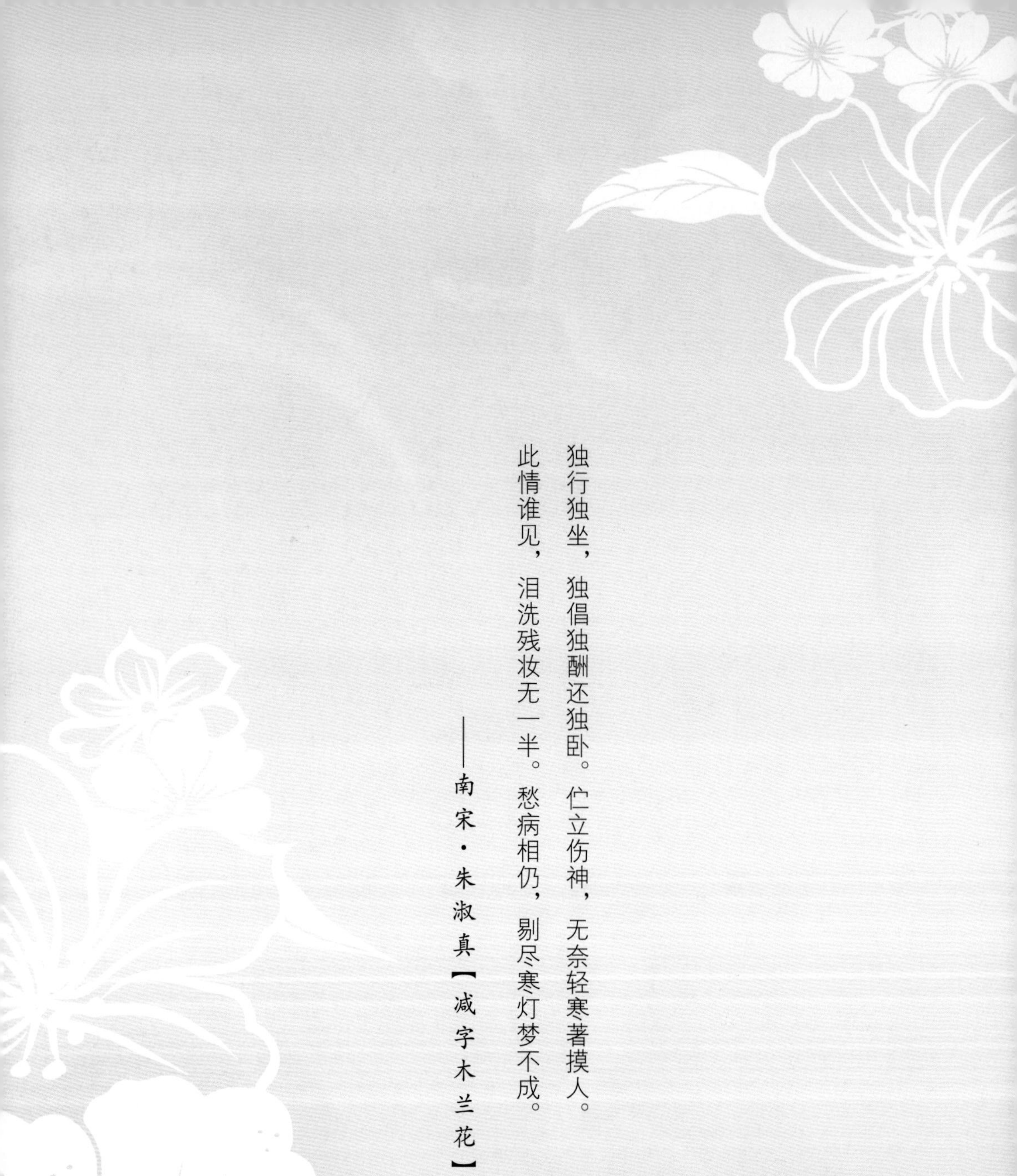

独行独坐，独倡独酬还独卧。伫立伤神，无奈轻寒著摸人。
此情谁见，泪洗残妆无一半。愁病相仍，剔尽寒灯梦不成。

——南宋·朱淑真【减字木兰花】

形象，也就从单纯的漂亮，变成美丽又大方、温柔又善良了。这犹如给一幅画增添了灵魂，使其变得更加生动和亲切。直喜欢得“宝哥哥”差点手舞足蹈。除此之外，张丽华还有一招很厉害的杀手锏，就是“厌魅之术”。厌魅又写作“厌媚”，是一种迷信手法，通过祈祷鬼神来迷惑或伤害别人。张丽华心眼好，连宫女都可劲地推荐，又受到“宝哥哥”宠幸，自然谈不上伤害别人，也没那必要。她用此法只为进一步迷惑她的宝哥哥。不过这陈叔宝也不用怎么迷惑，不下猛药都五迷三道的，这下更逃不了这张妹妹的手了。

抱着妹妹上早朝

陈叔宝喜欢张丽华到了什么程度，我们只要看看这位“宝哥哥”的雷人行径就一目了然了。这哥们儿整天痴迷后宫，在脂粉堆里混，吃个胭脂膏子，呵个痒逗个趣儿什么的，政事自然就顾不上了，偶尔处理一下，也是“置张贵妃于膝上共决之”(《陈书》)。把那张妹妹横了抱在腿上，边拍边乐地处理国家大事，左右是离不了了。

这国家大事要能处理好了才怪！我们“宝哥哥”的处事风格也像沾了些张妹妹的脂粉气，变得扭扭捏捏、柔柔弱弱起来。这般玩法，亡国是早晚的事。不过人家陈叔宝不管那个，爱咋咋地，我就喜欢。就像贾宝玉天生喜欢扎女人堆一样，没什么劳什子的理由！

行文至此，列位看官不免产生疑问，陈叔宝既然这么喜欢张丽华，咋没立张丽华为皇后呢？问得好！这其实怨不着人家陈叔宝，宝哥哥不是不想立，有阵子他废掉原配沈皇后另立张丽华的念头还非常强烈，只怪张丽华没那时气，还没等办这事，隋军大兵压境，陈朝很快亡了国。这也说明陈叔宝喜欢张丽华，确实已经到了无以复加的地步。

每天如漆似胶、形影不离的一块腻糊，就这样，陈叔宝还是觉得不尽兴。为了讨好张丽华，也为了自己能远离案牍之劳形，彻底省却那带有脂粉气的国家大事，也为了自己玩得更加彻底、更加放松，宝哥哥别出心裁，大胆改革，下令就在光照殿前破土动工，建起临春、结绮、望仙三座楼阁。这几个工程可谓浩大，每处都是“阁高数丈，并数十间”(《陈书》)，一样的雄伟大气、一样的富丽堂皇。

皇帝盖房子，那档次断然是差不了的。关于此次建筑和装修情况，《陈

书》中略有记述，我们对其可有个大概了解。材质上不用说，全得用最好的，“窗牖、壁带、悬楣、栏槛之类，并以沈檀香木为之”。往细里做，往精里做，具体到细枝末节，不留死角死面。口号是：既求最好，也求最贵。

内部装修就更讲究了，“饰以金玉，间以珠翠，外施珠廉”，那是怎么奢华怎么弄。我们再来看看房内的家居摆设，“有宝床、宝帐、其服玩之属，瑰奇珍丽，近古所未有”。这么多年外国进贡、民间搜罗、宫内打造的宝贝宝物全都用上了。庭院则完全是花园式布局，“积石为山，引水为池，植以奇树，杂以花药”，有山有水有奇树，按照神仙住的标准，怎么漂亮怎么收拾。园林落成，“每微风暂至，香闻数里，朝日初照，光映后庭”，恍似到了人间仙境，比雪芹先生笔下的大观园只有过之而无不及。

大观园里玩什么

接下来的情形，就更像大观园的故事了。园子盖好，陈叔宝等人也就搬进去了，之后开始分房子，“后主自居临春阁，张贵妃居结绮阁”，俩人挨得最近，跟贾宝玉住怡红院，林黛玉住潇湘馆的布局有一拼。其他宠爱的嫔妃也都搬进去了，龚、孔二贵嫔住在望仙阁，这该属于宝钗、探春、史湘云之流，当然是黛玉挑完才轮到她们。不过俩人住在一处，显得有点挤，房子比起大观园看来是少了点。除这三人之外，还有“王、李二美人，张、薛二淑媛，袁昭仪、何婕妤、江修容等七人，并有宠，递代以游其上”。不能光这四人住，空荡荡的容易闹鬼，于是看着顺眼玩得投机的也都搬进去了，袭人、晴雯、麝月什么的一干人等都全和了。

这帮人干嘛？和宝黛钗们一样，整天“并复道交相往来”。你来我往，来而不往非礼也，整天来回串门玩，这基本就是大观园的翻版了。玩得最兴起的当然是陈叔宝，这哥们每天“引宾客对贵妃等游宴”，带着张妹妹等人到处去吃酒游兴。乐此不疲，日程安排得那叫一个紧，处理国家大事就更没档期了。除了每天的卿卿我我、打打闹闹，或是吃吃喝喝的习惯性消费之外，这里唯一可算得上正事的，就是陈叔宝和众美女一起“共赋新诗，互相赠答”。也不全是胡闹，偶尔也会玩点高雅的文学艺术类游戏。

同样填词作赋，但要论规模排场，宝黛钗等人的“海棠诗社”就逊色多了。因为相比之下，陈哥哥更有实力。拼完诗词，陈叔宝便命人“采其尤艳丽者以为曲词，被以新声”。本着对艺术负责任的态度，对那些偶得的佳句，不单是记录下来、互相传诵这么简单，还要谱上曲子进行演奏。

那演奏的阵容也是相当的庞大，陈叔宝“选宫女有容色者以千百数，令习而歌之，分部迭进，持以相乐”。人员精挑细选，要个顶个的漂亮，这样才能与诗歌乐曲配套，那些歪瓜裂枣有辱艺术形象的，给我有多远滚多远。上千美女组成的交响乐队，这大概是宝黛钗等人想都不敢想的。

繁华过后

和贾宝玉不喜欢社交、不喜欢做官一样，陈叔宝也不是块当皇帝的材料，心思根本没在政事上，除了美女，唯一称得上是个事儿的，也就是上面提到的填词作赋了。这和后来五代时期的南唐后主李煜颇有一拼，都喜欢写诗唱曲，干文艺界那点事。美女是人人喜欢的，喜欢填词作赋的人，对美感的把握会更细腻些，更懂得欣赏美女，陈叔宝的诗词大多也都是歌颂美女的。相较李煜，宝哥哥在玩乐上超其甚多，在才情上则要逊色不少。不过陈叔宝每天玩得无忧无虑，性情所致，倒也与那些妹妹们碰撞出了些许流传后世的精品，比如《玉树后庭花》、《临春乐》等，也有“妖姬脸似花含露，玉树流光照后庭”、“璧月夜夜满，琼树朝朝新”的佳句传世。

陈朝后期本来就气数将近，哪还禁得住宝哥哥这样折腾啊。北方的大隋王朝早已虎视眈眈、磨刀霍霍了，他们并没有让宝哥哥和张妹妹尽情地去做完他们喜欢的事情。当然，这些事情也是生命不息战斗不止、永远也做不完的，因为他们完全忘记了自己身上的责任，这一点，张丽华和他的宝哥哥是一样的，她是快乐的，也是悲哀的。

公元589年，隋军大兵压境，陈叔宝和张丽华再也顾不上什么风花雪月，也顾不得什么龙体千金之躯了，灰头土脸慌不择路“俱入于井”(《陈书》)。二人狼狈不堪，完全没了“璧月夜夜满，琼树朝朝新”的情致雅兴。

就是躲在井中，二人最后还是被隋军给搜到了。可怜张丽华当场被杀，美人喋血，香消玉殒，带走了那未曾享尽的荣华富贵，也带走了张丽华和宝哥哥未曾编织完的梦，落得个“花开花落不长久，落红满地归寂中”的凄惨结局。

也因此，后世将《玉树后庭花》喻为“亡国之音”。杜牧更有“商女不知亡国恨，隔江犹唱《后庭花》”的诗句传世。警示着那段风花雪月的过往。

09 腻糊

让老公喜欢要有资本

破禅

男女间的腻糊，只能产生一个结果，就是变得没有原则，进而对对方的一切要求无不应从。为讨苻训英欢心，慕容熙恨不得靡费全国之力。情虽然无形，却可以爆发出无穷的能量。它可以让人疯狂，也可以让人毁灭。慕容熙和苻训英的情，就像猪油一样，腻在了二人心里，让他们迷失了方向。

有资本的女人有魅力

“一骑红尘妃子笑，无人知是荔枝来”，在大唐时期的某段岁月，这样的场景几乎成了一个人文景观，辉映着盛世的繁荣与热闹。李隆基一声令下，全国总动员，驿站传送，层层推进，那是人不歇脚马不停蹄，风驰电掣，狂奔数千里，以确保他心爱的贵妃娘娘第一时间吃上新鲜荔枝。

过去没有空运快递，基哥本事再大，所能做的，也无非就是选最好的马、最好的骑手、挑最好的官道走最近的路，并且保证道路畅通，收费站检查站啥的一律放行，如此而已。可人家要的是效率，看的是效果，荔枝“味未变已至京师”(《新唐书》)。

杨大美女嘴刁得很，吃荔枝“必欲生致之”(《新唐书》)，不新鲜不行，在冰箱里冷藏过的，人家根本不吃。这也得亏她是傍上大款加大官李隆基了，换个别人想也别想。

作为古代玩转高层的四大美女之一，杨玉环吃的是青春饭，人家有吃鲜荔枝的资本，具备嘴刁的一切并且足够的理由，这个你生气也白生气。谁让你没那长相，或是有那长相没那命呢。

不过命好的不止杨贵妃一个，历史上还有一位，比杨贵妃还靠前，五胡十六国时期后燕皇帝慕容熙的皇后苻氏，也是个大美女。那家伙，嘴比杨贵妃还刁。和这主儿一比，杨贵妃就显得太可爱了，好伺候得紧。

苻氏是当时后燕国中山太守苻谟的女儿，名叫苻训英，和姐姐苻娀娥一起入的宫，“二苻并美而艳”(《晋书》)，一样的美若天仙，一样的光彩夺目，一样都是慕容熙的最爱。不过相比较而言，慕容熙还是更喜欢妹妹一些，也就是咱们今天要说的这位。

红颜祸水的幕后推手

苻氏漂亮，嫁的男人也很成功，皇帝嘛，他不成功还有王法吗！成功人士大都喜欢迁就美女，因为这样会显得他更加成功。慕容熙也是如此，苻氏那嘴刁的毛病都是慕容熙惯出来的。

说到这里，我们先介绍下这个乱世超男慕容熙的行为做派。

别看慕容熙在治政上搞得一塌糊涂，跟个白痴似的，偏巧却天生是个多情的种子，一生离不开女人。亏得他是当皇帝了，才能如鱼得水、如虎归山、如入无人之境地大造特造，因为有这种癖好也是需要资本的！否则只能干瞪眼，普通老百姓就别在这上面瞎耽误工夫了，根本玩不转这个。

慕容熙在后宫留下的光辉事迹，要远远高于他的政绩。这哥们心思本来就没在江山社稷上，自苻氏姐妹花入宫以后，更是基本不上前台了。苻训英被慕容熙立为皇后，那是要风给风要雨给雨，说什么都答应。苻训英死后，慕容熙如丧考妣、悲痛欲绝，披发赤脚地为她发丧，结果后院起火，发生了宫变，江山易主，慕容熙也赔上了卿卿性命。

又是一个美女误国的俗套故事。不过这事也要从两方面去说，所谓红颜祸水，主角应该是皇帝，他们或沉浸于床帝之欢而荒于政务；或劳民伤财去取悦佳人；更有甚者，滥杀无辜只为博得佳人一笑。凡此种种，必然招致国家的败亡。

当然，作为当事人之一的美女，在这其中也可起到推波助澜的作用，加速这种败亡的进程，苻训英便是如此。我们来看看二人的雷人行径，就会一目了然了。这二位，玩起来那叫一个不管不顾，国家能好了才怪！

成功男人怎样讨好女人

为讨苻皇后欢心，慕容熙为她修建承华殿，让人们把土挑到北门，一时“土与谷同价”（《资治通鉴》），土的价钱都和谷子一样了，可谓寸土寸金，够下本的吧！

破禅

既然有价，看来也不是白使唤，要是真能兑现，不拖欠工资的话，也算解决了部分劳动者的就业难问题。不过这属于工程建设的衍生品，是凑巧产生的积极作用，属于无意识行为，就像现在一些破坏性的资源开发，也会使得周边村落跟着富起来一样。慕容熙才不会费心劳神地想那个呢。他的理念是：只要苻妹妹高兴，花钱再多也值。

苻皇后性格外向活泼，是个闲不住的主儿，不喜欢总窝在后宫，极爱旅游，对祖国的大好山河充满着无限的向往。于是慕容熙陪着苻妹妹一起，“北登白鹿山，东过青岭，南临沧海”（《晋书》），山川大海江河湖泊走了个遍。

这次出游代价不菲，所到之处累及百姓，怨声载道。接待无小事，皇帝皇后都来了，谁敢不重视啊？提前一个月开道、净街，腿脚能动的全都给我上路搞卫生，有一点不干净不利落直接拉去砍头。还要组织群众搞个欢迎仪式，敲锣打鼓制造出举国欢腾、五谷丰登的假象。礼品也要备足，奇珍异宝越多越好，这正是表忠心表孝心的大好机会。

所以那接待的规格标准是与日攀升，谁也不想落后，谁都想在皇帝面前表现得与众不同，好获取主子赞许的微笑和目光，于是就在暗地里较着劲儿。政治刺激天才，地方要员们绞尽脑汁、群策群力，倒也创造出许多值得后世效仿的接待新方式。

慕容熙此次出行队伍庞大，除了宫女太监，此外还有庞大的皇宫卫队，大车小辆，浩浩荡荡，所到之处如蝗虫扫过，地方财政基本就剩赤字了。当然，羊毛出在羊身上，最后都得让老百姓买单。

高消费也就罢了，钱花了咱再挣，财富是人民群众创造的，而人民群众的创造力又是无穷无尽的，大不了从头再来。要命的是这次旅游还死了不少人，“士卒为豺狼所害及冻死者五千余人矣”(《晋书》)。大概是觉得城市旅游不过瘾，净去那些人迹罕至尚未开发的原生态地区了，老山林子什么的，天寒地冻，还少不了与狼共舞。

二人如漆似胶，那叫一个腻糊。就是对外征战，慕容熙也要带着苻妹妹，这打仗哪有带家属的？俩人不管那个，只要好玩，能在一起就行。慕容熙乖巧得很，一切行动全听苻妹妹指挥。比如有一次“熙与苻氏袭契丹”(《晋书》)，结果看到人家契丹兵强马壮，慕容熙没敢动劲儿，就想后队变前队，一二一地开溜。可是苻氏哭哭啼啼的就是不走（苻氏弗听），说不过瘾，俺还没玩够呐。

这下慕容熙遭难了，好吧，咱惹不起硬茬，找个软柿子捏。

慕容熙耐心细致地做了一番苻妹妹的思想工作，最后说：哥知道个更好玩的地儿，咱们去那里吧。

苻妹妹天真无邪地看着她的慕容熙，似在询问：真的吗？那是真的吗？你可别骗我。

慕容熙被苻妹妹的柔情感动，心里一阵热乎，一拍胸脯：放心吧，包你玩得过瘾。

苻妹妹破涕为笑，于是后燕大军调转枪口，改去攻打高句丽。这下来回折腾了三千里地，人马疲惫，又累死冻死了不少。

没想到这个软柿子也不好捏，最后慕容熙弄了个“不克而还”(《晋书》)，狼狈而归。苻妹妹也吓得花容失色，顾不得好玩不好玩了。慕容熙如此折腾，不过就是因为苻氏的“弗听”。

如何满足美女的要求

玩都如此，吃就更不用说了。对这二位活宝有了个初步了解，接下来咱们说说苻氏的嘴刁问题。苻妹妹不但是个旅行家，还是个不折不扣的美食家，她对食品的挑剔甚至到了苛刻的地步，我们单看其“季夏思冻鱼脍，仲冬须生地黄”(《晋书》)的要求，就可窥知一二。三伏天要吃冻鱼，三九天要吃鲜地黄，喜欢错季蔬菜和反季食品。

那时候也没冰箱暖棚什么的，哪去搞这些东西？这比杨贵妃难伺候多了吧？人家杨贵妃也就是想吃个鲜果，还是荔枝生长的正常季节，后人都还一个劲地骂呢，冤啊！不过皇后想吃，再不好搞也得搞，慕容熙吩咐下去：都给我去找，找不来就杀头。

于是属下挖空心思，绞尽脑汁，不断创造着奇迹中的奇迹。苻皇后的要求自然也就得到满足了。

令人惊悚的痴情

不过要说真正的“奇迹”还在后头呢。慕容熙和苻妹妹形影不离，属于一见钟情加日久生情，咱实话实说，论感情那是没得挑。就像唐玄宗和杨贵妃，玩归玩，祸国归祸国，被人骂归被人骂，单从感情上讲，还是能感天地泣鬼神的。一码归一码，咱们也不能一概抹杀，人本来就是有感情的嘛。

所以，苻妹妹的英年早逝，对尚处于热恋状态的慕容熙来说，无异于天塌地陷。从痴情到失情，足以让情难自拔的男女做出任何不可思议的事情。慕容熙那一系列类似神经质的行为，也充分印证了这一点。

慕容熙下令，就在宫殿给他的苻妹妹摆设灵堂，要求满朝文武都得哭，并“按检哭者，无泪则罪之”(《资治通鉴》)。挨个亲自检查，对那些干打雷不下雨，如农村老娘儿们般干嚎的，一经发现严肃处理，绝不手软。

你说你和苻妹妹有感情，一起玩一起乐的，别人未必都买账啊，她死不死的于我们有何相干？况且那妹妹嘴头子那么刁，今儿吃这个明儿要那个的，我们还得费力去找，还巴不得她早死呢。

不过皇帝的话谁也不敢不听，这哥们儿现在情绪失控，发起飙来让你吃不了兜着走，还是少惹为妙。但眼泪这玩意儿又不是说来就来，那时的人谁也没上过中戏入过北影，没感情根本就哭不出来。

世上无难事只怕有心人，满朝文武于是再次发挥自己的聪明才智，就像当初给苻妹妹找错季蔬菜和反季食品一样，最后“皆含辛以为泪”(《资治通鉴》)。嘴里含了辣椒在那憋眼泪，泪水汗水外加呲牙裂嘴，那痛苦劲儿就别提了。慕容熙对手下这帮人的表现很是满意。

给苻妹妹修陵就更热闹了，全国总动员，公卿以下，全部无偿出工出力，白使唤，不过那钱还是花的多了去了，“费殚府藏”(《资治通鉴》)，国库全部干光。

这还不行，慕容熙还要找人给他的苻妹妹陪葬，见嫂子“美姿容，有巧思”(《晋书》)，待人接物落落大方的。好，你去给苻妹妹做伴吧，苻妹妹在下面也好有个照应，不至于太孤单（他倒没想自己也跟了去）。吓得一些近臣侍俾每天“沐浴俟命”(《资治通鉴》)，收拾干净，就等慕容熙哪根神经触动了让自己去陪葬。

情，虽然无形，却可爆发出无穷的能量。它可以让人疯狂，也可以让人毁灭。问世间情为何物，从古到今，情，让多少痴男怨女为之困扰、为之生死相许。一个人痴情到了极限，会否产生离奇的举动，这有待那些情感专家以及心理专家去研究。

情，是美好的，它能激发人潜在的超能量，完成不可能完成的任务；它又是可怕的，蕴涵着摧毁一切的危机，能让一个原本正常的人，做出任何违反常规的举动，甚至是一些令人惊悚的行为。苻皇后最后人都装棺材里了，慕容熙“复启其棺而与交接”(《晋书》)，又启开棺木与之同房，如此雷人行径，足以让人暴跌眼镜。

10 执着

人生只有情难死

相较男人，女人的痴情，多了几分柔美和凄凉。钱皇后对明英宗的痴情，其实不能用简单的执着二字来形容，她痴情到自虐自残，让人惊悚动容。而伴随着明英宗坎坷曲折的人生，钱皇后的痴情也达到了率性的顶峰。这种情不掺杂质，它是纯粹的，也不需要任何理由和修饰。

问世间情为何物

开辟鸿蒙，谁为情种？都只为风月情浓。一个情字，让世间多少男女为之陶醉，为之疯狂，也为之困扰。从小鹿撞胸的萌动，到两情相悦的欢畅；从辗转不眠的迷茫，到心如刀割的无助……情，简简单单一个字，却包涵了世间种种。

“一寸相思千万绪，人间没个安排处”，情无处不在，却又似无处安置。它可以无限度地蔓延，弥散在任何一个角落。又会在心灵的某处沉积变浓，拥挤到化解不开。让人如痴如醉，似傻如狂，凭添几许欢喜和忧愁。

历史走过5000年，期间向来不缺痴情种。大到皇宫之内，小到寻常百姓家，试问世间何处能无情！

相较男人，女人的痴情，则又增加了几分柔美和凄凉。多少痴情的女人，营造了无数个感人的瞬间，演绎了无数个让人心痛的故事。明英宗的皇后钱氏就是其中之一。

我们可以舒缓一下思绪，试着穿越时空，追回到500多年前，目睹一下那场令人嘘叹的土木堡之变。这场改变明朝历史走向的大事件，留给我们的，不仅仅是一场金戈铁马的政治争斗。在它背后，还隐藏着一段让人心碎的痴情往事。

情之所至，伤心总是难免的，而情深情浅，伤心程度也不一样。史上或许还没有哪一个女人，能做到像钱皇后这样的伤心欲绝。据《明史》记载，听说老公被瓦剌军掳去，钱皇后“夜哀泣吁天”。我们可以想象，在宁静的夜晚，呼天而告，哭声如雷，是怎样一副撼人心魄的场景！

而后的钱皇后，犹如一个工作废寝忘食的领导，完全忘了自己的身体，由于长期一个姿势的蜷跪，她的一条腿就此残废了（倦即卧地，损一股）。痴情到自虐自残，让人为之动容。不仅如此，钱皇后日日哭号，夜夜垂泪，还“复损一目”，一只美丽的大眼睛也给哭瞎了。

情深至此，令人震颤。一边是战场的金戈铁马，诠释生命的无常；一边是后宫的相思泪尽，演绎蚀骨的深情，生命与真情无奈的碰撞，同时达到了极限。

情是感人的，也是感性的，真情拒绝任何杂质。人世间，或许也只有真情，是不需要任何理由、任何修饰的。情也是相互的，情与情相互交融、碰撞，才能迸射出真爱的火花。也只有双方情感的不断累加，才会让爱得到无限的升华，达到真爱的极致。

可以肯定，钱皇后如果只是一头热的单相思，情感绝然不会释放的如此彻底。英宗对钱皇后的感情到底怎样的好，笔者没有搜集到相关的资料。但是，我们完全可以从另外一个角度，审视一下英宗这个人，或许答案就在其中。

英宗，你是一个啥样的人儿

首先，英宗不是一个成功的政治家，也不是一个很成功的皇帝。他的治政功绩，或许只体现在他的仁义上。而他的仁，则又体现在对百姓的宽厚，对下属的仁慈上。

《明史》记载，英宗多次下诏减赋赈灾，体恤民情，致使“海内富庶，朝野清晏”，一派安乐和谐的景象，这是对百姓的仁；他“罢宫妃殉葬”制度，是对臣子奴婢的仁。这些仁政措施，也充分体现出英宗人性上的良善，可以说，英宗是一个有血有肉有情的皇帝。

不单如此，英宗还是位很有血性的皇帝。且不管胜败如何，土木堡之战，他敢于御驾亲征，首先就证明了他的铮铮铁骨和血性气节，我们完全可以想见，雄姿英发的英宗皇帝当时是如何的风采照人。

世人多嫌英宗鲁莽，那是大错而特错了，不御驾亲征未必就会打赢。你可以说英宗不是一个成熟的政治家，但绝不能否认他是一个有血性的汉子，单就这一点，就值得我们后人敬佩。

土木堡之变的原因，人们也多归结在一个叫王振的宦官身上，说“瓦剌贡使三千人，(王振)赏不如例，遂构衅”(《明史》)。是说瓦剌对王振负责的赏赐一事不满而开战的。这理由其实很可笑，一个忠心耿耿的臣子，是绝不会在乎主子赏赐多少的，那是蓄谋已久了，不过要找一个冠冕堂皇的借口。

就像你讨厌或嫉妒一个人，总能找到不喜欢他的理由。

说到这里，咱们应该回过头去，审视一下英宗和王振之间的关系。据《明史》记载，明朝的宦官专权，“始于王振，卒于魏忠贤”，是打王振这才兴起来的，到魏忠贤又把它发挥到了极致。而王振之宠，便是得益英宗。英宗打破了朱元璋“内臣不得干预政事”的遗训，开创了宠信宦官的先河。

但此事不能怪在英宗一个人头上，没有前因，就不会有后果，其实早从英宗的父亲宣宗开始，便“设内书堂，选小内侍”，放松了对宦官的约束，王振也因此得以成为英宗的伴读。

人们对宦官的误国往往深恶痛绝，这在感情上是可以理解的。但是，皇宫内的争权夺势本就司空见惯，不能以错对论之。英宗和王振自小相伴，感情自然甚笃，英宗“倾心向振，尝以先生呼之”，也在情理之中。彼时的英宗不过是个十几岁的孩子，搁现在，也就是个初中生，你让他深谙权谋之术，要求未免太高。

况且，作为宦官的王振，未必就想着把国家搞乱，让蒙古人把英宗掳去，那样对他也没好处。我不想讨论明朝败亡的原因，那属于政治军事范畴，我只是想说，宠信王振，也是英宗重情重义的一个自然表现。

如果说政治没有对错，那么情就更没有对错之分。除去皇帝的外衣，英宗更像一个普通人，他仁慈、善良，他有血性、有情感，是一个值得珍惜、值得深爱的男人。或许，他唯一的错误，就是不该生在帝王之家。

还有个典型的例子，很能说明这个问题。钱氏一直没有生育，这本是后宫大忌，然而英宗没有疏远钱氏，应该是这种真情的最好诠释。如此重情重义的男人，绝不会对钱皇后薄情寡义。

更为难能可贵的是钱皇后与英宗的情里，不掺杂任何的利益与争斗。《明史》记载，英宗考虑到钱氏出身寒微，想给她的娘家封侯，结果钱氏给婉言拒绝了。

在当时所有外戚之中，只有“后家独无封”，这在整个中国历史上也是很罕见的。

不受权势勾连，不受利益摆布，不受外界干扰的情感，才是至真至纯的情感。所以钱氏哭得伤心、哭得真切、哭得痛快。她用自己的生命诠释了自己的真情。

情的最高境界

“重叠泪痕缄锦字，人生只有情难死”，钱皇后的真情，在英宗归来后，化作了无微不至的关怀，则又是情的另外一种更高境界。英宗的弟弟景泰帝怕英宗重夺皇位，便将其幽禁在南宫，英宗当时处境之艰难，心情之郁闷可想而知。然而已是残废之身的钱氏，对他却更是照顾有加，不离不弃，每日“曲为慰解”(《明史》)，变着法儿地让他开心。

昔日后宫的繁华，到现在已是荡然无存，惯受众星捧月的英宗，现在也已无人问津，只有一个身心都曾遭受巨创的女人相伴，不断去宽慰他，开导他，给他带来些许的快乐。这种不受外界影响、不因地位变迁而改变的爱，才是真正永恒的爱，才是男女之间最伟大的爱。

钱氏一哭，也许有人会将她的动机和规格，无限度的拔高、夸大，可以说她为国家而哭，为社稷存亡而哭。这是投机者惯用的伎俩。将人物脸谱般的模式化，就会忽视真情所在，无疑是对人性的一种亵渎。其实，大可不必做得那么乖巧。

“人生自是有情痴，此恨不关风与月”，钱氏之哭，就是为了英宗，为了自己的男人，为了自己的真情而哭，这就已经足够了！情感的宣泄本就是对爱情的一种执着，值得我们任何一个人肃然起敬。

英宗临终前，在交代后事时说，“钱皇后千秋万岁后，与朕同葬”(《明史》)，生在一起，死作一处，当是英宗对这段感情所做出的最好的回应。

11 习惯

姐弟恋背后的秘密

男女之间产生感情，定然是被对方所吸引，渐生爱慕之心，慢慢到不离不弃，由不可割舍的依赖，最终演化成浓郁的亲情，而变得根深蒂固。这就是习惯。姐弟恋也是一种习惯，并且能量极大。明宪宗对万贞儿，就已到了排他的地步，而万贞儿也会在这种习惯的影响下，变得恃宠而骄，肆无忌惮。

皇宫里的童话

中国古代，皇宫永远是一处令人心驰神往的神秘所在。巍峨高耸的宫墙，铠甲长枪的侍卫，不可逾越的礼法。这里有九五至尊，也有奴婢杂役，显达与落寞同在，富贵与卑贱同生。所有这些，都让它与外世隔绝，昭示着它的神秘莫测。人们在肃穆凛然的同时，亦有欲探究竟的猎奇心理。

相较万家灯火，皇宫给人们更多的揣测和猜想，也留下了无数未知的悬疑。其实，皇宫的神秘和它的封闭是相辅相成的，皇宫内也一样演绎着落寞辛酸、爱恨情仇；一样有生老病死、悲欢离合，和普通人家没有什么区别。只是因为它的封闭而鲜为人知，平添了许多神秘色彩。

本文要记述的两个主人公，是明朝的第八位皇帝——明宪宗朱见深，和他的贵妃万贞儿，一个贵为天子，一个位尊贵妃，他们在神秘的宫墙之内，上演了一段令人匪夷所思的姐弟恋。

入住皇宫，令人艳羡，却也有着常人难以理解的孤独和寂寞。这里没有知心朋友，只有争宠和争斗。这里等级森严、礼法繁多，带给人的是压力和压抑。即便皇帝本人，每天面对最多的也是虚伪的迎合与曲奉。当此环境，许多的皇帝醉心于淫乱的欢畅，迷恋于肉欲的满足，毫无感情可言。

而对于女人来讲，感情也几乎成了一种奢侈品。后宫佳丽三千，今日须臾不离，明天弃如敝履，不过都是皇帝的玩物。更有动辄赐死，落得魂散香消，多么的凄惨悲凉。脂粉飘香、富丽堂皇的后宫，到处布满了陷阱，充斥着嫉妒，暗藏着杀机……

在这样的环境之内，缠绵悱恻的爱情故事似乎只是一个遥远而美丽的童话。

然而朱见深和万贞儿似乎要算一个例外。

朱见深始终如一地喜欢着比他大近20岁的万贞儿，不能不说是中国古代后宫史上的奇迹。此二人用现在的话讲，就是大搞了一次风行时尚的姐弟之恋，且情真意切，至死不渝。全不似现在的弟弟爱上姐姐，来得快去得也快。

什么才叫真心喜欢一个人

具体说，万贞儿比明宪宗大19岁。她本是宪宗祖母孙太后的贴身女婢，后来专门服侍年幼的太子朱见深。说是服侍，其实也就是领着他玩，捉个迷藏放放风筝什么的。就像《红楼梦》里的袭人和贾宝玉，外面明着看是主仆，回到屋里就不分彼此了。

宪宗即位时16岁，还是个懵懂的少年郎，万贞儿35岁，已跨入资深美人的行列。但宪宗对这老姐姐的感情却与日俱增，二人每天如漆似胶、形影不离，卿卿我我、你侬我侬地磨叽个没完没了。

《明史》中的一句话说得再明白不过了，“六宫希得进御”。有了万贞儿，后宫三千佳丽全都歇了，晚上就剩她一个人的事儿。足见宪宗对这老姐姐的喜爱，已经到了无以复加的地步。

万贞儿受封的是贵妃，不是皇后。这倒不是宪宗不想立，而是因为她出身低微，还要考虑太后及满朝文武的意见，但这并不影响宪宗对她的喜爱程度，也并不影响她在宫里的地位。当时的皇后是吴氏，吴氏虽贵为皇后，但在万贞儿面前却是不堪一击，万贞儿几次哼唧，便愣让宪宗把吴皇后给废了，足以看出这位老姐姐的能量。

如此一来，万贞儿的地位就和唐时的杨玉环差不多了，虽为贵妃，上面却没皇后，和皇后也就没什么两样了。

宪宗皇帝迷恋万贞儿已经到了排他的地步，《明史》中有个小例子很能说明问题，万贞儿曾给宪宗生过一个儿子，可惜中途夭折了，万贞儿也失去了再生育能力，不管宪宗如何努力，万贞儿死活都没动静了。不过宪宗努力归努力，心思并没在生儿子上，只要和万贞儿在一起，生不生儿子无所谓。

不过皇帝不急太监急，没有子嗣，大明江山无以为继，所以当时“中外以为忧”，火都上到文武百官的心里去了。这可是压倒一切的大事啊，关系到社稷的存亡，决不能等闲视之。于是有人便上奏，请求宪宗抽空儿也和别的妃子睡睡觉，别老在这一棵不结果的枯树上吊死。

结果人家宪宗帝不为所动，很潇洒地说：“内事也，朕自主之。”我们的家事我做主，你们管得着吗？真是咸吃萝卜淡操心！

瞧瞧人家宪宗这作风。不过长此下去，终归不是个事儿，对于宪宗不和别的妃子睡觉问题，满朝文武意见很大，不断上表，急得像热锅上的蚂蚁，恨不得自己替宪宗把事给办了。最后弄得宪宗没办法，不得不勉为其难，敷衍潦草的应应景，走走过场。

但此时的万贞儿，早已变得骄横跋扈，根本容不下别人。自己徐娘半老，对那些如花似玉、活力四射的小姑娘表现得异常敏感，加上自己不能生育，对能怀孕的就恨之入骨。好，你怀孕是吧，怀你的，然后派人给送去坠胎药，伺候皇上辛苦了，补补身子。万姐姐给药不敢不吃，后宫一时“饮药伤坠者无数”，没一个人能逃脱。

万姐姐这么折腾，朱见深不管吗？不管，不但不管，还听之任之，宠爱如初，一点没受影响。万贞儿于是更加肆无忌惮了，有皇上罩着呢，还不可劲儿地造啊。

最后群臣忙乎的结果是：宪宗仍无子嗣。

姐弟恋的背后隐情

那么，朱见深为什么这么痴迷于这个比他大近 20 岁的姐姐，为了她甚至连儿子都不想要呢？这要从宪宗的成长经历上去分析。

男女之间产生感情，定然是被对方所吸引，渐生爱慕之心，慢慢到不离不弃，由不可割舍的依赖，最终演化成浓郁的亲情，而变得根深蒂固。而人的感情在年少之时，特别容易形成定势。

朱见深是自小被万贞儿看大的，在心理成熟和情感发育期间，每日与万贞儿片刻不离，一块吃一块睡，在生活上情感上早已形成了依赖。

少年懵懂的男女欢情加上细心呵护，双管齐下，不光是宪宗皇帝，就是万贞儿，也不可能没有感觉。这就像双面胶的功效，于无形中已经相互粘合、不可分割。

有了感情，万贞儿对宪宗的照料就会更加细心，宪宗对万贞儿也会更加依赖。二人每日对视传情，就越发变得称心如意，这无疑又会增加粘合剂的功效。

再有就是万贞儿的岁数很合适。为什么这么说呢？因为万贞儿比朱见深大，朱见深情感朦胧阶段，也正是万贞儿作为一个女人最为迷人的时期。一个成熟女人的吸引力，要远远超过那些同样岁数尚且不解男女风情的小女孩们。

万姐姐长得肯定漂亮，这也是朱见深情陷其中不能自拔的原因之一。这很容易理解，老太后绝不会找一个苦瓜脸去伺候太子不是？而女人的美丽，永远是触动男人心扉的根本。万贞儿不用劳作，保养再跟得上，就不只是风韵犹存，该是风情万种了，这对一个懵懂少年来说，是极具杀伤力的。

万民敬仰的朱见深初当皇帝之时，只有16岁，万贞儿和他在一起那不跟玩儿似的？论智力比阅历都没在一个水平线上。娇媚的容颜，加上熟女的挑逗，一个16岁的小屁孩能有多大定力？还不乖乖听老姐姐的话！等万贞儿年纪再大些，又喜欢“奇技淫巧”(《明史》)，床上功夫了得，也更加注重男女风情，朱见深不被迷得团团转才怪呢！

当然，心有灵犀还是这二位情感至深的关键所在。万贞儿是4岁时被选入宫廷的，小小年纪就在险恶的皇宫里混，耳濡目染，浸染日久，肯定不是吃素的。而且她一直伺候皇上他妈孙太后，没两下子干得了吗？《明史》中说万贞儿“机警，善迎帝意”，就是很好的概括。

简单的六个字，却最少说明了两个问题：

一，万贞儿很透灵，脑瓜好使，会说话，善于揣摩人心。美丽而能善解人意，这样的女人是不得了的。

二，其智商必在皇帝之上。她不仅要知道皇帝在想什么，还要想到前面，办到前面，非高智商不能办到。万贞儿从朱见深玩尿泥时就看着他，他想什么能不知道吗？思维上的相通，不言自明的体贴，让宪宗更加依赖。

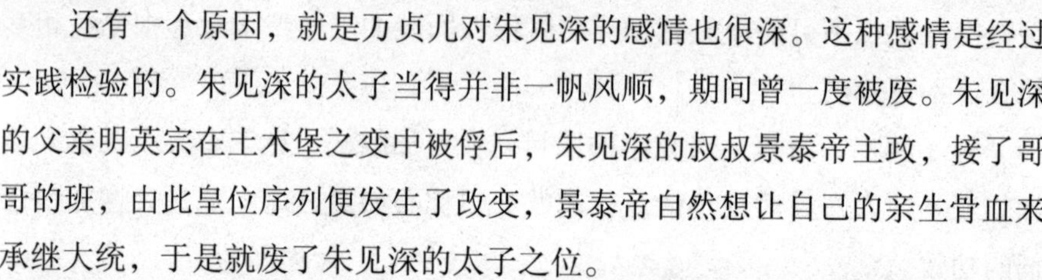

还有一个原因，就是万贞儿对朱见深的感情也很深。这种感情是经过实践检验的。朱见深的太子当得并非一帆风顺，期间曾一度被废。朱见深的父亲明英宗在土木堡之变中被俘后，朱见深的叔叔景泰帝主政，接了哥哥的班，由此皇位序列便发生了改变，景泰帝自然想让自己的亲生骨血来承继大统，于是就废了朱见深的太子之位。

失去太子身份，没了权势，没了耀眼的光环，可人家万贞儿依旧对他不离不弃。朱见深在感动的同时，在心灵上也与万贞儿贴得更近。

成化二十三年（1487 年）春，万贵妃因病去世，宪宗万念俱灰，工作也干不下去了，“辍朝七日”（《明史》），以示哀悼，天塌下来都随它去，对万贞儿的感情之深可见一斑。而朱见深自此日日饱尝相思之苦，短短半年之后，便相思成疾，一病不起，终于追随他的万姐姐而去了。

皇帝也是人，一样有七情六欲，一样有普通人的情感。不过皇帝贵为天子，“普天之下，莫非王土，率土之滨，莫非王臣”。一草一木全是皇家私有，可选择的机会太多，其行为表现便分外的乖戾嚣张，渐渐变得情感迷失了。

能够像明宪宗这样，当了皇帝还能如此感情专一的，世间少之又少，不能不说是个奇迹。

第三章 直道相思了无益

直道相思了无益，未妨惆怅是清狂。

——唐·李商隐【无题】

12 无助

都是寂寞惹的祸

再好的东西也有厌倦的时候，感情也是如此。辽道宗冷落萧观音，不是萧观音不好、不美，而是一种审美疲劳。遗憾的是，这种疲劳并未同步，萧观音浪漫的天性，注定了她要独守孤独和寂寞。然而，就是这种苦涩的平静也未能长久，耶律乙辛的阴谋终于得逞，萧观音含恨九泉，带走了她在寂寞里挣扎的无助。

女人被迫出局的潜规则

一场精心策划的阴谋，一首极其香艳的诗词，一个不明是非的皇帝。这三个看似毫无关联的外因，却共同酿制了历史上一个天大的冤案。辽国历史上最富盛名的才女皇后萧观音，因此香消玉殒，含恨九泉。

也许这就是命运的作弄，这个曾因精通音律、长于诗词而被皇帝倍加宠幸、视若珍宝的女人，最终也因为一首诗词蒙受不白之冤，被赐自尽。生前冰肌玉骨的伊面佳人，死后尸体却被送返娘家，结局之悲惨凄凉，令人扼腕。纵观萧观音的一生，让我们看到了后宫女人的无奈与不幸。

皇帝与皇后的关系很微妙，一个位尊朝堂，一个显贵后宫，同样至高无上，同样操控生杀予夺。而正因如此，也让他们的婚姻无不蒙上一层政治色彩。事实上，能够荣登皇后宝座的，大多也都出身显贵，是王公贵族或者权臣将相家的女儿。好多王朝都明文规定皇后不能出自庶族，这也让帝王婚姻的政治色彩变得更加浓郁。

在这方面，作为辽朝第八任皇帝、辽道宗耶律洪基皇后的萧观音也不例外。

萧观音本是辽道宗的爷爷辽圣宗钦哀皇后（也就是道宗的奶奶）的弟弟家的女儿，听着有些绕，说白了就是道宗的姑姑。萧观音长得十分漂亮，《辽史》上说她“姿容冠绝”，相貌身材那是一级棒，而且“工诗，善谈论”，是个能说会道，善于填词作赋的才女。

除此之外，萧观音还有独特的文艺天赋，能“自制歌词，尤善琵琶”，搁现在也属于原创型音乐人，集词曲唱于一身，吃香得很。（这点有点像前文中提到的高纬先生）

这样的极品女人，道宗自然很满意，萧观音也因为艺术的感染力，让自己变得魅力无穷从而身价倍增，曾一度“有专房宠”，让道宗看不够，爱不够，喜欢得不得了。

然而，人无千日好，花无百日红。后宫最不缺少的就是美女，并且更替频繁。就像如今举办的选美比赛，每年都会有光芒四射的新秀脱颖而出，迅速盖过前任的风采。色衰爱弛，可以说是后宫女人被自然淘汰的不二法则。在这上面，皇帝犹如大权在握的评委，可由着自己的性子自由发挥。

萧观音年界三十，色未全衰，爱便先驰了。人似乎都有个怪毛病，在春风得意之时，或许并不能深切感受到自己有多荣光，而一旦失去，又会无限怀念昔日的辉煌。萧观音独守空房，只好被迫为艺术献身，每日与伶人研究音律以打发缓慢的时光。每至夜幕降临，萧观音惟有青灯相伴，想起那段倍受宠幸的往昔岁月，难免会触动心扉而伤怀落寞。

都是寂寞惹的祸

皇后只是封号，是一种荣耀和尊宠。皇后首先是个女人，是个在感情和生理上都会有正常需求的女人，一旦失宠，形同守寡，又不能离婚，长夜漫漫，难熬得很。长久的压抑往往会改变人的性情，于是有的人开始热心于权利追逐以转移注意力，又或吃斋念佛静心养性；而更多的人，则是在无可奈何之中郁郁成疾，最后过早的离世。

萧观音长于作诗，也具有诗人理想化的浪漫气质，她幻想着皇帝会念起旧日情缘，和自己鸳梦重温。在这种理念的支配下，她让自己平静下

破禅

来，重新收拾自己的心绪，开始提笔写诗，直抒心意，以寄托情怀。

她还将这些写好的诗，“被之管弦，以寓望幸之意”(《辽史》)。就是对诗进行精加工，谱上曲子，通过音律进一步抒发着自己的情感，将诗的意境作进一步地扩充，想藉此打动道宗那颗冰冻已久的心。

在萧观音所有诗作之中，最为著名的便是十首《回心院》的词，其内容描写的多是生活琐碎、日常起居。词句文采斐然，感情细腻真挚，读来令人肝肠寸断。

其中有“换香枕，一半无云锦。为是秋来辗转多，更有双双泪痕渗”相思企盼、苦闷彷徨之情跃然纸上。

又有“铺翠被，羞杀鸳鸯对。犹忆当时叫合欢，而今独覆相思魂”将独居深宫的寂寞，以及往日贪欢的快乐，勾画得淋漓尽致，读罢令人感慨良多。

而“张鸣筝，恰恰语娇莺。一从弹作《房中曲》，常和窗前风雨声”则又是多么的幽怨凄美，如泣如诉，让人不由得不为之扼腕叹息。

萧观音借诗抒怀，正如时下流行的说法：姐写的不是诗，是寂寞。

香艳的《十香词》

然而萧观音没有想到，她的这种寂寞吟唱，不但没能感动道宗，却迎来了一场蓄谋已久的文字公案。因为在她身后，一直有双毒辣的眼睛在紧紧盯着她。这要说到萧观音的一个潜在优势。

古时皇后的地位改变，通常有三个渠道：一是皇帝的宠幸。这点萧观音毫无疑问已经失去。

二是自己专权。萧观音秉性仁慈，更无野心，这点也不可能。

第三就是母凭子贵。儿子当皇帝，那么自己便是太后，地位得以稳固，特权得以延续。这点萧观音具备，因为她有一个出色的儿子——耶律濬，是当时皇位继承的热门人选。

《辽史》对耶律濬的评价很高，说他自小“好学知书”，才能出众，被立为太子后更是“法度修明”，政绩斐然，受到朝中上下的一致拥护。

然而树大招风，有人喜欢就会有人嫉妒，权臣耶律乙辛便是其中之一。

耶律乙辛时任辽国枢密使，很得道宗宠信，一时权倾朝野，位极人臣，可偏偏正直的萧皇后母子对他很不买账。太子威信一高，耶律乙辛的权利便受到挑战，就想着除去耶律浚母子，于是一场精心策划的艳词公案便新鲜出炉了。

耶律乙辛请人代作了一首《十香词》，拿给萧观音看，全文如下：

青丝七尺长，挽作内家装。不知眠枕上，倍觉绿云香。
红绡一幅强，轻阑白玉光。试开胸探取，尤比颤酥香。
芙蓉失新艳，莲花落故妆。两般总堪比，可似粉腮香。
蝤蛴那足并，长须学凤凰。昨宵欢臂上，应惹领边香。
和羹好滋味，送语出宫商。安知郎口内，含有暖甘香。
非关兼酒气，不是口脂香。却疑花解语，风送过来香。
既摘上林蕊，还亲御院桑。归来便携手，纤纤春笋香。
凤靴抛合缝，罗袜卸轻霜。谁将暖白玉，雕出软钩香。
解带色已战，触手心愈忙。那识罗裙内，销魂别有香。
咳唾千花酿，肌肤百和装。无非瞰沉水，生得满身香。

也许是出于对诗词的偏爱，再加上饱尝深宫寂寞之苦，萧观音对这首香艳的《十香词》十分喜爱，还作了抄录，并即兴赋《怀古》诗一首："宫中只数赵家妆，败雨残云误汉王。惟有知情一片月，曾窥飞燕入昭阳。"没想到这样一来，便掉入耶律乙辛事先布置好的陷阱里。

耶律乙辛诬陷萧后作艳词，有伤风化，有损母仪天下的正面形象，更有损大辽国的光辉形象，这个帽子扣得着实不低。不但如此，他还从萧观音所写《怀古》诗中找到了纰漏，诬陷说她这是写给情人赵惟一的。

赵惟一是每日伴随萧后吹弹吟唱借以打发时日的伶人之一，要说事也凑巧，萧观音所作诗的一、三句中，正好嵌有赵惟一的名字，这下更是铁证如山，不容辩驳。

这桩当时在辽国皇宫里闹得沸沸扬扬的《十香词》公案，最后以萧观音被赐死，并"归其尸于家"(《辽史》)的悲剧收场。死后不能国葬，尸体还要运回娘家，这无论对死者还是生者，都是一种莫大的羞辱！而萧观音的身后希望——太子耶律浚，也在耶律乙辛的进一步构陷下，被废为庶人。

是非不分，善恶不辨，道宗的昏庸，奸臣的弄权，终于也使得辽国江山变得摇摇欲坠。

冤案的背后

辽代笔记小说《焚椒录》中专门记述了这段公案，详细叙述了萧观音被耶律乙辛构陷的经过。该书虽为小说，但其作者王鼎是这段公案同时期的人，当时在朝中任翰林学士，应该很有发言权。《辽史》中对他的评价是:“正直、不阿人，有过必面诋之。”足见王鼎决不是那种喜欢搬弄是非或者听风就是雨的人。也就是说，这段公案还是比较可信的。

不过王鼎因为一次酒后为萧后喊冤，曾被罢官流放，在感情上存有些偏执也是有可能的。

《十香词》所描绘的内容，现在看来见怪不怪，但在当时礼法森严的后宫，肯定属于格调低下、有伤风化的不雅诗词，当在禁止传播之列。但其表达细腻，情感真挚，很容易引起萧观音的共鸣，挑起她尘封已久的情缘，勾起她对往日欢愉的点滴记忆。

这就像时下有些女生，在观看爱情剧时，情感会随剧情起伏一样。其实这都是人的正常心理反应，并不能说明什么。况且皇帝可以任意的移情别恋，皇后却只能身居寂寞，这本就是对人性的一种扭曲和摧残。

至于萧后和伶人赵惟一的关系，应该属于牵强附会的故意构陷，在萧观音的内心深处，从没放弃过对道宗的幻想，怎么可能移情别恋呢？退一万步讲，即使萧观音因音乐而与赵惟一心心相通，或者说有所倾心，也不过是萧观音寂寞孤独的一种寄托罢了，绝不至于走到逾越礼法鸿沟的地步。

关于这一点，《辽史》中记载一事很能说明问题。萧观音见皇太叔耶律重元的妃子，轻佻招摇，很不庄重，便告诫她“为贵家妇，何必如此”，让她注意自己的形象和身份，为此还得罪了她。足见萧后是个懂礼仪、知廉耻的传统女性，说她与伶人私通，可能性不大。况且还镶嵌赵惟一的名字入诗，这未免也太过明显了。

13 悲凉

女人如衣服的最好诠释

女人最悲哀的，莫过于被抛弃，就像一件光鲜的衣服，最终遗忘在箱底。陈妙登被刘骏无意中发现，进而选进宫，陈妙登的父母，包括陈妙登本人，都以为步入了天堂，没想到却是坎坷命运的开始。以后的陈妙登，更像是一件明码标价的商品，被人随意转来转去。这种无视女人自尊的行为，当是女人最大的悲哀。

被男人抛弃的女人

在中国古代，能给皇帝做老婆的，不管是凤毛麟角的皇后，还是一抓一把的嫔妃，一般都是大有来头的。她们或系出豪门，或出身权贵，普通女人根本没资格去攀这高枝，即便被应征入宫了，也是当宫女，做下人，听人家使唤。

随着皇室思想的不断解放，到后来，后宫的重量级人物，也有从民间海选的。多是在国运兴隆左右无事之时，或是赶上皇帝兴趣盎然身体倍儿棒之际，就进一步扩大招收范围，权当是国家组织了一次大型公益活动。由此，一些出身寒微的百姓家的女儿，也有了麻雀变凤凰的机会，也就有了陈妙登被男人“三倒手”的人生浮沉。

说起这“三倒手”，也是有来头的。三倒手硬面馍，那是大大有名，作为大清宫廷的一道美食贡品，以其醇馨、味美的独特口感，备受慈禧老太后的喜爱。所谓“三倒手”，是硬面馍制作时的程序，要经过三次倒手，以达到最佳的口感。倒手次数一多，面就越筋道，蒸出来的馒头就层次分明、圆润饱满。

然而馒头倒手味香甜，女人倒手就很悲凉了。

陈妙登是南北朝时期、南朝刘宋皇帝刘彧的贵妃，不过这是在她第一次被倒手之后，她最初是被刘彧的哥哥——孝武帝刘骏看上并选进宫的，并不属于刘彧，是后来才转嫁给的刘彧。这倒手的事挺复杂，咱们一会再说，先说说陈妙登是怎么被刘骏发现的。

美女是如何被发现的

陈妙登被发现也实属偶然，刘骏荒淫好色，后宫美女如云，但还是觉得不满足，饱满的精力和热忱化作了对美女的无限渴求，于是就来了个全国海选，派各路星探到民间四处搜罗美女，力争不让一个漏网。

不过这也没一下就发现陈妙登，所谓计划，只是当权者的一种愿望，真正实行起来就会大大缩水，因为具体办事的人，不可能达到当权者那样的思想高度，即便达到了，想法和标准也不一样。何况这里面还有个责任心的问题，还有个百密一疏的问题，派出去的人净往远处踅摸了，没想到灯下黑，眼皮子底下的却没注意。结果陈妙登还是人家刘骏亲自发现的。

陈妙登本是“屠家女也”(《宋书》)，父亲陈金宝是杀猪卖肉的，家里条件不是很好。现在杀猪的都富了，那是因为猪给劲。一通催生，瘦肉型肥肉型肥瘦型的让它咋长它就咋长，那猪繁殖得就快，杀猪的忙不过来，再来点粗加工注个水啥的，利润高，杀猪卖肉的就先奔小康去了。

古人都实诚，没这么多心眼，况且那时猪也少，不是过年谁舍得吃肉啊。

陈屠户辛苦一辈子，也没解决住房这个老大难问题，只挣得草屋三间，凑合着有个挡风遮雨的地方。

房虽差了点，可地理位置却不错，就在建康城（今江苏南京）的边上，国都近郊，城乡结合部，属于城市扩张的范围，升值潜力很大。将来地产商一介入，没准就寸土寸金了。不过陈家很幸运，没等地产商来就先发达了，因为他们遇到了比地产商还牛的牛人。这个人就是刘骏。

陈妙登是刘骏在一次出行时遇到的，不知是郊游打猎抑或是去体恤民情，其实这也没什么质的区别，对领导而言，这些事本就可以兼而有之。不过从刘骏的一贯作风来看，专门去体恤民情的可能性不大，不过我们可以这样宣传，因为刘骏在事实上确实慰问了一把困难户，不能对人家全盘否定。

皇帝出行，一定会净街开道，犹如搞杂耍的牵着猴敲着锣，转着圈地跑出一块空地，闲杂人等早就轰得远远的了。这就使得周边环境尽收眼底，陈屠户家这几间破草屋也就显得尤为突兀，和整个城市的风景很不配套。不过也正是由于它的不伦不类，才引起了刘骏的注意，要不说什么事都是该着呢。

刘骏当时一看就懵了，对身边的一个尉司说，挺好个街道，怎么还有这样的破房子？太影响市容市貌了。去，给他三万块，让他盖几间像样的瓦房。刘骏此举也不难理解，如今也是一样，打造花园城市，最怕留下死角死面，看着闹心，也影响验收的成绩。好似一张干净帅气的脸上，长了一颗大大的黑痣，哪怕多花点钱，也要把它点了去。刘骏这一发话，问题很快就解决了。刘骏这次意外的善举，也改变了陈屠户一家的命运，从而让陈妙登走上了另一条人生道路。

刘骏问话之人，也是一个平时替他采办美女的官儿。不是全国总动员了吗，肯定成立了领导小组签了责任状，人人身上有任务的。尉司慰问贫困户的同时，也不忘本职工作，居然有了意外收获，发现了陈妙登。

陈家当时没人，就妙登一人在家，估计陈金宝两口子早早起来就去街口杀猪卖肉了。陈妙登那时还是个小孩子，十二三岁，但是“容质甚美”(《宋书》)，天生一个美人坯子。尉司一看两眼就放光了，我还整天满世界去划拉呢，眼皮子底下的反倒落下了，意外收获，俺立功的时候到了。于是赶紧回皇上，说如此。

刘骏一听，立刻喜笑颜开，好心情驱散了旅途的劳累。还是多出来转转好啊，外面的世界果然很精彩，老窝在宫里就亏大了。接下来的事情不用多说，这场突如其来的慰问活动，变成了有组织的现场应招，刘骏欢天喜地，陈妙登入宫侍主。

估计那时正在游刃有余地屠宰生猪的陈屠户，做梦也不会想到家里会发生如此天翻地覆的变化，他不但马上会拥有豪宅，还即将成为皇帝的老丈人，可谓一步登天。自此，那把伴随半世的杀猪刀可以休矣。当然，他也没有想到，女儿进了皇宫，坎坷的命运才刚刚开始。

刘骏当时看是看上了，可能觉得陈妙登岁数太小，也没给封个职位，就先让她在路太后（即刘骏他妈路惠男）的房中伺候，结果后来一忙就给忘了。刘骏忙是肯定的，不是还在海选美女吗，天天有进献的，哪个不得亲自过目啊，刘骏也乐得事必躬亲，这样才不至于错过“人才”。

再说了，各地美女什么样的没有啊，陈妙登最多算个准美女，在郊区草屋里很扎眼，宫里穿红走绿不断，也就显不出她来了。过了两三年，陈妙登倒是长开了，可刘骏却把她忘得一干二净了。

最后还是路太后实在看不过去了，找来刘骏谈话，说你不要也别耽误人家啊，这算怎么档子事？算了，你忙你的去吧，我看着安排吧。于是路太后做主，将陈妙登转赐给了刘骏的弟弟刘彧，这也是陈妙登第一次被倒手。那时的刘彧还是湘东王，不是皇上，但陈妙登总算有了个名分。

说起这个湘东王，也不是什么省油的灯，给他当老婆也不容易，虽说比不上皇上，可屋里也不缺女人啊。结果陈妙登“始有宠，一年许衰歇，以乞李道儿”(《宋书》)，也就新鲜了一年多，新鲜劲儿一过，就不再受宠了，刘彧又把她转嫁给了李道儿。

陈妙登再次倒手给李道儿，也没呆安生，不久刘彧“寻又迎还”(《宋书》)，不知哪根筋抻着了，又给要了回来，来了个“三倒手”。关于这件事的蹊跷之处，咱们以后还要专章叙述，这里先带过。

陈妙登就这样像商品一样被抛来抛去，诠释着女人如衣服的悲凉人生，所受屈辱可想而知。古代女人的命运，是受男人掌控的，如果这个男人是皇帝或者王侯，就更是只有任人摆布的份了，连个撒泼打滚的权力都没有，除非豁出小命不要了。

不过陈妙登以后的日子，倒没再起太多波澜。景和元年，也就是公元465年，刘彧废掉他的侄子刘子业，自己当了皇帝，陈妙登被封为贵妃，待遇还不错。陈妙登的儿子刘昱即位后，她又被尊为皇太妃，家人也都跟着沾了光，杀猪的父亲陈金宝被追封为散骑常侍，母亲王氏被封为永世县成乐乡君。然而这样的好日子没过多久，中领军萧道成便废杀刘昱，将其降为苍梧王，陈妙登也被降为了苍梧王太妃。所幸这次折腾的不是人，而只是个虚职罢了。

第二幕

[性情篇]

绣面芙蓉一笑开，斜飞宝鸭衬香腮，眼波才动被人猜。

——宋·李清照【浣溪沙】

第四章 谁解女儿心

此情无计可消除。才下眉头，却上心头。

——宋·李清照【一剪梅】

14 较劲

红玫瑰与白玫瑰之间的战争

破禅

当一个人地位低下时，他不会有太高的奢望。比如刘婕妤，在她还是刘侍女时，她不会去想当皇后，而她一旦跻身高层，想法也就随之改变。人都有这样一个毛病，就是越尊贵越受不了窝囊气，刘婕妤被赵煦宠爱、受众人逢迎，偏偏矮孟皇后一个头，所以她心里不舒服。女人间较的是心劲，刘婕妤的种种表现，不过都是心里想法的外在反应而已。

当白玫瑰遇上红玫瑰

俗话说，三个女人一台戏。在女人扎堆的后宫，那戏就更多了。古时礼教繁多，后宫等级森严，按说诸事都该按部就班，即便有戏，也当属正剧之列。但人是有思维的，除非在每个人脑子里植入电脑芯片，之后再输入统一的程序，谁该听谁的，谁该什么时间干什么，否则步调不可能太一致，也不可能全都按套路出牌。可话又说回来了，即便植入了程序，也未必不会受到攻击。

北宋时期就有过这么一档子稀罕事，婕妤刘氏在得到哲宗皇帝万般宠信之后，人气攀升，于是公然向后宫的一把手、皇后孟氏发起了进攻。

相较孟皇后，刘婕妤最初在后宫的地位要低得多，孟皇后出身官宦世家，爷爷是眉州的防御使、马军都虞候、赠太尉孟元。而刘婕妤则出身穷苦，父母都是普通老百姓。

二人的老公赵煦——也就是宋哲宗，是宋神宗赵顼的第六子，继位时才 11 岁，由高太皇太后（神宗他爹英宗的老婆，姑且称其为高老太后吧）执政，她的帮手还有向太后（神宗的老婆）。

两个女人主事，把给哲宗找老婆当作头等大事来抓，也许她们的现实经历让她们感到，培养一个好皇后比培养一个好皇帝还重要，因为这二位的老公都很短命。

在赵煦 14 岁时，这事便紧锣密鼓地提上了日程，高老太后亲自操持，在全国进行海选。当时 16 岁的小孟，在初选中胜出，与其他世家女百十来人一同被选入宫中，面试时被高老太后和向太后看中，很是喜欢，于是二人对其重点培养，亲自教授礼仪。经过三年的严格培训，小孟成长为一个知书达理、举止端庄、贤德兼备的女子，在后宫中脱颖而出。赵煦 17 岁时，高老太后以“孟氏子能执妇礼，宜正位中宫”（《宋史》），册立小孟为皇后。

但是二位元老级女人忽略了一点，她们训练出来的是一个母仪天下的标杆式形象。如果接见外宾，要求携夫人的话，携这样的肯定没错，绝对的落落大方说话得体，让你为之自豪。可这二位满意，哲宗不一定满意。上得厅堂的，未必就下得了厨房，过日子和见外宾还是有区别的，因为你要的不光是那外面的光鲜，还要讲究生活的情调。

生活不是演戏，它需要不断注入鲜活因子，以彰显其丰富和多彩。两口子太有礼貌了就是死板，相敬如宾反而会减少生活的趣味性。久而久之，哲宗在情感上就明显偏重于另外一个人了，这个人就是刘婕妤。

女人的才能不容易被埋没

刘婕妤完全是从基层干起来的，最初她是赵煦的御侍，也就是一个普通的宫女，没资格享受什么高等教育培训，而正因为如此，她才保持了一个女人所特有的原生态本色，在仿佛是一个模子里刻出来的那些后宫女人中凸显出来。而且小刘多才多艺，掌握的都是能迅速吸引人们注意的特长，唱歌跳舞什么的，很厉害，属于后宫达人之列。

这样的人才是不会被埋没的，后宫搞个聚会、宴会或是晚会啥的，小刘秀上一把来上一段，很容易就被哲宗给发现了。哲宗一看，我后宫还有这样的人才呐，提高待遇，以资鼓励，就把她晋升为了美人。以便充分发挥榜样的作用，刺激后宫更多更快的出人才。

美人指的不是容貌，而是后宫的一种封号，一种职位，不漂亮的也照样可以封为美人。皇帝的正牌老婆是皇后，后宫的老大，金字塔的塔尖，下面还有好多人呐，三宫六院、佳丽三千，都是塔尖以下的，也都各有名号。

地位仅次于皇后的是夫人，但不是一个人，而是好几个，我们熟知的杨贵妃，就在这个层次上，不过她上面的皇后位置空缺，她属于副职主持全面工作，和皇后待遇是一样的，其他依次还有淑妃、德妃、贤妃等。

夫人往下是嫔妃，编制为九人，名号分别为昭仪、昭容、昭媛、修仪、修容、修媛、充仪、充容、充媛。再往下是婕妤，编制有九人的时候，也有十二人的时候，视后宫人员情况而定。婕妤之后才是美人，编制也不确定，少则九人，多则十五人。

这样说来，和这刘美人一个层次的最少还有十来个，张美人王美人李美人什么的，而比她位置高的，上面最少还有二十好几个。这细算起来，刘美人的待遇也不是很高，但对于一个曾经的侍女来说，这样的地位变化无异于一次质的飞跃。而且小刘在容貌上也很对得起美人这个称号，长得很漂亮，而且还不是一般的漂亮，“明艳冠后庭”(《宋史》)，那是老漂亮了。女人一漂亮，各方面表现就好（特别是在男人眼里），干工作就事半功倍。于是过了没多久，刘美人又上升了一级，成了刘婕妤。虽然连越两级，可离那塔尖也还远着呢，如果一步一步往上挪，犹如蜗牛上树，比现在的公务员晋升都慢。等你把上面的人耗死了，估计你也老得没牙了。况且大家都憋着劲耗，谁先耗死谁还不一定呢。

所以这刘婕妤心里就有些着急，而且她感觉现在的位置也有些尴尬。人有时是很奇怪的，当你地位低下时，你不会有什么过高的奢望，比如刘婕妤如果还是刘侍女，什么职位什么待遇都没有，你让她往皇后那想她也不敢啊，不犯错误工资能正常发放就不错了。而她一旦跻身于上层，想法也就随之改变了。

这种金字塔的层次感太让人受刺激了，一级比一级大，一级比一级待遇高，下级还要看上级脸色，在后花园遇见了，你得先主动打招呼问好，否则就是失礼。皇后就更不敢怠慢了，每天不干别的，先到皇后那去请安问候，之后才能自由活动。犹如大清早儿一上班，得先去一把手办公室报个到一样，还没干别的，先就矮了一截，这个太让人不爽了。

女人的压力往往来自别的女人

随着皇帝的愈发宠幸，刘婕妤的这种感觉就越发强烈。皇帝都顺着自己，凭什么还要在皇后面前唯唯诺诺？其他人会怎么看我？我的面子往哪搁？随着这种压力的增加，刘婕妤就把目标对准了小孟。

把她轰走，我自己当了皇后不就没这事了？有了这个想法，又仗着皇帝给撑腰，刘婕妤渐渐开始不把孟皇后放在眼里了。

孟皇后再召集后宫开会，刘婕妤也不像从前那么毕恭毕敬了。这种场合也是刘婕妤最不愿意参加的，看着皇后眉飞色舞，你还得装出认真听认真记认真思考的样子，说到关键处或是出彩的地方，你还得点个头鼓个掌啥的，累着呢。说是开会，也并不是众嫔妃围着桌子喝着茶水嗑着瓜子在一块唠，没那么民主，除了皇后坐着，其他人都得站着。

和这帮人一起站着，可惜了皇上的隆恩浩荡，也很没面子。于是刘婕妤就溜达到窗户根那块，透着窗帘看外面的风景（独背立帘下《宋史》）。犹如现在领导开会，正讲得起劲呢，你却不耐烦地起身上厕所，如此不尊重领导之举，也终于惹恼了孟皇后。这还了得，我这儿正说怎么大力建设和谐后宫呢，你竟然用实际行动发出不和谐的声音，明摆着是和我唱对台戏，挑战我的权威，这股歪风要坚决制止。

敢于挑战权威的毕竟是少数，大部分人还是听话的乖宝宝，只要领导的思维有些许的微妙变化，立马便会有人顺杆爬。皇后的侍官、当时操持会务的陈迎儿领会意图，走上前去大声呵斥刘婕妤，让她注意会场纪律，赶紧回到自己的位置上去，没事别来回走动。

刘婕妤既不气也不恼，像没听见一样，依然悠然自得地欣赏美景。会务组成员全体愤慨，却也是敢怒不敢言，只有在心里谴责或不屑的份儿。

当此情景，后宫有啥制度也是白搭，你也不敢和她使啊。刘婕妤最受皇上宠爱，说话办事自然腰杆子就硬，这谁不得掂量掂量啊，所以最后孟皇后也拿她没辙，这事就这么稀里糊涂地过去了。

还有一种场合，也让刘婕妤不舒服。一年冬至，后宫众嫔妃集体去给向太后请安，重大节日嘛，老太后很高兴，吩咐赐坐。这一坐，差别就显出来了，地位不一样，座位座次也不一样。

犹如现在的主席台，谁坐哪里，谁挨着谁，那牌子早就摆好了的，不能瞎坐。重要人物一定是坐中间，有麦克风，也是电视台摄像的重点部位，其余就是镜头一扫的事。孟皇后坐的位置当然是最好的，坐的椅子也不一样，朱髹金饰，有黄金饰品装饰的红漆大椅子，威风、气派、豪华、舒适，这就是待遇！其他人的椅子就不一样了，像刘婕妤这级别的，也就是普通的木椅，有没有靠垫坐垫都得两说着。

刘婕妤就不高兴了，不坐，跟着伺候刘婕妤的人，就赶忙给她换了把和皇后一样的椅子（看来这主子厉害，奴才也跟着胆壮），刘婕妤这才坐了。众人看在眼里气在心上，但谁也不敢说话。向太后因岁数大了，精力有限，准备回卧室休息。于是众人纷纷起坐，目送太后离开，然后再接着坐。

结果不知谁把刘婕妤的座位给撤了，刘婕妤不知道，一下坐空了，一屁股坐在地上。这下刘婕妤人丢大发了，跑到哲宗那里又哭又闹，非要讨个说法。不久，哲宗在待遇上给她提升了一下，将其进位为夫人，刘婕妤成了刘贤妃，这事才算过去了。

位列夫人，地位升得也够快的，可还不是一把手，和皇后还有差别，还得看皇后脸子。刘贤妃知道，不扳倒孟皇后自己是没法出头的，于是开始千方百计寻找孟皇后的毛病。

孟皇后温良礼让，实在没啥大毛病。不过这也就像升迁，用你不用你的，上级总能找到合适的理由，这就在你看问题的角度了。

孟皇后千好万好，可惜有一个遗憾：没生儿子，只生过一个女儿。可巧这女儿得了个疑难病症，各种医药均不凑效，皇后的养母燕氏和皇后的姐姐替她着急，就找来道士作法，还给皇后建了个祷祠，以求平安。这是后宫制度所不允许的。于是刘贤妃适时让亲信奏了孟皇后一本，孟皇后于是被废，刘贤妃终于如愿以偿地坐上了皇后宝座，也终于到达了金字塔的塔尖。

可惜的是，到达金字塔顶峰的刘皇后仍不满足，她又有了新的渴望和追求，哲宗死后，徽宗继位，尊奉她为太后，刘太后又开始指手画脚地干扰朝政，宋徽宗不买账，就想废了她。

人都有这样一个毛病，就是越尊贵越受不了窝囊气，而且这窝囊气来得比平常人还更大些。刘太后颐指气使惯了，哪受过这样的挤对？自是觉得很丢人，又气愤不过，最后在万般无奈之下，上吊自杀了。

15 偏执

过不了“小三”那道坎儿

小三出现，另一个女人必定受伤，特别是这个女人全身心倾注在那个男人身上时。袁齐妫对刘义隆用情之深，深到偏激，深到极端。为了刘义隆，她甚至想要杀死亲生儿子。情之深、爱之切，感情便很脆弱，也容易受伤害。袁齐妫过不了心里那道坎儿，她固执地等待老公回心转意，由失望到绝望，最后在忿恨中撒手人寰。

临终前的那一眼凝视

若不是因为出了“小三”，袁齐妫也许会很平静、很幸福地度完余生。最起码，她不至于落到个忧愤而死的凄惨境地。在此之前，她过得一直很快乐，也很满足，她将全部的柔情都凝聚在了丈夫刘义隆身上，不想让别人来分享他，也不想有人来打破这种宁静。

而袁齐妫有如此激烈的反应，也是刘义隆始料不及的。他没有想到这事对她伤害这么大，也没想到袁齐妫会这么在乎他。

没错，这又是一个司空见惯的第三者故事。只不过时间发生得早点：1500年前。地点特殊些：皇帝后宫。男女主角身份特别些：一个是天之骄子，九五之尊的皇帝；一个是后宫之主，母仪天下的皇后；小三则是另一个妃子——潘淑妃。

刘义隆是南北朝时期、南朝刘宋的第三任皇帝，有头脑、也颇有作为。他开创了“役宽务简，氓庶繁息”(《宋书》)的元嘉盛世，同时也发动

了赫赫有名的“元嘉北伐”，一度和势头强劲的北方霸主拓跋焘对峙。虽然最后落得个“仓皇北顾”的狼狈下场，却也是血性彰显、值得称道。（辛弃疾《永遇乐·京口北固亭怀古》一词说的就是这事）

可你别看这刘义隆在武功上争强好胜，甚至有时头脑发热轻敌冒进，但在感情上却很细腻，特别是对袁齐妫。在他还是宜都王时，袁齐妫就跟了他，他对这位王妃非常满意，呵护备至，宠爱有加。当了皇帝后，袁齐妫也进位为皇后，刘义隆对她依旧是“恩礼甚笃”（《宋书》），二人关系处得非常融洽。俩人感情到底好到什么程度，《宋书》中没作具体描述，不过从袁齐妫临终、刘义隆去探望时双方的表现，也能看出些端倪来。

当时刘义隆拉着袁齐妫的手“流涕问所欲言”，那是一把鼻涕一把眼泪，场面温馨而动情。一个当朝天子，不顾龙颜体面地痛哭，自是彼时的情景，触动了他心中最柔软的地方，想起了多年来的卿卿我我、耳鬓厮磨，想起了袁皇后的诸多好处。这种真情的流露，装是装不出来的（况且他是皇帝，也没必要装给谁看）。

袁齐妫接下来的反应也很耐人寻味，她“视上良久”，眼里饱含深情，默默看着刘义隆，却啥话也没说，之后“乃引被覆面”，拿被子蒙了头，就此去了太虚幻境，和警幻仙子唠嗑去了。

袁齐妫当时不说话，并不是不想说，而是那一刻她不知道该说什么。或者说，她有好多的话要说，却不知从何说起。也许她那长久的凝视，业已将千言万语传递给了刘义隆。

情之深、爱之切

袁齐妫心里是爱着刘义隆的，即便是在临死前，这种爱依然没有改变，这一点是毋庸置疑的。她对丈夫的爱可谓炽热激烈，甚至爱得有些扭曲、有些变态。为了刘义隆，她竟然产生过杀掉自己亲生儿子的念头。

那是刚生下儿子刘劭之后，袁齐妫抱着他仔细端详，却怎么看怎么别扭，内心感觉他是个不祥之人。于是派人报告刘义隆，“此儿形貌异常，必破国亡家，不可举”（《宋书》）。说我刚生的这孩子长相怪异，将来恐怕会妨碍吾国吾家，不能留着。刘义隆听后大惊失色，慌忙跑去制止，才总算保住了这个骨血，多悬啊。

可似乎是冥冥中的天意，28 年后，袁齐妫的预言应验，刘劭果然在宫变中杀死了父亲刘义隆。

刘劭弑父，袁齐妫是否未卜先知，这事很玄虚，或许这不过是一种巧合，抑或是史家的杜撰而已。古代宫廷夺位，杀君弑父本也不是什么新鲜事，这个咱们暂且不去讨论。单说袁齐妫想杀死儿子的这一非常之举，也着实让人为之耸容。

俗话说，虎毒不食子。虽然袁齐妫在事实上并没有产生杀死亲生儿子的行为，但毕竟她有了杀死儿子的主观意愿，也就是现在法律量刑上常说的杀人动机，这个无论如何说不过去。心肠如此歹毒，行事如此残忍，却发生在一个漂亮而柔弱的母亲身上，很是让人不解。

不过这事也要从两方面去讲，袁齐妫此举，在主观意识上全是为了自己的老公，是怕这个儿子将来妨碍到国家，妨碍到丈夫刘义隆。从这个层面上看，最少也证明了袁齐妫对刘义隆用情之深，深到偏激，深到极端。

情之深、爱之切，感情便很脆弱，也容易受伤害。这个不难理解，一对爱得死去活来的恋人，一旦分开，留下的创伤是很难愈合的。再比如，当你全身心的爱着一个人，他却突然移情别恋，你所受的打击会和你付出的感情成正比。袁齐妫也是如此，她的病症便是从刘义隆移情别恋开始的。

潘淑妃的出现，打破了原本平静的二人世界。刘义隆有了新欢，自然也就冷落了袁齐妫。

袁齐妫没那条件，皇上不喜欢了，她也只能老实呆着，不能有丝毫的非分之想。袁齐妫先失望后绝望，最后憋屈得没法子，终于落下了病。这属于积怨成疾，是心病，不是皇宫太医所能医治的。

这个小三不寻常

潘淑妃受宠也不是偶然的，这个小三很不寻常：一是漂亮，二是聪明。小潘最初就是凭借美貌被选入宫的，长相自然是没得说。不过一开始她也没能引起刘义隆注意，毕竟后宫漂亮的女人太多了，是一个小聪明，让她最终得以胜出。

不是说机会总是留给那些有准备的人吗？刘义隆有个特殊爱好，喜欢乘着羊车在后宫游玩，和当年晋武帝司马炎一个毛病（这个我们以后还会说到）。潘淑妃便在这上面用了心，做了两手准备：

一是在接待上高度重视。“庄饰褰帷以候”(《南史》)，每次都捯饬得漂漂亮亮的在那候着，皇帝一来，笑脸相迎，媚眼相递。

再就是对房前的地面做了些技术处理。也很简单，“以咸水洒地”(《南史》)，在地上撒盐水。这样能收到两个效果：一则净水泼街，显得分外庄重；二则，这刘义隆乘的不是羊车吗？地上有咸味，羊喜欢舔，于是“舐地不去”(《南史》)，羊车逗留的时间就长。

破禅

最后结果：刘义隆的羊车毫无悬念地停在了潘淑妃房前。

刘义隆一看，羊都喜欢这位美人，哪路神仙？于是仔细端详潘淑妃相貌，见她粉面桃腮，电眼勾魂，风情万种……血液一下沸腾起来，悔恨自己早没发现。于是刘义隆像发现了新大陆般，迫不急待地跳下羊车，拥着潘淑妃就进了里屋……。潘淑妃自此也就“爱倾后宫”(《南史》)了。

这样一来可就苦了袁齐妫了，门庭若市变成了门可罗雀，从此大受皇帝冷落，袁齐妫一时不能适应，仿佛一下从天上掉到地下。瞬间带来的强烈反差，最容易使人受伤，袁齐妫为此“愤恚成疾”(《宋书》)，很快便登仙而去了。

过不了心里那道坎儿

不过说袁齐妫是被潘淑妃挤对死的，这话多少也有些牵强，有点冤枉人家潘淑妃了。因为潘淑妃并没有什么对不起袁齐妫的，她想得到刘义隆的宠幸，这也是人之常情，估计后宫女人有一个算一个，没有不这么想的。

然而人都是这样，劝得了别人，劝不了自己，说到底，袁齐妫是自己和自己较劲，问题还是出在她本人身上。是以下四个原因，让她过不了心里那道坎儿。

一则，是前后对比的反差。如果刘义隆对她一直冷淡也没什么，可先前火热，如今冷漠，就如天气炎热而骤然变冷，让她很不适应。而且在某种程度上，她也觉得自己很没面子，好似被男人甩了一般。

二则，袁齐妫的独占心理极强。她巴不得皇帝就她一个老婆，可这是不现实的。这种愿望本就是一个美丽的肥皂泡，她没有看清这一点，对形势估计严重不足。皇帝另觅新欢，是再正常不过的事。三宫六院，别说小三，就是小三千也不算什么。他喜欢哪一个，不是谁能控制得了的。

三则，刘义隆已经成了她的感情寄托。袁齐妫对刘义隆如果用情不深，则又另当别论，你找你的，我不舒服归不舒服，但时间久了，也能渐渐习以为常。这是社会大环境，个人无能为力。偏偏她在感情上已经离不开刘义隆，这就很难受了。况且那二位又整天在眼皮子底下晃悠，嘻嘻哈哈打情骂俏的，搁谁谁也受不了，要是看不到则又是一个劲儿，眼不见心不烦。这种痛楚外人是很难理解的。

最后还有一个原因，就是攀比，这个和潘淑妃就有点关系了。袁齐妫出身贫寒，娘家条件不好，于是少不了向刘义隆讨封赏，接济一下娘家，可巧刘义隆是个生性节俭的人，出手并不大方，赏赐得很少。不过总的来说还算不错，毕竟有得赏，况且皇帝就是再节俭，也不至于太寒酸，每次也有个三五万钱、三五十匹绢帛啥的给过去。袁皇后理解丈夫，也不说什么，也很满足。

刘义隆节俭，这当然是好事，他要一直保持这个习惯作风也没什么问题，关键是后来他对潘淑妃不这样，出手那叫一个阔绰，潘淑妃“所求无不得”(《宋书》)，要什么给什么，皇帝的实力到这时候也得到了充分显现。

这事传到袁齐妫耳朵里，其心情可想而知。起初袁齐妫还不信，就试探了一下，找到潘淑妃，托她向刘义隆要三十万钱，看看这事她能办不。结果刘义隆二话不说就给了。这下袁齐妫伤心透顶，彻底绝望。

绝望归绝望，不高兴归不高兴，你能拿皇上怎么样啊，再委屈也得忍着，忍着忍着，就忍出毛病了。有时还不是光忍着的事，你大面上也得过得去吧，需时不时装出一副笑脸，若整天哭丧着脸，皇帝更没个回心转意的时候了。老袁每天这样愁肠百结地惺惺作态，能好得了吗！所以，袁齐妫临终时连说话的气力都没了，心思枯竭，万般无奈。

其实刘义隆对袁齐妫还是有感情的，只是在潘淑妃那乐不思蜀，一时顾不得她了。袁齐妫死后，刘义隆在袁齐妫的悼文上亲书八个字，“抚存悼亡，感今怀昔”(《宋书》)。字字真情，昭然若揭。

16 依偎

我的柔情你永远不懂

煽情是女人的拿手好戏，绵软无力的样子，我见犹怜，没几个男人挺得住。所以，当杨艳枕在司马炎腿上哭泣时，司马炎也会情不自禁地淌下热泪，从而答应她提出的任何要求。这正是杨艳想要达到的效果。女人柔情里的内涵，迷惑中的男人是琢磨不透的。

什么样的女人才是真强悍

说杨皇后强悍，并不是说她长得有多高大、性格有多泼辣，这些不过都是外表的强悍而已。与之相反，杨皇后却是位“姿质美丽，闲于女工”(《晋书》)的动人女子。杨皇后（238 年~274 年）本名杨艳，人如其名，长得不但漂亮，而且很贤惠，实在和强悍二字不沾边。

然而，就是这样一位看似柔柔弱弱的女子，却能让曾经叱咤风云、武功不可一世的晋武帝对她言听计从，还在她面前流下了伤心的眼泪，这不是随便哪一个人都能做到的。

皇后死后，皇帝是否也像常人一样痛哭流涕，我们不得而知，但是生前能让皇帝流泪的，杨皇后即便不是唯一的一位，最起码也是凤毛麟角了。从这点上讲，杨皇后不可谓不强悍。

在中国古代，皇后与皇帝并尊。皇后是后宫之主，母仪天下，地位仅次于皇帝。中国历史上的许多皇后，对历史进程的影响其实也不小，比如吕后、比如武后、比如卫子夫，太多太多，这是中国古代皇宫政治的一个特殊现象。而这其中，杨皇后也绝对可以占到一席之地。

西晋完成乱世后的短暂统一，却又将历史推向了更为动荡的五胡时代，造成这种局面的原因是多方面的，也是历史发展的必然。但要追根溯源，杨皇后在其中的作用也着实不小。最起码，她起到了加速器和催化剂的双重作用。

大家所熟知的、历史上有名的白痴皇帝司马衷，就是杨皇后和晋武帝司马炎的儿子。他主政西晋 16 年，八王之祸也乱了 16 年。司马衷形同傀儡，任人抻拽，谁都想说了算，谁都想主事夺权，能不乱吗！西晋后期的丧乱，客观上也为五胡的入侵提供了机会。而司马衷能当上太子、继任皇位，其中一个很重要的因素，便是杨皇后的力挺。

底下八王之乱，宫廷内部也不安生，那位在历史上同样赫赫有名、丑而毒辣的皇后贾南风，亦即白痴皇帝司马衷的老婆，不但秽乱宫廷，还在朝中弄权，搞得乌烟瘴气，也在客观上加速了王朝末日的到来。而贾南风能当上皇后，也是托了杨皇后的福。

立太子和选皇后，都是皇宫人事上的大事，按说都是皇帝说了算，可偏偏人家杨皇后就能操控，本领可见一斑。

老公的作风也很强悍

司马炎如此听杨皇后的话，是因为对杨皇后专情吗？绝不是。司马炎不但不专情，还是个纵欲妄为的皇帝。我们看看《资治通鉴》中的有关记载，就会一目了然。

灭掉吴国后，司马炎曾“诏选孙皓宫人五千人入宫”。吴末帝孙皓是个极度荒淫的皇帝，为了满足自己的淫欲，他曾广搜天下美女，大建淫乐宫。结果这下全便宜了司马炎，这老哥等于把孙皓的后宫全搬过来了，加上自己原有的，以及后来扩充的，司马炎的后宫美女人数一度达到一万人之多，远远打破了孙皓的记录。

如此多的美女，司马炎自然顾不过来，可是色心所致，又不甘心，于是乎“常乘羊车，恣其所之”，让羊车拉着他在后宫转，随心所欲，想在哪住就在哪住，犹如掷骰子找小姐。专情肯定无从谈起。

是司马炎软弱吗？也不是。咱先不说他一统天下的文韬武略，就是在后宫问题上，那也是老霸道了。据《资治通鉴》记载，为了满足自己无限膨胀的色欲，司马炎在朝廷内部举行大规模的选美活动，“诏选公卿以下女备六宫”，规定公卿以下人家的女儿，全部列入候选人名单，“有蔽匿者以不敬论”，谁敢隐藏就是欺君，让你吃不了兜着走。

这还不算完，司马炎还规定，“采择未毕，权禁天下嫁娶”。就是说在选美工作没完成之前，任谁也不兴娶媳妇聘闺女，我选完了看不上你们再该干嘛干嘛。霸道吧？！

破禅

是司马炎善良吗？更不是。咱还接着说司马炎的后宫选美。朝廷内部折腾了个够，还嫌不够本，最后司马炎把魔抓伸向了基层，“取良家及小将吏女五千余人入宫选之”，如此大规模的选秀活动，涉及到的层面何止千家万户，家里有个漂亮女儿算是倒了霉了，谁也不愿意把亲生女儿往火坑里推，可谁也没办法，只得乖乖送去。

于是就在皇宫之内，这些人家集体演绎了一场生离死别，一时间“母子号哭于宫中，声闻于外”。我们可以想见当时场面是如何的恢弘壮观，大人孩子一起哭，简直乱成一锅粥，场景煞是凄凉。

当此情形，人家司马炎却是充耳不闻、丝毫不为所动，选美工作依然照常进行，以至于后来“名家盛族子女，多败衣瘁貌以避之”(《晋书》)。吓得那些大家族的女孩子们，都不敢化妆，怎么埋汰怎么来，脸不洗头不梳破衣烂衫的，不惜自毁形象，盼着能够侥幸躲过此劫。能将人逼到这份上，这司马炎够狠的吧！

怎样才能让霸道的男人听话

就是这么一个荒淫霸道的皇帝，却偏偏对杨皇后的话惟命是从，这的确很让人不解。即便杨皇后容貌娇俏，以色事人，“甚被（司马炎）宠遇”(《晋书》)，把司马炎伺候舒坦了，但也不至于把他迷到俯首帖耳惟命是从的地步呀！

那么，司马炎究竟为什么这么听杨皇后的话呢？我们可以从杨皇后身上作进一步分析，因为她最少具备三方面的先天优势：

一是娘家这头厉害，杨氏一族在朝中势力很大，司马炎敬让三分。

二是杨皇后很聪明，脑子够使。

三是杨皇后很会煽情，懂得撒娇。

说到杨艳的家族势力，那是不得了。她本是弘农华阴（今陕西省华阴市）人，弘农杨氏，在历史上可是赫赫有名的家族。据《通志·氏族略》记载，弘农杨氏是春秋时期羊舌氏的后裔，世代为周室命官。西汉时，弘农杨氏权倾朝野，乘朱轮（古代王侯显贵所乘的车子，因用朱红漆轮，故称朱轮）者十人，史称“西汉十轮”。

杨皇后的这一支也很厉害，其先祖在东汉时，“四世为三公”(《晋书》)，风光不可一世。司马炎建立西晋霸业，杨氏一族也是立了汗马功劳的。杨艳能当上皇后，其实也得益于此，没点背景的你也当不上皇后不是？西晋朝时，杨皇后的叔父大将军杨骏，以及杨骏的两个弟弟杨珧、杨济，都是手握大权的实力派，一度势倾天下，人称“三杨”。所以，司马炎顾及杨氏宗族势力，也会对杨皇后礼让三分。

论智商，杨皇后绝对算得上是一个极聪明之人。《晋书》上说她“少聪慧，善书”，打小就聪明伶俐，喜欢看书写字。曾有看相的给她相面，说她当大贵，绝非常人。也正因为如此，她才被司马昭看重，选给儿子司马炎当了老婆。

咱们还是以立太子为例。司马炎其实看不上司马衷，本不想立他为太子。于是便“以皇太子不堪奉大统”(《晋书》)为由，和杨皇后商量，说这小子将来恐怕担当不了大任，准备另选一个好样的。毕竟儿子有的是，弄个白痴来当也不是个事啊。

结果杨皇后说，“立嫡以长不以贤，岂可动乎？”(《晋书》)历来太子都是立长子，不看本事。那意思就是：白痴怎么了？他是老大（其实司马衷也不是老大，之前有个哥哥夭折，司马衷也就成了老大），应该。给了司马炎个软钉子，实际上就是来了个一票否决。不愠不火，脑子清楚的很。司马炎无言以对，只得作罢。

煽情是女人的拿手好戏

要说杨皇后最令人叫绝的，当是她撒娇煽情的本事。在给司马衷选太子妃时，司马炎“欲娶卫瓘女”(《晋书》)，实际上是看上了司空卫瓘的女儿。结果宰相贾充的老婆疏通好了杨皇后这层关系，杨皇后拿人家手软，吃人家嘴短，便一个劲儿地夸赞贾家闺女，说老贾家这闺女如何如何的好，其实人到底长啥样她根本没见过。

不过立太子妃可是大事，万万马虎不得。光你杨艳一人说好不行，司马炎又不是傻子，谁好谁坏，还是分得清的。于是司马炎便和杨皇后摆事实讲道理，说卫瓘的女儿有五个可取之处，“种贤而多子，美而长、白”(《资治通鉴》)。人家闺女长得漂亮，大高个儿，皮肤白皙，人也聪明伶俐，而且卫家子孙众多，人丁兴旺，他这女儿将来也错不了，肚皮子肯定争气。

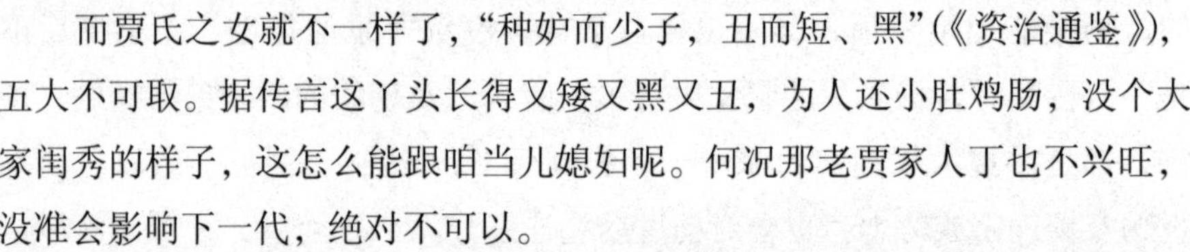

而贾氏之女就不一样了，“种妒而少子，丑而短、黑”(《资治通鉴》)，五大不可取。据传言这丫头长得又矮又黑又丑，为人还小肚鸡肠，没个大家闺秀的样子，这怎么能跟咱当儿媳妇呢。何况那老贾家人丁也不兴旺，没准会影响下一代，绝对不可以。

一个美丽贤惠，一个丑陋善妒，根本不可同日而语，该娶谁做儿媳，这不是明摆着的事嘛。你说的都对，可人家杨皇后就是不答应，“固以为请”(《资治通鉴》)，坚持要求，就是一个不。没理由没关系，哼哼唧唧的你也得答应，搞的司马炎没法子，最后只得同意接受贾南风做儿媳妇。

还有更绝的。杨皇后生病后，司马炎有一阵子宠幸胡夫人，杨皇后怕自己死后，司马炎立胡夫人为皇后，从而废了自己那白痴儿子的太子位。于是趁一次司马炎来探视她时，演出了一幕“枕帝膝”(《晋书》)的情景剧，杨艳让闲杂人等退下，然后枕在司马炎大腿上，深情凝望夫君，着实煽情了一番。

我们可以想见一下，一个资深美人，枕在皇帝大腿上，自己又生了病，懒洋洋、软绵绵的样子，全然一副以柔克刚的态势。和司马炎一起回忆那些过去的时日，杨妹妹再间或嘤咛一声、咳嗽两下，声情并茂，我见犹怜。那气氛、那情调，司马炎能不入戏吗？！

所以当杨皇后向司马炎推荐自己的堂妹杨芷为皇后时，司马炎再也把持不住，“流涕许之”(《晋书》)。愣把皇帝给整哭了，杨艳这煽情的本事不是一般的高吧？！

17 张狂

老公今天不在家

女人的欲望最初的表现并不明显，但会在长久的压抑中积累膨胀，一旦遇到合适机会，她们也会放纵自己，比如在她们拥有权力而又无人监督之后。冯妙莲的张狂，便是在拓跋宏南下闯天下时到达顶峰的。在那个封闭狭窄的空间里，她无节制地放纵，最终也饱食恶果。

性情会在压抑中改变

古代皇帝的后宫，无疑是一个常人不能企及，又充满着太多神秘与猜想的特殊地域。是令人望而生畏的禁忌场所，也是人人向往的富贵之乡。皇宫高墙大院，院内富丽堂皇，一朝入主其中，永世贵为人上，多么的体面风光！

然而皇宫再大，其活动范围也仅局限于此，百姓茅舍三间虽小，反倒能有田野之趣。可见这大小也不是绝对的。侯门深似海，皇宫更甚之。更要命的是，后宫每天接触的也就那些熟面孔，还都是争宠排斥的对象，就像一个单位的人事总不流动，难免要窝在一起互相掐。

其实想想也能理解，后宫佳丽三千，专事皇帝一人，本身就不对等，皇帝也忙不过来。这个相对封闭狭窄的空间，让女人的欲望更容易在压抑中积累膨胀，心胸会变得更为狭窄。

于是乎，大权在握的，想地位永固；先贵后贱的，往往郁郁寡欢无疾而终；一朝腾达的，又会飞扬跋扈恃宠而骄；而那些寂寞无助的，便魔由心生的巫蛊惑乱，或者不顾廉耻而秽乱春宫。

可以说，后宫同样充斥着权利角逐，充满了欲望和争斗、淫乱和奸情。其激烈程度、残酷程度，并不亚于殿堂之上、朝野之中。

本文所要记述的，就是北魏时期一位秽乱后宫的皇后。

老公不在家容易出事

北魏的孝文帝拓跋宏（后改名元宏），是历史给与充分肯定的一位改革家。他积极推行鲜卑汉化，使落后的鲜卑族迅速融入中华文明，促进了民族间的融合，也为北方的安定发展做出了突出贡献。

然而他只顾前方开拓，却忽略了后方建设，在后宫问题上处理得并不好，造成了后院起火。他的皇后冯妙莲与人私通，还是因为一起逼婚事件，皇后的奸情才浮出水面，不能不说是个遗憾。

冯妙莲是北魏历史上著名的文明太后——也就是冯太后的哥哥冯熙的女儿，按辈分管冯老太后叫姑姑。但是她没学到冯老太后“威福兼作”、“省决万机”(《魏书》)的大智慧与大谋略，却在后宫私生活上过犹不及。

说到这，我们先简单介绍一下冯老太后这个人，她的确是位非常特殊的女性，关于她的事迹、她的手段，以及她丰富的内心情感世界，下面还会做专门的论述。

冯老太后哪里都好，就是有一个毛病——好色，喜欢男宠。但是人家宠归宠，却很有原则。《北史》上说她“假有宠侍，亦无所纵”，宠完了该怎么着还怎么着，绝不姑息迁就，而且绝不会让他们干涉到朝政。真神，天生是块搞政治的材料。

冯妙莲进宫，其实也是得益于冯老太后。冯老太后怕冯家断了富贵，“欲家世贵宠”，是出于让冯家永世富贵的考虑，才把冯妙莲送进后宫的。同时入宫的还有冯妙莲的姐姐，后来被立为皇后。

冯妙莲虽然不是皇后，但她妩媚风情，长于风月，很得孝文帝喜爱。可惜时间不长，冯妙莲便得了一场重病，浑身出疹子，于是冯老太后便不让孝文帝接触她了，估计也是为了孝文帝好，皮肤病这玩意儿不好治，也怕传染，还是少碰为好。用现在的话讲就是实施强制性隔离。后来为了安全起见，冯老太后干脆又把冯妙莲送进了尼姑庵当了尼姑。

这样过了一年多，一直到冯老太后死，冯妙莲都在庵里养病兼养性。说来也巧，冯老太后死后，冯妙莲的病竟然也好了，没了顾忌，加上孝文帝止不住相思之情，就又把冯妙莲召回了宫，封为左昭仪。

男女之间经过一段时间的别离，当再次重逢时，长久聚集起来的思念，会一股脑儿地迸发出来，孝文帝对冯妙莲“宠爱过初，专寝当夕”(《魏书》)，比一开始时还喜欢，后宫其他人等基本上就算歇菜了。后来拓跋宏又废掉冯妙莲姐姐的皇后之位，立了冯妙莲为后。

孝文帝宠爱冯妙莲，但并没将全部精力放在风花雪月上，他是个具有雄心大志的事业型男人,《魏书》中说他时常慨叹“虽富有四海，文轨未一”，统一天下的念头一直萦绕于脑海。为了实现自己的伟大抱负，孝文帝决定南下迁都洛阳，在他看来，“崤函帝宅，河洛王里”才是中原的正统所在。

不想拓跋宏迁都去干事业，老公不在家了，冯妙莲却难耐寂寞，因而生出了一段变故。

其实冯妙莲在养病当尼姑期间，行为便不检点，关于这事《魏书》上说得很隐晦“始以疾归，颇有失德之闻”。只说那时候就有风言风语传出，作风问题受到过质疑，至于有啥具体行为，没有说，总之是名声不太好。

不过那时冯妙莲无权无势，只是个尼姑，即便有男女之事，也是小打小闹，但等她当了皇后就不同了，“恃宠而骄”，那感觉甭提多好了。如此冯妙莲便随心所欲起来，也就渐渐迷失了自我。

有了权力，就有人巴结，就有了呼风唤雨的能力，这样的日子简直太爽了。可是伴随这种良好感觉的，则是原始欲望的不断膨胀。拓跋宏走后，冯妙莲便与中官高菩萨搞在了一起。

开始二人做得还很隐蔽，高菩萨总是悄悄进宫，冯妙莲也是掩人耳目，遮掩行事，毕竟这是见不得人的事。可随着冯妙莲晚间酣畅的加剧，这快感像是能上瘾似的，终于让她在白天里也原形毕露。后来便不管三七二十一，也不管白天黑夜，开始和高菩萨“公然丑恣”了。反正皇帝不在家，后宫没人监督，我是皇后我怕谁。

什么事都不能做得太过了

本来冯妙莲乐呵乐呵也就罢了，等老公一回来，快刀斩乱麻，彻底与高菩萨断绝关系，仿佛什么都没发生过，倒也不是说不过去。可事情坏就坏在冯妙莲的专横上，要不说物极必反呢。这事还得从一桩婚事上说起。

孝文帝有个妹妹，也就是彭城公主，老公死后一直寡居，冯妙莲便想将她嫁给自己的弟弟冯夙，好来个亲上加亲，于是便报请孝文帝批准。冯妙莲想得不错，可人家彭城公主不乐意，你别看彭城公主是个寡妇，还挺有个性，根本瞧不上冯家的人，对冯夙也不来电，拒绝了。

冯妙莲一看这还了得，这是没把我放眼里啊，你还以为你是处女啊，拽什么拽。气愤之下，软的不行就来硬的，择定婚期，强迫其改嫁，反正话都说出去了，不能让我没面子。

可是这彭城公主还真不是个善茬，等到婚期临近，找个机会跑了，一路轻车简从，冒着大雨，去找哥哥告状。受这么大罪，这下告的就不光是逼婚的事了，彭城公主将冯妙莲与高菩萨私通的事全抖落出来。孝文帝“闻而骇愕，未之全信”(《魏书》)，如晴天霹雳，五雷轰顶，一下便惊呆了，还不敢相信自己的耳朵呢。

从孝文帝惊诧的反应来看，可见此事孝文帝事先并无耳闻，这也从侧面证明了冯妙莲后宫地位之强势，没人敢告密嘛。

不过政治家的本色并不只表现在政治上，在处理家事上也一样的冷静。孝文帝惊骇之余，开始不露声色地秘查密访，毕竟不能光听一面之词。可调查结果使孝文帝心中残存的最后一丝侥幸也荡然无存了。回到皇宫后，孝文帝亲自提审冯妙莲，坦白从宽，抗拒从严，一番软硬兼施之后，冯据实招来，供认不讳。

孝文帝失望之余，并没有处死或废黜冯妙莲，原因是先前早废了冯妙莲的上一任，也就是冯妙莲的姐姐（其实冯妙莲的姐姐被废也是拜其百般构陷所赐）。孝文帝是个孝子，顾及死去的冯老太后面子，不想“复相废逐”(《魏书》)。连着废掉冯家两个皇后——还是亲姐俩，自己也觉得说不过去，并非念及与冯妙莲的旧情。

孝文帝内心的真实想法，是盼着冯妙莲“有心乃能自死”(《魏书》)，心想你自己做了没脸见人的事还好意思活在世上啊，还不赶紧找个绳儿上吊去啊。

结果拓跋宏想错了，人家冯妙莲心宽得很，皇帝没深究，皇后待遇也还没变，她才舍不得死呢。不过这笔账孝文帝并没忘，临死前还是留下了遗言：“吾死之后，可赐（冯妙莲）自尽别宫，葬以后礼，庶掩冯门之大过。”遗诏赐死冯妙莲，是到了该秋后算账的时候了，否则这口闷气就带进棺材了。

毒酒端上来，冯妙莲懵了，继而发疯发狂，“走呼不肯引决”（《魏书》），大呼小叫的就是不肯喝（搁谁也不肯），估计边跑还边骂大街来着：好你个拓跋宏，你死就死吧，还捎上我，你个天杀的……可嚷也没用，执刑的才不管你那个呢，否则没法回去交差。于是按胳膊的按胳膊，按腿的按腿，冯妙莲被强行灌药而死。

后宫女人每天想的是如何得到皇帝宠幸，能够专宠更好，最好不要受到冷遇，或被打入冷宫，过那种吃斋念佛、“斜倚薰笼坐到明”的苦日子，那是不得已而为之。受到礼遇和喜爱，是每个女人的正常反应，正如职员都想得到领导的赏识一样，这是人之常情、无可厚非。

然而，人在得意的时候，特别容易忘乎所以，诸事皆如此，一开始都是小心翼翼，细心维护，没有哪一个人在得势之初就吆五喝六的。可随着位高权重日久，便会肆无忌惮，忍不住地恣意妄为起来，加上众星捧月的纵容，于是在志得圆满之时，也就渐渐迷失自我了。

18 无奈

我不想嫁得那么远

破禅

在男权社会，女人有着诸多无奈。面对柔然可汗勇斛律的傲慢，冯跋只能忍痛将自己的宝贝女儿出嫁，而乐浪公主，也只能任凭父亲把自己作为礼物出让，没有说不的权力。她是伟大的，也是悲哀的。

女人在政治中的作用

女人在古代战争或政治中的作用，绝对不可小视。她们有时像催化剂，能催生出许多新的东西，从而改变历史的走向，或是让对立的双方更趋白热化。

前者如晋武帝司马炎的老婆杨艳，通过女人的撒娇本领，强势推出政坛新秀贾南风，并顺利地让白痴儿子司马衷成为西晋第二任君主，悄然改变了西晋朝的政治格局。后者如靳准之乱的助推者靳月华，枕边微风吹起，使汉赵那场宫廷血案来得异常猛烈。

其实，女人在古代还有一种更为突出的作用，就是调和剂。她们能让剑拔弩张的死敌对头，暂时握手言和，这一行为上升到国家高度叫和亲政策。这也是历朝历代惯用的外交手段之一。

联姻会让国与国之间变得更加亲密，从而多了往来，少了杀戮。损失我一个，幸福两国家，对于联姻中的女人来说，她们的付出是伟大的。

彼时的异域番邦，并不就是现在的北美和西欧，会吸引女人抢着去。那时的女人，并不憧憬与牛羊作伴的异域风情，可是她们没有说不的权力。不管那个未曾谋面的男人岁数多大、长相如何、有几个老婆，她们都只能将自己作为礼物出手。她们很伟大，也很悲哀。

作为古代的皇帝，谁也不想把自己的亲生女儿嫁到异邦，甚至嫁给曾一度让自己挠头和闹心的死对头，既使自己的女儿为数不少，也并不经常交流和见面。就像当年刘邦“以宗女为公主，以妻冒顿”(《晋书》)一样，他们总是找那些和自己血缘较远的宗室之女来替代。

所以，当北燕的开国皇帝冯跋在接到柔然可汗勇斛律的求婚帖子，指名道姓地要娶他的亲生女儿乐浪公主时，内心会泛起涟漪，进行一番挣扎，最后还召开了专题会议，专门讨论此事。

一个艰难的嫁女决定

古人的优越感其实要明显高于今人，特别是那些天生高人一等的皇室贵胄。所以，冯跋召开的这次议题会，毫无悬念地出现了一边倒。以弟弟冯素弗为代表的朝臣坚决反对，说乐浪公主“不宜下降非类”(《晋书》)。

非类就是异类，是不同于己类的人群，是野蛮未开化的人群，将柔然比作非类，轻侮蔑视显而易见。说要把咱们的亲女儿嫁给这样的人，那绝对不行。“宜许以妃嫔之女”(《晋书》)，要嫁也应该效仿当年的刘邦，随便找个庶出的做做样子就得了。众人随声附和。

尽管大家一致反对，冯跋并未受到左右，最终还是做出了嫁女决定。他的理由很简单：

一是“女生从夫，千里岂远！”(《晋书》)养闺女迟早是要嫁人的，嫁远嫁近不是问题，再说嫁得也不算太远，一千里，快马加鞭一两天的事。

二是不能失信于人，“朕方崇信殊俗，奈何欺之”(《晋书》)。四海之内皆兄弟，我一向尊重异域番邦的习俗，在信誉上更不能欺骗人家。

一把手拍板，这事也就没再讨论的必要了，于是大家统一思想，搁置争议，开始忙乎着给乐浪公主准备婚礼。一切就绪之后，冯跋亲自“送其女妇于蝚蠕”(《晋书》)，敲锣打鼓、煞有介事地嫁了自己的闺女。

冯跋嘴上说得轻松，做得也很坦然，理由冠冕堂皇、无懈可击。但他这种表面上的平静，并不能掩盖其内心的波澜，个中滋味，或许只有他自己最清楚。

冯跋其实是很矛盾的。从他最后的拍板来看，他嫁女的决定，应该早已做了打算，但他仍要召开专门会议去讨论，足见当时其内心的纠结与挣扎。或许他只是想从众人口中得到肯定的答案。

冯跋并不心甘情愿把女儿嫁到柔然，就像后来的北魏太武帝拓跋焘一样，他嘴上虽说“崇信殊俗”，但骨子里也同样看不起这个尚处于原始落后状态的游牧部族。他之所以委曲求全，完全是出于政治上的权衡。其难言之隐，来自于当时的形势。

冯跋的北燕政权，是在后燕受到北魏的强势打击、趋于衰败的情况下应运而生的。后燕被北魏拦腰截断，中原大部分领土丧失。慕容德去了青、兖二州，也就是今山东一地另起炉灶，建立了南燕政权。北方部分仍旧延续后燕的班底，直到冯跋篡立，才在实质上改变了慕容氏的执政格局。也就是说，北燕是篡夺的慕容氏的政权，这也使得他的政权最初并不十分稳固。

做父亲的苦衷

冯跋篡位也很偶然，机会来自那场场面有些感人、也有些可笑的发丧，就是前文中提到的那个痴情皇帝——后燕昭文帝慕容熙的雷人行径。当时慕容熙披头散发、光着脚为老婆送葬，情绪已然失控，智商和防御都降至了最低点，这也就给了冯跋可乘之机。

冯跋本是后燕的中卫将军，当时与左卫将军张兴二人，都因事触犯了慕容熙，被迫逃亡，找深山老林躲了起来。慕容熙离开皇宫亲自发丧，守备空虚，冯跋觉得时机来了，便联合了二十几个人，“以熙政之虐也”(《晋书》)，打出除暴君、保家卫国、人民翻身做主人等等类似口号，悄悄入宫发动政变，并拥立了慕容云为帝。

事成之后，冯跋“发尚方徒五千余人闭门距守”(《晋书》)，将城门紧闭，派重兵把守，把慕容熙关在了外面。安心发你的丧吧，完事就别回来了，大燕国已经变天了，我们受苦受难的日子一去不复返了。

慕容熙听闻宫中变故，这才从苻妹妹的哀痛中回过神来，赶忙带着那支发丧队伍回撤，攻打冯跋。随行的护卫人数本身就少，哭丧棒也不比狼牙棒，双方胜败自分，最后慕容熙攻城不下，败走被杀。

所谓“熙政之虐”，这当然是冯跋策划的一个篡位的借口和理由，他总不能说慕容熙曾经得罪过他，他要报仇，或者说慕容熙当皇帝太久了，也该换我试试了。那样显得自己太小心眼，也没有公信力。

拥立慕容云，也只是冯跋政治上的一个缓冲，怕自己一下子当皇帝不能服众，于是找个傀儡出来做做样子。为啥这样说呢？因为慕容云当时并没有篡立之心，这点《晋书》中说得很明白，是“跋等强之”，被冯跋等人强逼着，“扶之而出”的。愣将人家搀到皇帝宝座上，按住了，你当也得当不当也得当，慕容云没办法，算是赶鸭子上架了。

慕容云是后燕第二任皇帝慕容宝的养子，高句丽人，本名高云。性格上“厚重希言，时人咸以为愚”(《晋书》)，是个不爱说话、老实憨厚的人，这样的人自然是做傀儡的不二人选。过了两年，慕容云被手下杀死，冯跋也就堂而皇之地当上了皇帝，重新建立北燕政权。

冯跋如此煞费苦心的折腾，最终还是为了建立冯氏政权，虽然在时间上有慕容云这个政治过渡，但皇位毕竟还是抢的慕容氏家族的。所以，当时的冯氏政权并不是铁板一块，慕容氏家族的旧有势力并不能归心，国内危机潜伏，彻底稳定局势还需要时间。

就周边形势来讲，则更加严峻。慕容氏的老对手拓跋魏，在两国边境时刻制造着威胁，偏偏此时柔然又在北部兴起。柔然就是上面说的蝚蠕，北魏太武帝拓跋焘“以其无知，状类于虫”(《魏书》)，称他们为蠕蠕。这既是蔑称，也是气话。因为柔然不断进扰北魏，耗费了北魏很大精力。同样，柔然也威胁着北燕，不断制造出新的事端。

北燕内有慕容氏构隙，外有强敌拓跋魏，已经够冯跋喝一壶了，如果再加上柔然的进扰，自己辛苦经营起来的政权很可能就要毁于一旦，这是冯跋无论如何不愿意看到的。此时恰巧柔然来求亲，无异给这种火药味十足的三角形格局，带来了一个缓解的信号。面对柔然主动伸出的橄榄枝，冯跋当然会权衡其中的厉害。

当时柔然可汗勇斛律“遣使求跋女伪乐浪公主”，并“献马三千匹”(《晋书》)，态度是十分傲慢的，直接就下聘礼，根本没把北燕放在眼里。

说是求婚，颇有些霸王硬上弓的味道，嫁与不嫁你自己琢磨。如此冯跋都能隐忍，也足见当时形势确实不容乐观。

我不想嫁得那么远

乐浪公主远嫁，最终解决了令冯跋头疼的边疆问题，也改变了北燕的命运：与柔然和亲，既消除了柔然的威胁，也可以通过柔然来牵制北魏，缓解来自拓跋氏的压力，三国政权呈鼎足之势，维系了北燕国随后十几年的和平。后来冯跋又与赫连勃勃的大夏交好，其本意也是为了牵制北魏，这也是当时北燕没有迅速被强悍的北魏灭掉的原因之一。

虽说出于政治考虑，但冯跋嫁女之举，却并不是随便哪一个皇帝都能做到的，他需要很大的勇气。冯跋“崇信殊俗”，用现在的话说，就是摒弃了狭隘的民族偏见，其胸怀是很值得敬佩的。当然，冯跋思想开化，也有时代的原因。冯跋虽是汉人，却一直在后燕军中效力，鲜卑化程度很高，从这点上讲，其“崇信殊俗”，并不全是冠冕堂皇的场面话。他取代慕容氏后，依然沿用大燕的旗号，也可以说明这一点。

亲生儿女都是父母的心头肉。冯跋能舍却心头肉，也并不就是铁石心肠，不喜欢自己的女儿。天下有哪个做父亲的不喜欢自己的孩子呢？这都是形势所逼，是不得已而为之，因为除了父亲的角色之外，冯跋还是一个政治家，是一国之君，他必须站在全局的高度，通盘进行考虑。在女儿和国家之间，他也必须要做出选择。

事实上，冯跋是位很有爱心的皇帝，据《晋书》记载，他经常“遣使者巡行郡国，问所疾苦”，派出慰问小分队，分赴民间，访贫问苦，是位很有爱心的皇帝。对那些“孤老不能自存者，赐以谷帛有差”，关注弱势，解决民生，带去了政府的关怀和温暖，颇受老百姓的拥戴。此举在战火纷飞的五胡乱世，是十分难能可贵的。一个热爱人民的皇帝，也绝不会对自己女儿狠心的。而且，冯跋还是一位很有作为的皇帝，他“抚育黎萌，保守疆宇”，主政北燕国 22 年，下大力收拾了后燕残局，让北燕强极一时，成效十分显著。当然，这些成绩的取得，也应该给远嫁番邦的乐浪公主好好记上一笔，因为当时她并不想嫁得那么远。

第五章 只恨我是女儿身

十四万人齐解甲，宁无一个是男儿。

——五代·后蜀·花蕊夫人【述亡国诗】

19 激情

情欲可以刺激智商

痴心女子负心汉，是说女人比男人更痴情。男人最初的热烈，往往转化成女人最终的疯狂。丁太后情迷慕容熙，把他当成命根子，快乐悲伤皆源出此人。这种激情甚至可以提高智商，她巧妙废储，成功地将情人推向前台。不过，真情未必纯情，这种痴迷里掺杂了太多“欲”的成分，所以她最终换来的，是情人对她无情的背叛。

想让情人上位的女人

这是一个很简单的故事，简单到一句话就能说清楚：一个帮情人获得无上权力的女人最后又被这个情人无情地抛弃并杀害。虽然俗套，其间却包含了寂寞与偷情、伦理与道德、抛弃与嫉妒，以及权力和杀戮等等诸多现代的流行元素，拍成影视剧一定很抢眼。

可见历史虽相去我们久远，却总有些亘古不变的东西在流淌，不断拉近历史与现实的距离，犹如一部古装剧被翻新成了时装版，有着似曾相识的亲切。

故事虽简单，主人公之间的关系却有些复杂，男女主人公是叔嫂俩，慕容熙和丁太后。丁太后是五胡十六国时期、后燕国的第二任皇帝慕容宝的皇后，也是第三任皇帝慕容盛的母亲。慕容熙是慕容宝的弟弟，慕容盛的叔叔，也是后燕的第四任皇帝。也就是说，慕容熙是承继他侄子的皇位，在顺序上打破了常规，显得有点乱。

这样的事其实在历史上也不是独一份，稍后一些，南北朝时，刘宋的宋明帝刘彧——也就是我们前文中说的陈妙登第一次倒手后的老公，就是他的前任——废帝刘子业的叔叔。

慕容盛其实已经选定了自己的接班人，就是太子慕容定，亦即慕容熙的侄孙。照理说，皇位该由慕容定继承，和慕容熙根本不沾边，这都差了两辈了。结果，做叔公的抢了侄孙的皇位，第二代顶了第四代的缺。后燕国似乎又倒回去了许多年，之后按照另一条轨迹重新来过。

之所以会出现这种情况，都是拜丁太后所赐，是丁太后权力巅峰时期的得意手笔。

丁太后在丈夫慕容宝死后，便和小叔子慕容熙有染，《晋书》上所谓"熙烝于丁氏"。二人偷偷摸摸玩得不亦乐乎。起因也许很简单，可能是丁太后寂寞难耐，也可能是慕容熙风流倜傥，把丁太后迷住了。这个并不重要，你知道他们关系好有一腿就行了。关键是如此一来二去，丁氏便离不开慕容熙了，这才有了后来的一系列事件的发生。

人们常说痴心女子负心汉，是说女人比男人更加痴情，这是有一定道理的。男人和女人在恋爱中的角色，会随着恋爱程度的加深，而发生微妙的变化。女人一开始的表现，往往是矜持、害羞、被动，而男人则是热烈、执着、主动。所以许多男人是费尽了心机，差不多被搞成精神病了才能将对方追到手。

而感情确立、或是进入白热化后，男人和女人则像互换了位置，男人热情明显降温，女人开始为其疯狂。此种情况在婚后尤甚。

丁太后喜欢慕容熙，或许也是走了这样一条路，总之我们最后看到的结果，是丁太后怎么也离不了慕容熙了。慕容熙这小子对女人也确实有两手，这从他后来对待苻氏姐妹的行径中，也可窥见一斑。

丁太后情迷慕容熙，把他当成命根子，快乐悲伤皆源出此人。所以在慕容盛被杀，皇位出现空缺后，丁太后"意在于熙"(《晋书》)，脑海中自然而然地便想到了这个给她带来快乐的情人。

然而这事并不是说说这么简单，力挺慕容熙，丁太后就要废掉太子——也就是她的亲孙子慕容定，这样做多少有点不近人情，也很不地道。可丁太后业已意乱情迷，自然顾不了许多。接下来她的所思所想都是如何让自己的情人名正言顺地上位。

老丁的人事秘笈

在古代，太后说了算，有两种情况：

一是因为储君年幼，暂时由太后摄政。也就是我们常说的垂帘听政，将来储君长大再归政于他。比如和丁太后差不多同时代的褚蒜子（有关褚蒜子的事迹我们以后会说到），就属于这种情况。她虽然三次出山，三次垂帘，最后也还是让了位。像后来慈禧太后那样，硬赖着不挪地方的，毕竟是少数。

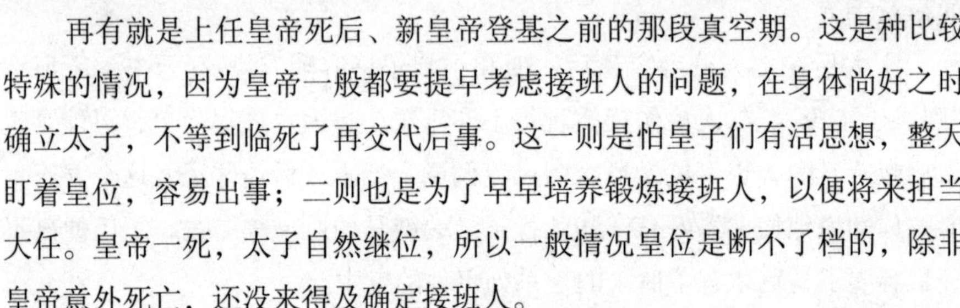

再有就是上任皇帝死后、新皇帝登基之前的那段真空期。这是种比较特殊的情况，因为皇帝一般都要提早考虑接班人的问题，在身体尚好之时确立太子，不等到临死了再交代后事。这一则是怕皇子们有活思想，整天盯着皇位，容易出事；二则也是为了早早培养锻炼接班人，以便将来担当大任。皇帝一死，太子自然继位，所以一般情况皇位是断不了档的，除非皇帝意外死亡，还没来得及确定接班人。

慕容盛虽是暴毙，不过早就选中了太子，只是年纪尚小。按说在这种情况下丁太后可以选择垂帘，先带小孙子一段时间，等他大点了再将权杖交付给他。但她没有那样做，因为她想打破陈规，让情人慕容熙上位。

为此，老丁费尽心机、搜肠刮肚，用和情人在缠绵中刺激出来的智慧，将后燕时局弄得百转千回，最后终于如偿所愿。

就像每次人事变动之前，领导都要先吹吹风一样——为的是让变动结果不至于显得太突兀，倒不全是跑风漏气。丁太后大权独揽，动干部也要考虑群众的反映，因为这个位置不光是热门肥缺这么简单，而是国家的一把手，事关全局，倍受瞩目，可不是闹着玩的。要想让慕容熙当的顺利，就要先正视听，最起码在理论和逻辑上对下面有个交代。

慕容熙当时并不占优势，毕竟太子在那摆着呢，是法定继承人。就是选举，要论公信度和支持率，平原公慕容元——也就是慕容宝的第四子、慕容盛的弟弟，也比他强势，颇受到一帮权臣的追捧。二人在前，怎么着也轮不到叔叔或是叔公辈的慕容熙。

不过慕容熙也有他的优势，他有杀手锏：就是和丁太后要好。

这个很厉害，等于搞定了干部任免中最关键的人物。

如果丁太后堂而皇之地让慕容熙来当，也不是不可以，可这就有点太明显了，大家本来就看不惯他俩呢。丁太后不傻，何况她也要时刻保持自己的正面形象，以后还在领导层混呢。

权衡再三，丁太后开始大造舆论，对外宣布：“以国多难，宜立长君。”(《晋书》)

这看似冠冕堂皇的话，表面上挑不出任何毛病来，你还得为丁太后以国家大义为重叫好。其实细分析，这里面的道道多了去了。

此话一出，便是人事变动的一个信号，首先等于全面否定了法定继承人慕容定。你想啊，本来国有储君，岁数就是再小，你把他抱上龙椅也就完了，清末帝溥仪不就是这么继的位吗，干嘛还说立啥样不立啥样的废话？这不是一下就把太子慕容定排除到了爪哇国吗！

再者，此话也给候选人划定了一个界限标准。就如现在的什么学历、工作几年、有无基层工作经验一样。“以国多难”，营造的是一个氛围，制造的是一个前提。国家正值多事之秋，皇帝刚在宫变中被砍死，外敌窥伺，形势不容乐观，所以这个新皇帝必须要有能力，要压得住阵脚。

言外之意，压不住阵脚的都给我一边玩去。慕容定彼时还和尿泥玩呢，当然不能担此大任，从根上予以排除。

所谓长君，有两层意思：一是按年龄来说，指的是同辈中排行第一的；二是按辈分来说，年岁大的长者，自然是真正的老大。这就把慕容元也排除了，慕容元在同辈中排行不是老大，按辈分是慕容熙的侄子。不言而喻，谁是长君？宜立谁？慕容熙呗。都是爷爷辈的人了，舍他其谁哉！

丁太后一句话，仅仅八个字，就将慕容熙送到众人的视线之内，一个政坛新秀就此浮出水面，牛吧！

丁太后这样一吹风，不温不火、慢慢悠悠，完全占据了主动，给你们留足时间，好好揣摩去吧。底下那帮大臣领会领导意图，心里就先有了个思想准备。本来谁也没想到慕容熙会当皇帝，丁太后这样一暗示，慢慢也就接受了。

皇帝又不在脸上刻字，说我是皇上，那身帝服给谁穿谁都像那么回事。朱元璋以前要饭，后来打得天下，换身衣服，一点叫花子痕迹看不出来。

借女人上位会有什么样的结果

靠女人上位，犹如现在的夫人外交，有时不失为一种升迁的捷径，往往收到意想不到的效果。从这点上讲，慕容熙是成功的。丁太后和慕容熙虽说是不正常的恋情，但她能为慕容熙废黜自己的亲孙子，也足见其情真意切。

然而真情却未必纯情，二人感情之中掺杂了太多“欲”的成分，也掺杂了太多权力的成分。

丁太后所憧憬的爱情，并没有按照她预想的轨道前行。当上皇帝之后的慕容熙，志得圆满，如沐春风，转而色心又起，开始大宠苻氏姐妹，完全忽略了丁老太后的存在。老丁犹如从炭火盆一下掉进了冰窟窿。历经冰火两重天，倍觉世态之炎凉。

更糟糕的是，丁太后并不能就此抹去旧时的记忆，看到昔日的情郎和他的新欢打情骂俏、眉目传情，种种过往浮上心头，在饱尝相思之苦之余，又兼有醋意大发，于是“怨恚咒诅”(《晋书》)，终于对慕容熙恼羞成怒，先前的无限柔情化作了对慕容熙的刻骨仇恨，又想着废掉慕容熙。

可如今的慕容熙，业已大权在握，早已不是那个低声下气的臣子了，也不再是那个温情似水、心地善良的旧情人了。事情败露后，慕容熙毫不留情地将丁太后赐死，就像丢弃一颗大白菜般轻松，转而调整一下面部表情，去找苻妹妹寻欢作乐去了。

20 麻辣

理智与情感的交融

冯太后是性情中人，却又理智得可怕。她可以为丈夫殉情自杀，可以为情人毒杀“亲子”，却也可以做到对情人们赏罚分明。她生活放纵，却又勤政爱民、政绩斐然。理智与情感这两个矛盾相反的特性，不断在她身上交错冲突、周而复始地演绎着。她性格鲜明，活得洒脱。她的一生都充满着激情。

性情麻辣的女人

北魏冯太后，是历史上赫赫有名的文明太后。文明不是讲文明树新风的文明，而是其死后的谥号。《谥法解》中说：“慜民惠礼曰文，照临四方曰明。”若以生前的功绩论，文明二字用在冯太后身上，是一点也不为过的。

冯太后虽为一介女流，却在北魏历史上有着举足轻重的作用。她执政两朝，把持大权长达25年之久，这期间，她不但让太武帝拓跋焘所创建的帝国神话得以延续，而且还迎来了北魏史上的另一个鼎盛——孝文帝改革，从而再造了拓跋氏的辉煌。

冯太后是北魏第五任皇帝拓跋濬的皇后，出身也是大有来头的，她是北燕末帝冯弘的孙女。生于皇胄之家，让冯太后自小秉承了皇族的灵气。不过她没有赶上家族的兴盛，北燕被北魏灭掉后，她的父亲冯朗便在北魏做了官，后来因犯了死罪，其家眷便充实后宫为奴，冯太后也就在宫中当了宫女。

冯太后人很聪明，处处留心，少说多做，很受器重。而且冯太后还有个方便条件，她的姑姑是拓跋焘的左昭仪，冯太后自小受其影响，逐渐熟谙宫中之道。这对冯太后最终在后宫脱颖而出，以及做出后来的成绩，影响都是很大的。

就性格来讲，冯太后是一个感性与理性并重的女人。而且这两种截然相反的性格，在她身上都表现得淋漓尽致。

说她感性，是因为她性情刚烈而又情感细腻。她对丈夫的感情真挚、执着，却也对情人缠绵、火辣。二者交融交错，同样的不能自拔，同样的超乎寻常。

说她理性，是因为她重情感，却并不沉溺于情感、不为情感所累，她能理智地将个人感情和工作分开来。也正因如此，在冯太后执掌朝政大权后，能够做出骄人的政绩，让北魏走上一条全新的道路。

性格如此鲜明的女人，即便在整个古代后宫之中，也是凤毛麟角的。

感性女人的种种表现

丈夫死后的过激行径，是冯太后感性外露的一次典型反映（那时她还是皇后而非太后，为了叙述方便，咱们暂且降她一级，人事问题本来也就是一句话的事）。按照北魏国传统习俗，皇帝大丧后三天，要将他平时的日常用具一起烧掉，算是搞一个彻底的告别仪式，以后就该化悲痛为力量，放下包袱，向着更高更远的目标前进了。

亲人主子离世，又是一国之君，看着那些熟悉的器物一点点化为灰烬，那场面是何等的悲惨而悲壮！“百官及中宫皆号泣而临之”（《魏书》），全都失声痛苦，场面一度失控。这并不仅仅是一种表面形式，而是彼时情景催生出来的悲怆，让人为之动情。

就在群情悲痛之时，冯皇后做出了一个非常之举，将本就凌乱的场面推向了高潮。丈夫英年早逝，冯皇后自然很伤心，这下又大受周边感染，少不了念及当日之情愫，想到身后之孤苦，于是再也抑制不住，发疯一般纵身投向火海，打算追随丈夫而去。幸好左右侍从眼疾手快，才终于没有酿成悲剧。性子如此之烈，让我们看到了一个内心情感极其丰富的一国之母。

昨夜夜半，枕上分明梦见，语多时。依旧桃花面，频低柳叶眉。
半羞还半喜，欲去又依依。觉来知是梦，不胜悲。

——唐·韦庄【女冠子】

第一最好不相见，如此便可不相恋。
第二最好不相知，如此便可不相思。
但曾相见便相知，相见何如不见时。
安得与君相决绝，免教生死作相思。

——仓央嘉措【十诫诗】

毒杀拓跋弘，是冯皇后情感冲突最为强烈的一次。拓跋弘（不是后来的孝文帝拓跋宏，是他爹，瞧这爷俩的名字，叫着也不嫌别扭）是拓跋濬的长子，是拓跋濬的另一个夫人李氏所生。拓跋弘2岁时被立为太子，生母李氏因为当年拓跋珪立下的“立子杀母”的宫廷规矩而被赐死，拓跋弘自此一直由冯皇后抚养，虽非亲生，胜似亲生。但冯太后最后却为了自己的情人，毒死了这个“躬亲抚养”(《魏书》)、如同己出的拓跋弘。再次用事实证明了她是一个感性至上的女人。

拓跋濬死后，拓跋弘即位，冯皇后从此也真正成了太后，这一年是公元465年。那时冯太后刚刚24岁，盛年寡居，无比寂寞。而身为皇太后，又被推到了一个近乎神的高度，绝不可能像普通老百姓那样，可以寡妇再嫁。她已经被贴上了先皇的标签，只能等待百年之后，去另一个世界再续前缘，她生是拓跋濬的人，死是拓跋濬的死人，断无中场换人的道理。这可是关乎国家形象、关乎皇室形象的大问题。

形式虽然不能改变，内容却可灵活把握。于是，就像历史上无数后宫事例的翻版一样，冯太后在这上面也未能免俗，她开始宠幸男宠、找情人，以解决自己的心理和生理需要。李奕便是其中之一。

李奕是因其风流倜傥、长相俊美的先天性优势而“得幸于冯太后”(《资治通鉴》)的。作为情人，又是下属，李奕小心伺候，用尽浑身解数，冯太后如鱼得水，干渴的心灵和肉体同时得到了慰藉。

每每事后，冯太后凝视李奕那张俊俏的脸庞，眼中总是充满如水温情，心境也变得放松而又惬意，感觉幸福生活比蜜还甜。

可惜好景不长，情人李奕因哥哥李敷卷入了一桩受贿案而受到牵连，最后被拓跋弘杀掉了。拓跋弘杀李奕，其实是迟早的事，倒不全是因为这桩公案。拓跋弘看李奕仗着太后的宠幸，人前人后耀武扬威、颐指气使，早已“意已疏之”(《资治通鉴》)，打心眼里瞧他不顺眼，早就跟他憋着劲呢，正好趁此机会除去这个眼中钉。

情人被杀，冯太后如同剜却心头之肉，心疼心痛到了极点。冯太后并没有让这种剧烈的心疼和心痛积蓄多久，便很快将其转化为对拓跋弘的怨恨了，而这种杀之而后快的怨恨，也最终演变为了实际行动。冯太后最后“密行鸩毒”(《资治通鉴》)，到底派人毒杀了皇帝拓跋弘，为自己的情人报了仇。从这点上看，我们不能不说冯太后是个极其感性的女人！

冯太后的男宠很多，最喜欢的有两个，一是王叡，一是李冲。前面说的李奕虽然也很讨她欢心，但还排不上前三甲。

特别是王叡，简直成了冯太后的心肝脾肺肾，都不知道怎么疼了。《资治通鉴》上说，王叡“出入（冯太后）卧内，数年便为宰辅”，想是手段比李奕高出甚多，将冯太后哄得开心到了极点，冯太后一高兴，封官晋爵，给你个宰相干干，希望你再接再厉、再造辉煌。

对王叡的赏赐总数“以千万亿计”，我的神啊、主啊、上帝啊，成吨成吨地给，你见过出手这么阔绰的吗？！这些还都不算什么，毕竟北魏国库充裕，有的是银子。最离谱的是，冯太后还赐给王叡金书铁券，“许以不死之诏”。

可能是吸取了李奕的前车之鉴，冯太后再也不想失去这个宝贝情人，为了稳妥起见，她特制铁诏，朱笔书就，然后宣示内外。

相比之下，李冲虽也是以貌取胜，不过他倒还算是个有本事的人，工作勤勤恳恳、能力不凡，属于劳模级人物。他将对待工作认认真真、勤勤恳恳的优良态度，同样用在了冯太后的身上，着实表现了一番，于是也“见宠帷幄”，深受冯太后的喜爱。

感性女人如何表现她的理性

情感上如此宣泄，冯太后的感性程度可见一斑。不过要说到冯太后理性的一面，却又着实令人敬佩。即便是在风花雪月上，其理性也能充分体现。别看冯太后在情人那里出手阔绰，眼睛连眨都不带眨的，自己生活上却俭朴得很。

据《魏书》记载，冯太后“不好华饰”，在穿戴上很不讲究，对绫罗绸缎也并不稀罕。吃上就更能凑合了，“宰人上膳，案裁径尺，羞膳滋味减于故事十分之八”，好菜好饭全撤了，能吃饱就行。自己如此省吃俭用，敢情银子全花那二位爷身上了。

不但如此，冯太后还能做到“假有宠待，亦无所纵”。对待那些男宠，喜欢你行，宠你也行，但绝不娇纵你，犯了错，一样严肃处理（注意是处理，不是处死，那个舍不得）。抽鞭子、挨板子，“多至百余，少亦数十”，辣手无情，屁股给你揍开花。动不了没事，反正晚上盯班的有的是。好像打的不是自己的情人，而是刚捉到奸夫，惟恐打得不狠，一点不带心疼的。

不过当下不心疼不等于以后不在乎了，这也就像两口子吵架，没有隔夜的仇。打完人家冯太后还跟没事人似的，该怎么赏还怎么赏，该怎么疼还怎么疼，甚至会因此更加疼爱些。冯太后就是这样一个性格上走两个极端的人，她有时感性得矫情，有时却理性得可怕。

我们回过头再说说李奕被杀的事，拓跋弘杀李奕是公元 470 年，而冯太后毒杀拓跋弘是公元 476 年，期间仅仅过了 6 年。并且拓跋弘在杀掉李奕后的第二年便退位为太上皇，隐居崇光宫，和僧人们住在了一起，基本上不再过问政事。即使这样，冯太后仍在心里记着情人被杀的仇，足见冯太后之隐忍，也足见其理智。

这冯太后的性情，确实很难让人琢磨。在冯太后的一生中，理智与情感这两个矛盾相反的特性，不断在她身上交错冲突、周而复始地演绎着。

麻辣女人如何摆脱情欲的困扰

作为一个女人，一个各方面都很正常的女人，一定也有着各种需求。如何摆脱情欲的困扰，冯太后其实也是做过一番努力的，她并非一味迷恋宫闱之事，也曾试着转移自己的注意力。比如她将很大一部分精力放到治政上，而且政绩斐然，这也充分体现出她理智的一面。

有关冯太后治政的才智和手段，在《魏书》中所用篇幅甚重，也足见历史对这个女强人的充分肯定。

拓跋弘即位之初，丞相乙浑谋反，冯太后“密定大策”，诛杀乙浑，初显政治锋芒。拓跋弘 12 岁登基，到 18 岁退位为太上皇，基本上是当了 6 年的傀儡，朝政大事都由冯太后决断。冯太后“性聪达”、“省决万机”，从小在宫中熏染历练出来的才能得到充分发挥，加上她的勤奋，将北魏朝政处理得头头是道，堪称一个铁腕型的女强人。

拓跋弘当腻了皇帝，把皇位传给长子拓跋宏，自己做起了太上皇。冯太后也就顺理成章地成了太皇太后。这一年，她 35 岁，正值年富力强，经验和魄力都达到最好峰值。

拓跋宏是一代明君，但当皇帝时刚5岁，就是再怎么天资聪颖，他也是和尿泥的年纪，自然谈不上后来那些个叱咤风云的大作为，所以重担仍旧落在了冯太后身上。一直到冯太后于公元490年病死，拓跋宏才独立亲政。

而在这将近20年的时间里，都是冯太后在把持朝政。拓跋宏在此期间的一系列功绩，其实很大一部分都该记在冯太后账上，比如，历史上著名的“太和改制”，便基本出自冯太后之手。

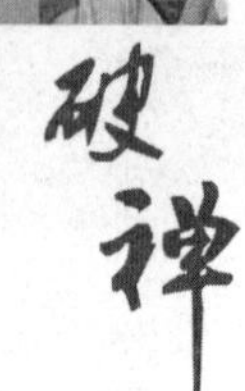

拓跋宏对冯太后很尊敬，凡事言听计从，在未亲政之前，他“事无巨细，一禀于太后”，上至江山社稷法律政策对外战争，下至针头线脑吃喝拉撒锅碗瓢盆，大事也好小事也罢，都要先请示冯太后，老冯那是绝对意义上的一把手。

人家冯太后（此时已是太皇太后，叫着绕嘴，咱权且再给她降上一级）也确实堪称政治天才，“生杀赏罚，决之俄顷”，处事果断干练，绝不拖泥带水。也正因如此，冯太后在当时的威望很高，以至于“威福兼作，震动内外”，朝中上下那是没有不服气的。

冯太后之于拓跋宏，既是政治上的领路人，也是循循善诱的良师。为了将拓跋宏培养成一代明君，冯太后曾“作《劝戒歌》三百余章，又作《皇诰》十八篇”，不断对他进行警示教育，让他将来做一个有作为的好皇帝，可谓煞费苦心。

冯太后死后，“高祖（拓跋宏）毁瘠，绝酒肉，不内御者三年”（《魏书》），不吃荤腥，不近女色，人比黄花还瘦，着实表现了一番孝心。

拓跋宏能有如此孝道，自然值得称赞，不过这并非做给外人看的，它充分印证了拓跋宏对冯太后的感情，是极其真挚深厚的，否则决然不会这样的煞有介事，最多做做样子也就完了。

政治上的天分，以及对拓跋宏的谆谆教诲，都表现出冯太后极其理性的一面。当然，这种对政治的关注，也让她那颗整日被情欲困扰折磨的心，得到了稍稍的安慰。

女人好色并不奇怪

如此感性与理性并重的麻辣女人，性格鲜明，活得洒脱。可以说，冯太后的一生，是充满了激情的一生。有人说，冯太后的情是滥情，是好色，这话值得商榷。作为一个女人，一个生理和心理都正常的女人，有情感上的需求并不奇怪。古今中外，概莫能外，即便这个女人贵为皇后太后。

其实，冯太后找情人、养男宠，还应该有着另外一个原因，就是为政者的焦虑与寂寞。冯太后堪称一个出色的政治家，自当上皇后，她的一生再也没有离开过政治。多年的政治历练，让她从中找到了乐趣。而作为一个政治家，并非时时都像人们看到得那般风光，他们内心的紧张和焦虑是不为外人知的。

这个很容易理解，政治需要心机和才智，脑袋里便时刻绷紧了弦，久而久之，就需要适时的放松，以缓解那无名的压力、排解那缠绕的心绪。冯太后在政治上不输于任何男人，自然也就不能指望她戒除杂念，全身心地投入到工作和学习当中去了！

21 刚烈

敢对皇上说不

人的性情表现不一，但骨子里的东西却不易察觉，也很难改变。女人的名字也并非弱者。一贯柔顺懦弱的王贞风，居然敢当着众人的面顶撞生杀在握的皇帝刘彧，刚烈至此，让人在慨叹之余，又生出些许敬佩。或许这才是王贞风最真实的一面。

人的性情什么情况下会改变

人的性情表现不一，或刚强或柔顺，或勇敢或懦弱，但这并不一定是骨子里的东西。骨子里的东西，不易被人察觉，也最难改变，它和人的外在表现并不同步，有时甚至相反。

王贞风的哥哥王景文就万万没有想到，他这个在家一贯柔顺懦弱的妹妹，在成为后宫之主后，性子却表现得如此刚烈，居然敢当面顶撞皇上。慨叹之余，又生出些许敬佩。

有的人整天咋咋呼呼，表现出一副什么都无所谓的样子，其实心里很怕领导，见到比他们大的官，特别是他们的顶头上司，那张自娘胎就带出来的脸，像变了个人似的，马上增添了几分奴颜婢膝的奴才相。而有的人看似弱不禁风，内心却很强大，在关键时刻表现得傲骨铮铮、不卑不亢。王贞风即是如此。

王贞风（436~479年），是南北朝时期、南朝宋明帝刘彧的皇后。刘彧是宋文帝刘义隆的第十一子，在关于陈妙登的文章中，我们简略介绍过。他最初受封为淮阳王，王贞风也是在那时候成为淮阳王妃的，那年刘彧刚刚 10 岁，王贞风比刘彧大点，13 岁。4 年后，刘彧改封湘东王，王贞风便成了湘东王妃。这期间双方岁数都很小，刘彧尚处于未成年阶段，王贞风像姐姐一样看护他，陪他玩，二人感情十分要好。

刘彧当皇帝是在公元 465 年，那年他 27 岁，30 岁的王贞风理所当然的也就成了皇后。在此之前的这个阶段，是二人感情的成熟期，刘彧初谙男女之道，精神头和劲头都很足，王贞风正值妙龄，风情万种，二人如胶似漆，煞是甜蜜。

在这里，我们有必要说说刘彧是怎么当上皇帝的。其实按理本轮不到刘彧当皇帝，他的皇位是从侄子刘子业手里抢来的，刘子业荒淫暴虐，嗜杀成瘾，尤其看刘彧不顺眼，好几次都差点杀死他这个叔叔，搞得刘彧整天惶惶不可终日，终于承受不了压力，情急之下发动宫变，杀掉刘子业自己当了皇帝。

事情坏就坏在刘彧当皇帝上，一朝大权在握，刘彧尽扫先前晦气，再也不用战战兢兢看谁的脸色过日子了。然而他却增添了新的毛病，就是想看到别人战战兢兢看他脸色过日子的样子。

不知是让刘子业给整怕了，还是要把自己先前所受的惊吓变本加厉地找回来，总之他比刘子业也没好到哪去，除延续了刘子业“忍虐好杀”、“奢费过度”(《宋书》)的“光荣”传统外，更增添了荒淫好色的毛病。

刘彧本来也不是什么省油的灯，先前受刘子业欺辱，是因为惹不起、没法子。现在他是皇上了，没人敢管，更没人敢欺负，只有他欺负别人的份儿，和当王爷时不可同日而语，可不就可劲折腾呗。等刘彧玩得不爱玩了，百无聊赖之时就想找点新鲜的刺激。于是就发生了看“裸戏”的那些事儿。

不喜欢看“裸戏”的女人

这是一档助兴节目。

刘彧在宫中大宴群臣，王贞风作为皇后也有幸出席，君臣互敬，都捡些体面话、奉承话互相寒暄。虽说大家心照不宣，但都乐得图个吉利。慢慢从个人说开去，延伸到国家，加上酒精的作用，眼前便出现一幅五谷丰登、国运昌隆的和谐景观，气氛十分融洽。

刘彧一高兴，便多喝了几杯。酒酣耳热之后，为了回馈众朝臣兢兢业业的辛苦劳作，也为了庆祝众人烘托出来的那个美好的乌托邦国度，刘彧增加了一档助兴节目：“裸妇人而观之”(《资治通鉴》)，观看脱衣舞表演，场面一时间煞是火爆。群臣屏气凝神，目不转睛，竟一度忘了吃菜喝酒，也忘了相互吹捧。看到兴处，连连拍手叫好，打心眼里感激皇上的隆恩浩荡。

在男女禁忌极严的古代，恐怕也只有皇宫之内敢如此恣意妄为了。王贞风哪见过这阵仗，下意识的“以户扇障面”(《资治通鉴》)，拿扇子遮住了脸，不好意思再看。当然，她也可能是不敢看，估计心脏早已怦怦跳得厉害。刘彧开始也没注意王贞风，后来叫好时左顾右盼，想得到更热烈的回应，结果这一扫视，就看见王贞风了。

刘彧这气一下子就上来了，干嘛啊你，这是多好的节目啊，大家伙眼珠子都快瞪出来了，就你不看，装啥清高啊！在如此欢乐的场面中，你作为一国皇后，竟然敢弹奏不和谐音符，不捧场，不给老子面子。于是皇帝当然很生气，后果自然很严重。

这态势王贞风当然不会看不出来，13 岁就跟着你过，你想什么我能不知道？知道归知道，可王贞风过不了心里那道坎儿，于是大胆表达了自己的不满，说“为乐之事，其方自多”(《资治通鉴》)，那娱乐的方式多了去了，喝酒、KTV 啥的我管过你吗？你干嘛非得看脱衣舞呀！

王贞风情绪有些激动，接着表达自己的不满：那表演者都是什么人啊，不是姑姑辈的，就是姐姐妹妹们，“岂有姑姊妹集，而裸妇人以为笑”(《资治通鉴》)的？就是外面市井凡俗中的人也不兴这样啊，姐妹姑姑总动员，亲的热的全招呼，成何体统啊！

这话有点打脸，犹如去青楼玩耍的公子哥，想听首小曲助助兴，你偏唱个“万恶淫为首”，不纯粹添堵吗！刘彧老先生当时正在兴头上，男性荷尔蒙急剧分泌，火燎燎的亢奋异常，王贞风当头给他浇了瓢冷水，先前被节目勾引起来的兴致一时全无，继而龙颜大怒，把王皇后轰了出去。

你不看躲远点，别碍老子的眼。刘彧冲着王贞风的背影吼道。

不过这样一闹，刘彧再看表演也定是寡然无味了。气得一挥手，宴席到此为止，怒冲冲地回宫去了。

王贞风敢于在皇帝面前说不，这事非同小可。领导心胸宽广，那是为了成就大事，有着更高更远的目标，可在小事上全都是小心眼。特别是在下属面前，喜欢找到众星捧月、唯我独尊的良好感觉，不容许任何人挑战他的权威。原则是小，面子是大，老子天下第一，老子就是真理。

这方面刘彧当然也不例外，况且他还不是个一般的领导，那是皇帝，九五之尊，一国老大，小心伺候着还来不及呢，再去顶撞，纯属没事找抽型。当然，王贞风的身份有些特殊，也不是一般的人，她是皇后，地位仅次于皇上，这也是她能保全性命的原因。轰出去算是轻的，给你皇后面子，否则还不当下三下五除二活劈了干净啊。

不过这话又说回来，即便你是皇后，并且从王妃这么一直陪伴着走过来，劳苦功高、情深意笃，你在皇帝面前也还是臣子、是奴才，也一样要唯唯诺诺、唯命是从，和现在的男女平等根本不是一码子事。所以王贞风敢这样说话，那是需要极大勇气的。

何况那刘彧本就是个残忍好杀的主儿，兽性上来，六亲不认，而且手段极其残忍，“左右失旨忤意，往往有斮刳断截者”(《宋书》)。哪个人稍有不慎，在什么上不合他心思了，立马弄你个折胳膊少腿的。在他面前，有话不先在肚子里蒸熟了、沤烂了都不敢往外倒。

王贞风骨子里的烈性就体现在这，即便换个好说话的皇帝，或是宠爱尊重老婆的皇帝，你这样说他都未必买账，何况一个嗜杀成性的昏君呢！所以王贞风此举，也实在是冒了极大的风险，其勇气着实令人敬佩。

要搁现在，王贞风一准儿是个不畏强权的典范。无怪乎他哥哥王景文听说此事后，由衷地赞叹说:“后在家劣弱，今段遂能刚正如此！”(《宋书》)别看俺那妹妹在家文文弱弱的，一副大家闺秀的样子，没想到骨子里这么硬朗，大大地吃了一惊。

人的性情其实很难改变

不喜欢看“裸戏”，也许是妇人的羞怯，或是道德使然，这是每一个有廉耻心的女人很自然的反应。然而不听皇帝的话，还要出言顶撞，硬拧着来，就是个性问题了。换做别人，心里也许不愿意，但多半会强忍着，好讨皇帝喜欢。就像你去领导家串门，他家孩子再不懂事，长得再像鞋拔子，你也要夸上几句。从这点上讲，王贞风不惧淫威，有自己的原则，是非常难能可贵的。

王贞风的个性同样延续到了刘彧儿子身上，不幸的是，她没死在丈夫手里，却差点死在这个儿子（不是王贞风所生）手里。

刘彧死后，长子刘昱（瞧这名字，和拓跋宏爷俩差不多，叫着都挺别扭的）继位，王贞风被尊为皇太后。刘昱10岁继位，创历任皇帝残忍之极限，不知是否患有先天性精神分裂症，喜欢杀人到了痴迷的程度。王贞风对他“每加勖譬”（《宋书》），苦口婆心的，可费老劲了，开始说话还管点用，后来刘昱就似疯了一般，一天不杀人到不了黑，谁说也不行了。王贞风再唠叨，他就觉得不耐烦了，甚至有一次还想毒死王贞风。

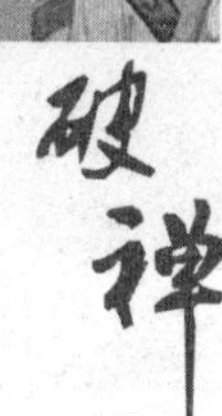

起因其实是一件很小的事，王贞风给了刘昱一柄玉柄毛扇，刘昱“嫌其毛柄不华，因此欲加鸩害”（《宋书》）。看扇子手柄不光溜，看着不华丽就不干了，就想毒死王贞风。你说这才多大点事啊，给你把扇子倒有罪了。当然，刘昱可能不光是因为这把扇子，也许是想起了太后平日里的唠叨，让他不爽。

刘昱悄悄让太医煮药，准备对太后下手。左右忙劝他，说这万万使不得，“若行此事，官便应作孝子，岂复得出入狡狯”（《宋书》）。要说这手下也够机灵的，采取避重就轻的策略，直戳刘昱的软肋，说你毒死了她，你就得当孝子守孝，哪还有大把的时间去玩耍啊。刘昱一听，是这么个理儿，于是作罢。

你说这算个什么玩意儿。

22 血性

宁无一个是男儿

花蕊夫人活得真实。拥有富贵时，她会快乐、满足。失去安乐时，她会失意、落寞。在面对天子威严的赵匡胤时，她又血性彰显、豪气干云，仍旧昂着高贵的头，发出“十四万人齐解甲，宁无一个是男儿”的悲情呐喊，这让举旗投降的丈夫兼后蜀国主孟昶，以及表现得同样消沉落寞的南唐后主李煜望尘莫及，也让后人赞叹不已。

才女的真性情

如果不是亡了国，也许人们永远不会看到花蕊夫人的另一面。谁能想到：一个貌美娇弱的后宫女子，在国破家亡之时，却表现出如此酣畅淋漓、通透彻底的真性情。那首堪称绝唱的《述亡国诗》，那句“十四万人齐解甲，宁无一个是男儿”的悲情呐喊，堪堪羞煞蜀国男儿郎，让后人赞叹不已。

花蕊夫人本姓费，是五代十国时期、后蜀国后主孟昶的贵妃，后世习惯称其为花蕊夫人。名为花中之蕊，自是容貌不凡。不仅如此，她还是位才女，是位前比鱼玄机后比李清照的女诗人。她尤其善写宫词，一生著作颇丰，光《全唐诗》中就收录了 40 多首。

不过，和历史上那些能够呼风唤雨的女强人比起来，花蕊夫人并不十分惹人注目。她没有吕雉蛇蝎般的狠毒心肠，也缺少武则天的心机和手段，更不具备杨贵妃狐媚惑主的万千风情。她更像是一个普通女人，一个从不掩饰自己悲喜、从不修饰自己情绪的真实女人。

拥有富贵时，她会快乐、满足，会像孩子得到糖果一样兴奋；失去安乐时，她会失意、落漠，会像男人失恋般苦闷、彷徨；国破家亡时，她会呐喊、愤怒，会像水浒英雄般豪气干云、气冲霄汉。她是完全透明的，没有丝毫的矫情和造作。这样的性情，在充满虚情与狡诈的古代皇宫中，显得尤为可贵。

性情，指的是一个人的禀性和气质，以及表现在性格和脾气上的迥异。真性情，则是一个人内心情感的完全流露，无形中自带出的一种凛然正气。杜甫有诗“由来意气合，直取性情真”，也是对真性情的肯定和赞美。

花蕊夫人的性情，少了女性的娇弱，添了男儿的豪爽，是一种率真而泼辣的美。那首著名的《述亡国诗》，便是花蕊夫人成为阶下囚时，在宋太祖赵匡胤的大殿之上，由感而发，挥毫拟就的，除了悲伤、愤怒、纠结，其中还饱含着花蕊夫人对后蜀国的遗恨。

嫁给了一个性情老公

花蕊夫人的丈夫孟昶，作为一国之君，在治政上无疑是失败的。生逢乱世，他的父亲孟知祥经过6年的打拼和苦心经营，才在巴蜀一地站稳脚跟，建立了割据政权。然而孟知祥有当皇帝的命却没做皇帝的福，在位仅一年便病死了。作为官二代，孟昶秉承父业，成为后蜀国第二任也是最后一任国君。

创业容易守成难，这话是有道理的。就像一个公司的创立，注册、选址、建房、招人，虽然奔波劳累，但也只是万里长征走出了第一步，你还要把它经营好、维持好、发展好。犹如长征之后还要面临雪山、草地的艰险，还要躲避敌军的围追和敌机的轰炸，这才是最为要紧、最为关键的时刻。

创业之初，往往凭借的是勇气，是一股不服输、不服气的拼劲儿、狠劲儿。而之后的守成，则需要大智慧、大谋略，需要付出更多的艰苦劳动。特别是想在乱世的夹缝中立稳脚跟，显得尤为不易。

这方面孟昶就差得远了，他并没有将心思放在国家的经营建设上，而是全身心地投入到对这个新兴国度的无限享受之中。

按照《新五代史》中对他一生的概述，孟昶似乎永远都在玩乐，他“少不亲政事”，也许是年幼无知，对未来认识不深、规划不够；喜欢“打球走马”，则可能是天真童趣的延续、是性情使然；可长大后，孟昶又好“房中之术”，沉溺在温柔乡中不能自拔，这就颇有些玩乐无度的意思了。

当然，在这期间，他和花蕊夫人也演绎了一出出的爱情剧。孟昶的兴趣不断变化，花样不断翻新。他是个性情中人，兴趣追随快乐是他的理念。然而他玩出了个性潇洒，最后却玩进去了整个国家。

对一个人客观评价，自然不能全盘否定。曾经也有过那么一段时期，孟昶对政事居然也发生了兴趣，励精图治、与民生息，让蜀国颇为兴旺了一阵。然而他的兴趣很快便又从朝前转入了后宫，枯燥的政治远不如娱乐休闲，群臣的奉承也比不上妃子们的欢笑。

坐吃山空，光出不进，谁也架不住这样折腾，孟知祥留下的基业很快便被这个后来者消耗殆尽，后蜀国也一步步走向了灭亡的边缘。应该说，作为一个小国，后蜀灭亡是迟早的事，彼时的大宋国业已雄起中原，势不可挡。然而，大宋大兵压境，孟昶仅66天便“草表以降”(《新五代史》)，战斗力如此，也不能不说是个遗憾了。

国灭之后，孟氏皇族包括孟昶庞大的后宫，全部被押解开封，成为大宋国的阶下囚。花蕊夫人也在其中。历史总有相似之处，这样逶迤前行的悲壮队伍，并不是第一次出现，倒退10年，南唐国后主李煜也曾感同身受过。

男人与女人角色的转化

虽然性别不同，花蕊夫人和李煜却有着太多相似——他们一个是末代贵妃，一个是亡国之君；都曾经贵为人上，曾经享尽奢华；最后他们一样失去了昔日的荣光，一样成为大宋的阶下囚徒；更为相似的是，他们都喜欢用诗词来表达自己的悲喜人生，一样的才华横溢。

相同的生活环境，也让他们有着相似的词风。

看看花蕊夫人的“嫩荷花里摇船去，一阵香风逐水来”，多么的悠闲惬意。还有“回头索取黄金弹，绕树藏身打雀儿”，神仙一样的皇宫生活让人陶醉，让人乐在其中。

再看看李煜，“浪花有意千重雪，桃李无言一队春。一壶酒，一竿纶，世上如侬有几人”。落英缤纷的江南美景，如诗如梦的无忧生活，同样的令人沉醉。

皇宫的生活是富足美好的，是无忧无虑的。也许，“汗手遗香渍，痕眉染黛烟”的卿卿我我、儿女情长，更适合春暖花开的静谧祥和，而不是秋风萧瑟的征伐杀戮。

这一点，花蕊夫人和李煜有着同样的感受。他们恨不能留住生命中的每一个美好瞬间，刻入脑海，反复玩味，然后期待着下一个美妙瞬间的到来。

然而，世事无常，诗中的美景并不能永驻，诗中的憧憬也并不能实现。他们很快便不得不面对另外一种人生了。

而面对突变，花蕊夫人与李煜却表现出迥异的性情。

亡国的阵痛，让曾贵为天子的李煜变得消沉落寞、困顿无助。一个堂堂七尺男儿，平添了女人般的矫情与寡柔。在叹息、悔恨之中，无奈地吟唱“春花秋月何时了，往事知多少”。将情长化作愁肠，将甘怡化作苦酒。昔日的荣华“恰似一江春水向东流”，道不尽绵绵心痛，说不尽缕缕伤愁。内心是不可追回的凄凉。

人的性情，在困苦和磨难中最易彰显。面对亡国，花蕊夫人的伤心程度并不逊于李煜。在押解途中，她曾题写过半阙《采桑子》:“初离蜀道心将碎，离恨绵绵。春日如年，马上时时闻杜鹃。”杜鹃啼血的哀鸣，直击心灵最深处，个中滋味难以言表。

然而，在面对天子威严的赵匡胤时，花蕊夫人却是血性彰显、豪气干云，仍旧昂着她高贵的头颅，酣畅痛快地表现她的真性情。“君王城上竖降旗，妾在深宫那得知。十四万人齐解甲，宁无一个是男儿”。傲骨铮铮的诗句，是掷地有声的呐喊，是酣畅淋漓的怒骂，也是恨不能策马扬鞭、拼死疆场的慨叹。

什么样的女人值得尊敬

花蕊夫人活得非常真实，她性格大张大合，敢爱敢恨，通透爽朗。她不虚伪，喜欢就是喜欢，不喜欢就是不喜欢，毫不掩饰、毫不做作。

孟昶是个会享受的主儿，“至于溺器亦装以七宝”(《续资治通鉴》)，马桶上都要镶上宝石，可以想见其奢华，也可以想见皇宫内生活之奢华。花蕊夫人尽情享受着这种奢华，尽情享受着君王的宠爱。她喜欢这样的生活。

人都是向往富足、渴望美好的。谁又能说喜欢这种生活就有错呢！

我们不能过分要求一个后宫女子，应该怎样以天下为大任，应该有怎样的治国治政方略，那样的要求太苛刻、太残忍。她手无缚鸡之力，不能冲锋陷阵；她远离政治战争，无法力挽狂澜。“君王城上竖降旗，妾在深宫那得知”。亡国与否，本就不是一个后宫女子所能左右的。

但她却能真实地活出自我！这对于一个女人，特别是一个身居后宫的女人来说，已然足够。仅凭这一点，花蕊夫人就很值得我们去尊敬。

23 固守

洞房里的尴尬事儿

背离人性，其实是件很纠结的事。洞房之夜，面对漂亮清纯的新娘子，刘盈看到的仍旧是那个年幼无知的外甥女张嫣。这是母亲吕雉的安排，他左右不了。他只能选择逃避，拼命麻醉自己以忘掉痛苦。而张嫣，却只能在无性婚姻中独守寂寞。让人敬佩的是，他们最终都固守住了人伦。固守，本就是人性中一种极高贵的品质。

人性与兽性的区别

人与兽的区别，就在于人是直立、挺胸、抬头的。人性与兽性的区别，则在于人能够做到自我控制，不似兽性般任意发泄。人性中包涵了情感、爱心和善良，而兽性则完全是没有节制的欲望、以及对欲望不择手段的获取。

兽性不只兽类独有，人类也会有。人性和兽性有时就在一念之间，两者可以相互转化，并没有一个很清晰的界限。人性的缺失、泯灭，渐渐就会表现出兽性的一面。而兽性频发、坏事做尽的人，偶尔也会良心发现，这正是人性的东西起了作用。

人之初，性本善。人性是与生俱来的，但它会因外部环境的影响而发生改变。一个牙牙学语的小孩子，你是绝不会想到他将来有一天会成为杀人犯或是抢劫犯的，这都是后天环境影响的结果。因为环境容易激发人的另一种本能——欲望。欲望这东西很具体，也很抽象，你能强烈地感受到它的存在，却很难将它像一件物品一样，搁置一旁封存起来。

从性质上讲，欲望有积极的，也有消极的；有崇高的，也有龌龊的。这和一个人的价值取向有关，也和这个人后天形成的素质和修养有关，就看你想要什么，给自己规划什么目标了。

从程度上讲，欲望也有个临界的极限。浅浅的欲望，有时可算作心中一个阶段性奋斗目标，往往能起到积极的作用，也能让人身心愉悦。而当人性的欲望强烈到没有节制的时候，就会向相反方向发展，它会成为一个人的心理负担，时刻压抑着人性，也就很容易转变成兽性了。

欲望也和人的地位有关。比如古代，一个老百姓和一个皇帝，二者的欲望就不一样，老百姓只图平安快乐、衣食无忧就行，没影儿的事一般不会去想。或许他偶尔也会有当皇帝的欲望，但往往只是一闪念，让心悸动一下就完了，不会整日抓耳挠腮、萦绕心头，那样搞不好会把自己送进精神病院。而作为帝王，拥有至高无上的权力，可以得到任何喜欢的东西，你一生不敢奢求的，对他们来说可能不过是小菜一碟、小事一桩。

再比如对待女人，老百姓娶上一房婆姨（或老婆或太太），条件好点的可以纳个妾换换口味，此外不会有太多的奢念，顶多也就再去个怡红院、翠花楼啥的找找刺激就完了。他们的欲望终究是有限的，用老百姓的话讲，叫还算靠谱。可皇帝就不同了，只要他愿意、他喜欢、他高兴，他的身体条件允许，就可以无偿占尽天下的美女。

占尽归占尽，皇帝也不一定就比老百姓快乐。

老百姓虽只有一个糟糠之妻，却能荣辱与共，成为一生相知的伴侣，虽不富足，却能共同享受着人生的快乐。而皇帝对女人的随意性和任意性，会让他们省略掉情感孕育的全过程，或是将复杂的情感简单化，而只表现出占有的欲望，将人世间最为有情有义的东西也看成了一种物品或符号，甚至麻木到践踏人伦的可怕地步。那时他们的兽性表现，就会大大超越人性。

这样的例子在历史中不胜枚举，十六国时期、匈奴汉国的武昭帝刘聪，将自己近亲族人的两个女儿四个孙女一同纳入后宫，姑女六人同事一夫，令人汗颜。五代十国时期的梁武帝朱温，连儿媳妇也要侍寝（关于朱温同志的“光辉”事迹，我们前文中已有评述，可参阅），藐视人伦到了无以复加的地步。这些，无一不是兽性的彰显。

皇宫是最能淋漓尽致展现人欲的地方。特别是色欲和权欲的膨胀，势必会做出有悖常理的事情。在这里，人的欲望已不会受到任何控制，只由着性子任意发挥，在兽性的舞台上尽情演绎。

背离人性，其实是很纠结的一件事。兽性之人绝不会做到完全的心安理得，只是那时他们无法控制自己的欲望。人的最初的、最原始的东西，始终会在内心激荡，与兽性做着不懈斗争，就看最后哪个占上风了。

前面说皇宫里最能体现兽性，这话没错，但也不能一概而论，固守人伦的皇帝也还是大有人在的，他们有的虽然色欲熏心，但并不会突破人性最后的防线。我们今天说的这事，就是彰显人性美好的一个特例。

洞房里的尴尬事儿

西汉的惠帝刘盈和他的皇后张氏，二人婚后一直未同房，即便同房也没有同床。不是二人身体有什么隐疾，或是心理有什么毛病，皆因二人是近亲结婚，刘盈不忍下手，张氏不能接受。

张皇后是吕雉女儿的女儿（按辈分该管吕雉叫姥姥），而汉惠帝刘盈，则又是吕雉的亲生儿子。也就是说，张皇后是刘盈的亲外甥女，刘盈是张女士的亲舅舅。

关于孝惠皇后张氏嫁给刘盈的记载，正史中记载简略。后人有《汉孝惠张皇后外传》一文传世，对张皇后如何嫁给刘盈，以后又是如何在后宫生活的，描绘得比较详尽，说张皇后叫张嫣（此名字在正史中无记载，为了行文方便，咱们姑妄呼之），嫁给刘盈时年仅10岁。这事吕雉办得就太不地道了，简直是残害未成年少女。

文中还说当时刘盈是不同意这门亲事的，理由有二：一是辈分差别，二是张嫣年纪还小。吕雉一一驳回，说：岁数小可以长大，甥舅关系也不在五伦之列。没事，把心放肚里，招呼吧。

吕雉说得不疼不痒，敢情不是她嫁给她舅舅。搁现在，这种婚姻是受到法律限制的，民政局也不给办手续。就是在古代，也是伦理道德不容的，是不为人所接受的婚姻。不过皇宫中是个例外，因为任何规章制度都出自这里，人伦常理那也是约束普通老百姓的，制定者完全不必理会和遵守。

在这件事上，刘盈没有选择的余地，他是皇上不假，可他是一个不能做主的皇上，无论家庭还是朝政，大权一直由母后吕雉执掌，他不过是母亲手中的一枚棋子。他心里虽然抵制，但却毫无办法，谁让他摊上一个权力欲望超强的母亲大人呢！

张嫣也不愿意，舅舅抱着她逗她开心还是前几天的事，现在突然要成为舅舅的老婆，要在一起同床共枕，还要……这个弯一时半会儿转不过来。何况当时她那岁数，不吓蒙了就是好事。

鞭炮声息，宾客散去。红烛摇曳，夜阑人静。接下来本该是人生中最浪漫、最温馨的时刻，可现在却如死一般的沉寂。洞房内只剩下刘盈这个孤家寡人，和他新娶来的小媳妇张嫣，当刘盈揭去外甥女头上的红盖头时，他看到了一个泪流满面的泪人，刘盈不知道那时是该哭呢，还是该大哭，面部表情一时因尴尬而凝固了。

漂亮清纯孱弱瘦小的新娘子，年幼无知茫然无助的外甥女，这两件事刘盈无论如何不能将它们放在一块。他心里没有一丝男女间的欲望，只是慨叹命运的作弄。二人对坐到天亮，各自想着心事，竟没有说一句话。

将外甥女嫁给舅舅，这本身就可算一种兽行，但刘盈和张皇后却恪守住了人伦，终究没有越过雷池一步，这也让我们看到了人性中最为美好的一面。刘盈保住了人性，但他却用人性的另一种张扬来填补这段空虚和空白，他拼命去其他女人那里寻找快乐，寻找能够麻醉自己忘掉痛苦的快乐。

张嫣也保住了人性，然而不同的是，她却从此失去了人生最起码的快乐。她既要承受不伦的婚姻形式所带来的痛苦，还要忍受生活在无性婚姻里的摧残折磨。而这些，都是拜吕后所赐。

无性婚姻的隐情

吕雉弄这么一出，对外宣传是“欲为重亲”(《汉书》)，说为了亲上加亲亲更亲。这不过是一个冠冕堂皇的说辞，就像现在政治作秀的宣传口径，糊弄糊弄老百姓罢了。吕雉的真实目的，就是想进一步控制朝政，控制自己的儿子刘盈，将权力牢牢掌控在自己手中。

那么吕后为什么非要做重亲呢？自己的亲生儿子当皇帝还有什么不放

心的吗？有这个必要吗？有，而且很有必要。这皆因惠帝和母亲吕雉二人之间早已产生了罅隙。因为他们除了亲情之外还有着另外一层关系，就是工作，皇宫里的工作。

具体说来，有三件事让二人渐渐疏远：

一是戚夫人事件。吕雉残忍杀害戚夫人，把她做成“人彘”放在了厕所，故意让惠帝看到。惠帝看到了母亲的残忍，也被母亲的残忍吓到，精神受了刺激，对母亲的行为也有了成见。二是刘如意事件。刘盈想救戚夫人的儿子刘如意，就把他接来和自己同吃同睡，让吕雉的人下不了手，结果百密一疏，吕雉最后还是趁刘盈外出的空当杀了刘如意，这让双方的隔阂进一步加深。第三个原因来自刘盈自己。这也是他和母亲之间的一次最直接的冲突，他找了个理由，将母亲的情人辟阳侯审食其逮捕入狱，还差点杀了他。这一来让吕雉感到不快，二来也让吕后感受到了身后的危机。

正是基于这几点原因，吕雉对儿子很不放心，虽说皇帝是傀儡，可毕竟还是皇帝，朝中还有一大帮人，表面不说却在暗地里追随，她不得不考虑如何才能更稳妥，如何才能万无一失，于是她想到了婚姻。

皇后是皇帝身边最亲近的人，这个位置很关键，而且皇后身后往往是强大的外戚，是一股不可忽视的势力，如果把握不好，对自己的政权坚固是有影响的。

而如果这个皇后是自己的人，是自己的亲戚，那么朝中最大的外戚就是自己，也就没有这个后顾之忧了。朝中所有势力都会在自己的掌控之下。

固守人性是一种高贵的品质

刘盈和张皇后都固守住了人伦，这方面是值得肯定的，固守人性，本就是人性中一种极高贵的品质。但固守人性也是寂寞和压抑的。面对不忍接受的现状，刘盈和张嫣都面临着相同的痛苦抉择，就是如何应对接下来的人生道路。痛苦相同，但是他们消除这个苦闷的方式却是不同的。

因为一系列的不如意，刘盈感到万念俱灰，从此看破人生，开始沉湎于酒色，以此来让自己忘却种种不快。终因身体过度透支而过早谢世，死时年仅24岁。

而张嫣则开始了另外一种人生道路，她已是有夫之妇，却不能享受丈夫的宠爱。也不能去找别的男人填补空虚，她只能独守空房，默默忍受着这份寂寞。

可是心里再难受，张嫣也只能暗自垂泪，不能让别人看见，表面上还要做出一副快快乐乐的样子，在众人面前，她还要保持一国之母的外在形象。白天还好度过，有人声笑语的陪伴，有琐碎事情的缠绕，倒也能转移些注意力。但每到夜深人静，白天千方百计掩饰住的辛酸苦闷，就会像牛反刍一样涌上来，反复吞噬着她，那滋味难以表达。

吕雉后来做的事就更荒唐了。她不光要将张嫣嫁给刘盈，还要张嫣尽快为刘盈生孩子。吕雉不愧是一个老到的政治家，就像一个高明的棋手，走一步看三步，她不满足于既有的现状，她需要这种状况一直延续下去，所以她要在下一代身上打主意。

然而张皇后是不可能生孩子的。吕雉以为张嫣患有不孕症，于是到处搜罗偏方，煎药熬汤的，但弄什么也是瞎耽误工夫啊。最后吕雉又想了个邪法子，她让张皇后假装怀孕，然后抱宫里其他怀孕女人的孩子冒充，那个孩子的母亲当然也就成了吕雉的刀下鬼。

这个孩子叫刘恭，被吕雉立为太子，成了皇位法定的接班人。

出来混，迟早是要还的

吕雉的阴谋终于实现了，刘盈死后，吕雉立了张嫣这个还在吃奶的假儿子刘恭为皇帝，小屁孩一个，吕雉很轻松地便将其玩弄于股掌之间。

如今的大汉朝是一个和谐友爱的大汉朝，是一个奋发有为的大汉朝，吕雉对此十分满意。朝中众臣精诚团结，再也没有反对自己的声音，即便有，最多也是回家憋在被窝里嘟囔两句，还不敢让老婆听见。

这样持续了几年，直到刘恭懂事，吕雉才又重新有了危机感。刘恭得知自己不是惠帝和张皇后亲生，而自己的亲生母亲早就被吕太后给杀了，表现得很激愤，便放出话来，“太后安能杀吾母而名我！我壮即为所为”(《汉书》)。姓吕的你也太黑了，敢杀我母亲，你等着，我长大了非弄死你不可。

至于刘恭怎么知道的这事，是谁告诉他的，史书没有记载，也一直是个谜。吕太后的淫威大家是领教过的，谁敢不要脑袋传这闲话？就不怕刘恭这小孩子口无遮拦把他招出去？不过这个不重要，政治上的争斗本来就是你死我活的，在看似风光的表面，往往是暗潮涌动，时刻都会酝酿出一场强烈的风暴。

刘恭到底是小孩子，还保持着天真的童趣，说话不假思索，不知道人心叵测，不知道政治斗争的残酷性。他也不想想，那吕太后既然能杀死你的母亲，当然也就能杀死你，这比碾死一只蚂蚁多费不了什么劲。

虽说是小孩子，吕雉却不能不重视。这孩子现在就这么富有攻击性，长大了还了得啊！于是吕老太后毫不犹豫地出手，将刘恭幽禁起来，然后召集群臣开会宣布，理由是刘恭“疾久不已，失惑昏乱”(《汉书》)。说我们敬爱的刘恭同志病得不轻，都快四六不分了，不适合再在皇帝的岗位上工作了，我们要对他的身体负责，让他歇了吧。真是欲加之罪何患无辞。

过了没几个月刘恭就死了，可能是吕雉派人杀的，也可能是连气带吓外加憋屈而死的，总之吕雉终于去了这个心头大患，另立恒山王刘弘为帝。

吕雉故伎重演，也给刘弘娶了个媳妇儿，选的依旧是吕氏的宗亲——侄子吕禄的女儿。目的很明显，和刘盈的情况如出一辙，“欲连根固本牢甚”(《汉书》)，为的还是牵制刘弘，牢牢掌控朝政大权。

不过，这次吕雉的如意算盘落空了，她没想到，在她死后，表面上一直恭恭敬敬、其实内心早就咬牙切齿的刘氏集团开始发威，血洗朝纲，大诛吕氏宗族，就连刘弘这个傀儡最后也给废杀了，吕雉毕生经营的大厦轰然倒塌，吕氏集团从此不复存在。而后刘氏集团拥立刘盈的弟弟刘恒为帝，这便是历史上非常著名的、开创了“文景之治”太平盛世的汉文帝。

所幸张嫣在这次兵变后并没有被处死，而是被废处在了北宫，想是人们觉得她不过是吕氏集团的一个牺牲品而已，所以才会对她手下留情。

公元前163年，也就是在张嫣的丈夫兼舅舅刘盈死后的第25年，张嫣也寿终正寝，带着她在世间的一切幽怨、一切烦恼、一切想不明白的事，清清白白、干干净净地走了。

第三幕

[生活篇]

锦瑟华年谁与度？月桥花院，琐窗朱户，只有春知处。

——宋·贺铸【青玉案】

第六章　情到浓时情转薄

情到浓时情转薄，而今真个悔多情。

——清·纳兰性德【山花子】

24 惆 怅

当初我们那样相爱

破禅

男人爱上别的女人，一定是这个女人有着强烈的吸引力。这种吸引有时无关乎外表，而是一种内心的感觉。胡善祥无论形体还是气质，均堪称一流，可朱瞻基却不在乎，因为他更迷恋孙贵妃的随意与任性。可等胡善祥真的离开了，朱瞻基最终还是发现了她的另一种美。

老公让把位子给另一个女人

万物复苏的春天，到处都充满着生机，然而胡善祥此刻却没有任何心情去欣赏美景，她正在收拾东西，准备把房间腾出来，让给另外一个女人。她很清楚发生了什么事，正如她清楚那个女人此刻一定在惬意地享受着春天新鲜的气息一样。

但她又像什么都没整明白，她嫁给老公 12 年了，一向规规矩矩、光明磊落，婆婆也很喜欢自己，怎么老公就一点不念旧情呢？这个疑惑，她只能带到另外一个安静地方去慢慢想了。她现在脑子很乱，唯一能做的，就是赶紧卷铺盖走人，她惹不起老公，因为她老公不是普通人，是大明帝国的皇帝。

胡善祥这名字乍一听像个珠宝商人，还是身体肥胖笑容可掬的那种老字号掌柜的，似乎和女人并不沾边，更和一国皇后扯不上什么关系。不过名字不重要，叫美美的也不一定就美不胜收不是？这个胡善祥可是货真价实的一国皇后。她的老公是明宣宗朱瞻基，明朝的第五任皇帝、明仁宗朱高炽的长子，明成祖朱棣的长孙。

胡善祥是朱瞻基的原配，在朱瞻基还是皇太孙时，她便被选为皇太孙妃，朱瞻基当了皇帝，胡善祥便荣升为皇后。这之前，胡善祥是幸运的，她的生活波澜不惊，受人尊崇，令人艳羡。而后的日子，也是在漫不经心中一天天度过，虽无惊喜，却也无忧。可就在她做了 3 年皇后之后的某天，老公突然对她发话了，让她把皇后位置让出来，给另外一个女人——孙贵妃。

男人到底喜欢什么样的女人

孙贵妃和胡皇后是老对手了，她也是在朱瞻基当皇太孙时嫁给他的，不过只是个嫔妃，也就是偏房。朱瞻基当了皇帝，她也就晋升为贵妃，地位仅次于胡皇后。

职位虽有差别，然而她们的服务对象都是皇上，真正的地位高低还要看在皇帝心里的位置，犹如一个单位的同事，受重视程度并不受工龄长短限制，关键看领导的印象。朱瞻基对孙贵妃的印象要明显好于胡皇后，我们先来对二位做一下比较。

胡皇后是正室，人没得挑，俊雅贤淑，知书达理，是后宫形象代言人的不二人选，堪称后宫的表率和楷模。不但如此，胡皇后在朝中还有着极高的人气，受到广大人民群众的热捧。这一点从她后来被废，“天下闻而怜之”(《明史》)的社会舆论中，便可见一斑。

然而全国人民都喜欢，也不能代表朱瞻基同志的意见，毕竟同床共枕的是他俩而不是别人。那鞋合适不适合还得问问脚。你说胡皇后是双做工精美价钱昂贵的鳄鱼皮鞋，庄重大方，可人家朱瞻基这双大脚，偏就喜欢那样式新颖物美价廉的运动鞋，穿着随意、舒适。就好那口儿，你有办法？

孙贵妃人缘没胡皇后好，可她也具备两个优势。首先是漂亮。“幼有美色”(《明史》)，天生就是个美人坯子。女人因貌美而备受男人青睐，这个定律到现在仍未被打破，在将来恐怕也不会被打破，除非男人瞎了眼或是成了佛。孙贵妃长得漂亮，老朱的心理天平自然就向孙贵妃倾斜。看着天生丽质的孙大美人，老朱整天眉开眼笑的，哪有闲暇再顾别处？

其次是孙贵妃很会讨朱瞻基喜欢，属于智慧型美女。爱说爱笑的样子，也充分体现出运动鞋朝气蓬勃的劲头儿。这一点很重要，你可别小看了这个调笑，皇宫内庄严肃穆，和后宫女人逗闷子，本就是古代皇帝们惯用的一种减压方式，虽然从来没人这么说过，可事儿就是这么个事儿。

你想啊，那皇帝每天事儿多多啊。如此繁重的劳作，有人能逗皇帝开心，那是多么的难能可贵啊！而皇帝又会是多么的惬意解乏啊！那精神头儿一上来，脑瓜子分外灵活，搞不好能刺激出一整套全新的改革方案，那不是于国于民大有裨益的大好事吗！

况且皇帝还肩负着龙脉延续的政治任务，需要这种调笑来刺激荷尔蒙的快速分泌，以便提高撒播龙种的数量和质量。这可不是简单的男欢女爱，你需上升到国家高度来看待这个问题。

女人之间就怕攀比

不过如此一来，胡皇后的位置就有些尴尬了。后宫的等级制度是非常严格的，别看贵妃排名仅次于皇后，那待遇上可差远了。就像现在的正副职，一字之差，差之千里。后宫也一样，不说别的，那册封仪式就不一样，皇后是金宝金册，而贵妃以下（含贵妃），则仅是有册无宝。

宝是个什么玩意儿没见过，咱也不是考古学家，也没有收藏的爱好，长什么样还真说不好。不过我估摸着该是个信物，类似于现在的手章大印啥的，也不是什么特别金贵的东西，不过这玩意儿她有你没有，你的地位就没她高，就这么个理儿。

小孙得宠，不能光体现在和皇帝睡觉的次数上，也不能光体现在和皇帝一起出镜的频率上，还必须在名份上有所体现才行。其实孙贵妃在这方面已经开创了一个先例了。老朱当上皇帝后，曾特别请示张太后，也就是老朱他妈，专门给孙贵妃特批了个金宝。以前的贵妃可都没这待遇，就是打小孙这才兴起来的。老朱能为孙贵妃改变祖宗章法，喜欢是一方面，另一方面也可看出孙贵妃的本事确实不一般。

小孙待遇虽然上去了，可毕竟还不是皇后，和皇后还有着质的区别。就像一个资深的副职，组织上特别照顾给予他正职待遇，可你还得听正职的，还是拿不了一把手的主意。小孙得宠，自我感觉日益良好，层次感与日攀升，这玩意其实还真不用刻意拿捏，谁见了谁巴结，都笑呵呵地点头哈腰，你那感觉自然就有了。

感觉一爽，再遇到不爽的事，就他妈的——分外不爽。小孙在后宫平趟，成为无可争议的人气女王，可偏偏前头还有一个碍眼的，每天早起还要向胡皇后问安，每次见到老胡还得毕恭毕敬地行礼问安。

类似这样的行为，和她心里那种良好的感觉极不配套。更糟心的是，慢慢地小孙开始感觉别人看她的目光中有了异样，仿佛对着她的耳边说：皇帝宠你怎么了，不还和我们一样吗？都得给她老人家请安。

小孙觉得憋气，就想干脆把胡皇后挤对走算了，省得老占着地方浪费资源，每天还得礼敬三分，别扭。于是小孙起承转合的在老朱那做了一番艰苦努力，终于让老朱下了决心。

男人如何对女人说不

废掉皇后，这可是国家的一个大事，重要岗位换人，总要有个说得过去的理由。人家胡皇后文文静静，知书达理，整天低调做人细心做事，也没见犯过啥错误，凭什么说不让人家干就不让人家干了？

不过理由是人想出来的，欲加之罪何患无辞，挑毛病还不容易？只要有了动你的念头，就一定会有动你的理由。

你品质好、作风好，软件没得说，硬件是不是能跟上呢？肚皮子就很不争气嘛！这么多年也没给朕生个一儿半女的，这算失职吧？而且体质也不是很好，隔三差五好闹个小毛病，这你得承认吧？毛病还有很多，我就不一一细说了。老胡啊，咱们这样下去可不行啊。

老朱把胡皇后叫来，语重心长地摆事实讲道理，间或伴有长吁短叹，一副殷切关怀而又无可奈何的样子。最后得出结论：像你这样的身体状况，已经不适宜再担任皇后的大任，不如早点退了歇着吧。

看小胡面露惊诧之色，老朱换了一副腔调，严肃地说：朕这也是为你好，为了国家好，希望你能站在国家的高度、全局的高度来正确认识、正确对待这个事，不要有什么抵触情绪，也不要想不开。回去好好想想，想通了就自己打个辞职报告吧。咱们今天就先到这，朕忙了一天，也累了，早点回去休息吧。

一席话说得胡皇后云里雾里，最后自己都觉得愧对祖先、愧对皇上了。什么叫知书达理？什么叫素质过硬？就是要能够正确对待上级的决定。不让干就不干，绝不一哭二闹三上吊地给组织添麻烦。于是接下来的事情顺理成章——胡皇后递交报告，引咎辞职，把位置腾出来，让给更合适的人选。

一帮大臣看不过眼了，替胡皇后说好话，恳请皇上三思。老朱这时哪顾得上那个，如今他眼里只有孙贵妃，心里早就火烧火燎的了，那边还急巴巴的等信呢。于是大笔一挥：准。你们都看见了，不是我不让她干，是她自己不愿意干。然后把笔一扔，忙不迭地找小孙报喜去了。

可怜胡皇后，只好回去收拾东西搬家，退居长安宫代发修行，准备从佛祖那里弄清楚这到底是怎么一回事。

张老太后对此事也是持反对意见的，可她拗不过自己这个倔强的儿子。不过在感情上，老太后还是倾向于胡皇后的，经常把她叫回来唠唠嗑，安慰安慰她那颗受伤的心。后宫摆个寿宴或是过个节啥的，她也把老胡叫来，而且还让她坐孙皇后上座。

此举也让孙皇后感到很别扭，上任老在眼皮子底下晃悠，还受到高级别的礼遇，仿佛一下又回到了从前，她能舒服得了吗！干嘛呀你们这是，她现在不是皇后了！但生气归生气，小孙毕竟惹不起老婆婆，将就着吧，反正在一起吃饭的机会也不是很多。谁让自己先抢了人家的饭碗呢。

男人知道错了也绝不道歉

这事在当时算头号新闻，围绕着该不该废的问题，存疑争议了好长一段时间。时间久了，老朱也觉出自己这事办得不地道了。

一个人的良心发现，肯定和时间有关系。整天见面，也不觉得什么，这下一年半载看不着，胡皇后的好也就在脑海中慢慢浮了上来，让老朱在良心上有了些不安。再加上一些大臣时不时地念叨起胡皇后，说小胡在时怎样怎样，等于在不断给老朱提醒，进一步加深着这种好印象。

也是，小胡还是蛮不错的，老朱有时心里这样想。但事办都办了，也只能硬撑着头皮一错到底了，总不能还让她回来当皇后吧，那小孙怎么办？纠结啊！

最后老朱不得不自己劝自己，解嘲似的说了一句话无关痛痒的话，“此朕少年事”（《明史》）。这是俺年轻时办的事，错就错了吧，你们就别议论了。谁还不犯个错呢，年轻人犯错，上帝都会原谅。

25 搅和

不讲理才是狠角色

破禅

性格互补的夫妻，往往会有两种不同的结果：携手并进，或者同床异梦。李凤娘和赵惇不幸属于后者。当皇甫坦将李凤娘推荐给宋高宗时，南宋的皇宫就再也没有安宁过。李凤娘能够搅和得南宋三辈皇帝不得安宁，靠的就是不要脸和不讲理。

女人中的狠角色

有一句话，说女人是最难读懂的一本书。极言女人性情之复杂，情感之细腻。说到古代后宫女人的性情，一如生活中最普通的人，也是各种各样、不一而足。虽说后宫有着一整套严格的礼仪制度，试图将这个圈子里所有女人的行动作派程式化，却往往事与愿违。因为人与生俱来的性情，是很难从根本上改变的。

就拿后宫的形象代言人皇后来说，她们中就有知书达理、母仪天下的；也有蕙质兰心、温柔娴淑的；还有睿智干练、治政有方的。当然，其中也不乏利欲熏心、扰乱朝纲者。这些女人，无一不对当时的后宫乃至整个国家产生过深远影响。归其根本，或多或少，都和这个女人的性情有关。

后宫中还有这样一类皇后，她们心狠手辣、嫉妒成性、脾气火爆、心胸狭窄，大有更年期提前，或是内分泌紊乱失调的嫌疑和迹象，多有一些出人意料的过激言行。

比如，隋文帝的老婆独孤氏，把全部的心思都放在了看管老公上，无所不用其极，愣把个隋文帝挤对得离家出走了。晋惠帝司马衷的老婆贾南风就更不用说了，那疯劲一上来，就是一场猛烈堪比海啸的黑旋风，司马衷那傻子不过是她手中的一粒棋子，想怎么捏就怎么就捏。

无独有偶，咱们今天说的这位——南宋光宗赵惇的皇后李凤娘，也是个狠角色。她不但在气势上镇住了南宋朝的三任皇帝，还搅合得父子反目，一家子不得安宁。甚至她还愣把老公吓得不敢上朝理政了。气焰嚣张如此，恐怕独孤氏和贾南风都不能望其项背。

女人不光要长得好，还要生得好

李凤娘（1144~1200 年）是庆远军节度使、赠太尉李道的二女儿，安阳人（今河南安阳）。李凤娘成为皇后，纯属机缘巧合，用咱们老百姓的话说，就是人家有那个命。

论家庭条件，李凤娘那是没得说，老爹是当朝权臣，属于典型的富生女官二代。不过这不是她成为皇后的主要原因，毕竟具备这种资质的人不只她一个，比她条件更优越的人还有的是。

李凤娘得以入宫，皆因宋高宗信了一个叫皇甫坦的道士的话，就因为这句话，才有了李凤娘后来令人哭笑不得的宫中种种。

许多年以后，已近暮年的老高宗也曾多次为此事懊悔，大呼上当，就差垂首顿胸老泪纵横了。可怜的宋高宗，老了老了却落到个打落牙齿和血吞的窝囊境地。这是后话，咱们一会再说。

其实严格说来，宋高宗此举也不能叫上当，最多算是愿者上钩，或是周瑜打黄盖，一个愿打一个愿挨。古人大多好占卜，信命，皇宫里更在乎这个，万事图个吉利，以确保江山稳固、永世传承。皇甫坦是宋高宗的御用道士，高宗迷信他也很正常。下面咱们先说说皇甫坦是怎么发现李凤娘的。

皇甫坦看见李凤娘也很凑巧，一次皇甫坦去李道家串门，俩人在院子里谈经论道，似乎天下大事尽在把握。正说得热闹，李凤娘恰巧经过，许是特意过来问安，或是内急要上厕所，总之让皇甫坦给看见了。只一眼，皇甫坦即刻便发出一声惊呼，对李道说“此女当母天下”（《宋史》），这女娃啊，将来准是皇后娘娘的命。

皇甫坦从哪看出来的，肯定自有一套奥妙高深的玄机，属于相学算卦或是周易啥的范畴，咱们且不去管它。问题的关键是，这皇甫坦能在皇上那儿说上话，这一点就很重要了。这样一来，皇甫坦给李凤娘勾画的人生，也就有了成为现实的可能。

当皇甫坦把这一天大喜讯汇报给高宗之后，高宗大喜过望：好样的，来给我当孙媳妇吧。就这么着，李凤娘才得以进入赵氏大家庭的核心，给赵昚的儿子赵惇当了老婆。

高宗没有子嗣（有一个早年夭折了），赵昚是高宗的养子，后来继承大统，是为孝宗，赵惇也就被立为太子，李凤娘也就成了太子妃，距离“母天下”只有一步之遥了。

当老实男人遇上火爆女人

下面咱们重点说说赵惇这两口子。赵惇人如其名，敦厚老实。而李凤娘呢，《宋史》给了她三个字的评价“性妒悍”。脾气火爆还兼带小心眼儿。俩人性格相反，属于互补型。

性格互补的夫妻，往往会有两种不同结果，既有成为携手并进的模范夫妻的可能，也有同床异梦尿不到一个壶里的尴尬。而这两口子不幸属于后者。

宋高宗亲自给自己找的这个孙媳妇，有个惹人生厌的坏毛病，就是喜欢嚼舌根子。李凤娘没事便去高宗、孝宗跟前告状（光阴荏苒，此时高宗已逊位给了孝宗，自己当太上皇玩呢），说太子身边的人这也不是那也不行，唠叨个没完。

你说这干嘛？吃饱了撑的，皇上多忙啊，哪顾得着听你这个。几个回合下来，高宗老先生是真挠头了——咋找了这么个主，整个一事儿妈。

不过高宗毕竟是隔了辈的人，又已退位为太上皇，凡事有赵昚顶着，能躲也就躲了。孝宗躲不开，又是老公公，就只有忍着。但凡事需有个度，李凤娘每天像一万只苍蝇般在耳边嗡嗡，孝宗的忍耐终于达到了所能承受的极限。

一次李凤娘又来聒噪，孝宗血往上涌，实在无法控制了，就对李凤娘说：“宜以皇太后为法，不然，行当废汝。”（《宋史》）说你给我老实点，要向老太后学习，没事吃个斋念个佛啥的，保佑保佑咱们的江山社稷为子孙后世们祈祈福，懂点规矩，别一天事儿事儿的，不然我废了你。

逼得哑巴说了话，还是如此狠话，可见事情已经到了相当严重的地步。赵昚一翻脸，李凤娘也懵了。以前只管自顾自地唠叨，全没顾及老公公爱听不爱听，这下全明白了，敢情先前不搭话不是老年痴呆啊，这是和我憋着气儿呐！一时不知如何是好，茫然伫立，呆若木鸡，好半天没回过神儿来。

没想到这老公公看着好欺负，作风还挺硬朗。行，老东西，你来真的，我怕了你。此后李凤娘虽然老实了许多，不过和老公公的仇算是记上了。

家庭不和外人欺

什么事就怕有人跟着搅合。等自己的老公当了皇帝，赵昚做了太上皇，李凤娘就不把老公公放在眼里了，气焰日渐嚣张。不过这也没什么，毕竟是一家子，言语不对少搭话。赵昚都做太上皇了，自然是多一事不如少一事的心理，躲着点儿，少掺和就行了。可偏偏有人利用他们的矛盾说事，这就无异于火上浇油了。

事情也是从工作上引发的，赵惇即位后，踌躇满志，想干一番事业，于是大搞人事改革，先从身边人抓起，来一次彻底清盘，让那些无德无能只会溜须拍马的人靠边站，问题严重的给予行政处分，也不排除进一步追究刑事责任的可能。

贼者心虚，这风一吹出来，身边的人都吓坏了，想想自己平日里的所作所为，难免会对号入座，生怕引火烧身。于是这些人就想从赵惇的家庭内部入手，使用离间之计，来转移赵惇的注意力，最好能让老赵家打起来，那样赵惇就自顾不暇了。最后他们一致把目标锁定在了李凤娘身上。

机会来得也很凑巧，没过几天，赶上赵惇生病，赵昚惦念儿子，就给他弄了些药。于是就有人去挑拨李凤娘，说你老公公弄了个大药丸，妈呀，用手一比划，这么大个儿，药性极强，想要毒死你。李凤娘惊诧之余忙去打听，发现那边确实是在紧锣密鼓地制造丸药呢，行迹果然可疑，这气就不打一处来，对老公公的印象就更恶劣了。不过有好印象没好印象的，她也不能把老公公怎么样。但李凤娘从此却多了个心眼，开始为自己想后路了。

直接的冲突来自一次宫廷盛宴。席间李凤娘提出了人事安排意见，要太上皇立自己的儿子嘉王为太子，被赵昚断然拒绝。

之所以拒绝，大概有两个原因：

一是场合不对，立太子是大事，不能草率，怎么着也得几个主要领导事先合计合计，再开几次会商量商量吧？吃着饭说这事怎么着也是不妥。

二则赵惇也才刚即位不久，立太子有的是时间，并不是什么特别着急的事。

赵昚这样想，可李凤娘并不这样想，一看老公公不答应，李凤娘犹如当众给人掴了一记耳光，感觉很没面子，就当众耍开泼了，说“妾六礼所聘，嘉王，妾亲生也，何为不可？”(《宋史》)说我也是你们用八抬大轿明媒正娶了来的，怎么我的儿子当太子就不行了？你什么意思？把个赵昚噎得一愣一愣的，就差翻白眼了。

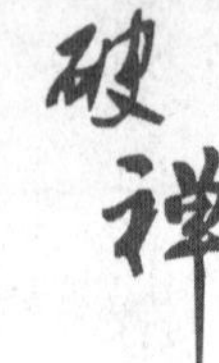

也难怪南宋朝打仗不行，这当家的可是真老实。儿媳妇当着大臣们的面顶撞太上皇，这事搁哪朝都新鲜，没人敢这么干。不过孝宗很生气，后果却并不严重，知道儿媳妇就这副德行，转过头去给了李凤娘个后脑勺就算到头了。估计彼时的孝宗，是真真切切感受到高宗先前的苦闷了。

人的分辨能力，有时是受外界因素干扰的。这一点，一向敦厚老实的赵惇用自己的实际行动证明了它的正确性。李凤娘受了老公公的冷脸，不但不检讨自己的错误，回去后还和老公唠叨个没完，说你看你爹不想立咱们的孩子，他肯定是看不上咱的孩子，有了别的想法。

赵惇心眼实诚，经李凤娘这么一说，还真往心里去了，也开始怀疑太上皇的动机了。心里有了芥蒂，就会表现在行为上，赵惇又不是那种心里能盛事的，从此竟然开始“不朝太上”(《宋史》)，再也不“早早起，对父母行个礼”了。

赵昚见儿子如此行事，也是憋了一肚子的火。你小子行啊，娶了媳妇儿忘了爹，不来就不来，我就当没你这个儿子。好嘛，愣搞得人家父子反目成仇，李凤娘这儿媳妇够拽吧！

赵惇这一赌气，问题就出来了。一次两次行，可以推说身体不舒服感冒发烧接见外宾啥的，可老不过去给爹爹行礼，这事就说不过去了。古时最重礼仪，君为臣纲、父为子纲，这可是上纲上线的大事。时间一长，就是赵昚没意见，那帮臣子们也看不下去啊，父子间都不来往这算怎么一档子事啊，于是“中外疑骇”(《宋书》)，朝中上下全给整懵了，私下交头接耳议论纷纷。

世间总不缺少好心者或是好事者，见父子冷战，就有人想出来撮合。趁着重阳节的当儿，给事中谢深甫对赵惇说："父子至亲，天理昭然。太上之爱陛下，亦犹陛下之爱嘉王。太上春秋高，千秋万岁后，陛下何以见天下？"(《宋史》)说天底下有父亲不喜欢自己儿子的吗？没有。你对你的亲儿子能有坏心眼吗？你老这样对得起你父亲吗？岁数都那么大了。

一席话让赵惇如拨云见日，豁然开朗。对啊，血肉相连，血浓于水，父亲毕竟还是爱我的，我不应该这样对他。心头的疙瘩一解开，赵惇顿觉轻松，于是就让人准备车驾，要即刻去拜候老父亲。

可刚要出门，便被老婆李凤娘给拦住了。李凤娘知道现在说什么赵惇也不会听了，于是假装关切地说，外面天冷，还是先喝口酒暖暖身子再去吧。这话听着挺暖人心的，其实是李凤娘不想让赵惇去。瞧瞧，这心眼全都用在这上头了。

不讲理才是硬道理

还有更拽的呢。这李凤娘连老公公的账都不买，老公那就更不用说了，绝对要牢牢控制在手上。鲁迅先生曾经说过：所谓悲剧，就是把美好的东西毁灭给人看。对于整天面对这样一个悍妇的赵惇来说，后宫唯一能让他欣慰的，就是他宠爱的黄贵妃。黄贵妃温柔娴淑、善解人意。只有在她那里，赵惇才能找到些许做皇帝的快乐。

然而这世上的快乐好像并不多，只是在每一个人的身上不停地游走，你快乐了，她就会不快乐。赵惇宠幸黄贵妃，让李凤娘醋意大发、胸闷气短，好你个赵惇，让狐狸精给迷住了，不让我痛快咱们谁也别想痛快！李凤娘泼劲上来，寻个因由便把黄贵妃给杀了，从根上断了赵惇的念想。

有了这个前科，从此李凤娘对赵惇严加看管，在生活作风问题上严格要求。你哪也别去，静下心来多体会体会我对你的好，想想我的可爱之处，别总惦记我那点不好。赵惇没办法，只得整天面对这只"可爱"的母老虎，就剩下偷偷叹气的份儿了。

李凤娘对赵惇管制到了什么程度？说出来你都会觉得老赵挺可怜。不光是嫔妃，就是宫女，老赵多看一眼都不行。

一次一个宫女伺候赵惇洗手，赵惇看这宫女端着盆的一双手长得纤细莹白，很漂亮，很喜欢，于是爱不释手地把玩了一番。估计老赵被李凤娘看管压抑得久了，看到别的女人手都会产生亢奋的冲动。

不想这事又让李凤娘知道了（估计李凤娘在赵惇身边安插了不少卧底），过了几天，李凤娘派人给赵惇送去一个食盒，赵惇打开一看，妈呀，这不是那个宫女的一双手吗！这下赵惇彻底领教了李凤娘的厉害，从此心灰意懒、兴趣全无，对未来对人生大失所望。

人生在世，其实全靠精神支撑着，精神一懒散，就什么事也不想干了。赵惇的精神彻底被李凤娘打垮，几乎要看破红尘、参透人生了。上朝？没劲，不去。李凤娘你不是喜欢张罗吗，都交给你了，你就看着折腾吧，爱咋咋地。

26 委屈

关于代孕妈妈的解析报告

女人最在乎的，除了样貌，还有名声。陈妙登漂亮的外表没有给她带来好运气，相反，那却是她苦痛命运的开始。最悲催的是，她还要被人误会为代孕妈妈。自古及今，人们对那些桃色新闻的关注总是情有独钟，也最为敏感。这或许是女人最不能忍受的委屈。

两种形式的代孕妈妈

代孕妈妈，顾名思义，就是替别人生孩子的女人，如今俨然已发展成了一种职业。其实这也不是什么新鲜事，说白了就是借腹生子，中国古已有之。只不过彼时没有试管啥的现代化医学条件，一切都是原始风尚，靠人力操作。但其实质是一样的，都是假借他人的力量来达到生孩子的目的。

同是借，主体也有区别。比方说，A1（男）和 B1（女）是一对夫妻，B1 不能生育，A1 便找另外一个女人 B2 来生，孩子归 A1、B1 所有，这个主体便是 B2，叫借腹。假设 A1 找另一个男人 A2 来帮忙，以能达到 B1 怀孕生子的目的，主体就是 B1，此为借种。

中国传统观念，男人可以寻花问柳抑或包二奶养小三，却依然希望并严厉要求自己的老婆为其守节。所以，一般来说第一种情况比较多，A1 只需做通 B1 的思想工作，晓以大义，说明利害，便可亲自操刀，伪装出一副很无奈实则满心欢喜的样子去找 B2 了。或者 A1 干脆堂而皇之地找来B2，玩不讲理的，谁让你B1这块盐碱地种啥庄稼都没收成呢！

满世界划拉A2来帮忙的，就很罕见了，非一般心胸开阔者不能正视之，脑子没进水谁也不会走那一步。不过咱们今天说的这事，恰巧就是个特例。A1心甘情愿地将老婆B1嫁给了A2，后来又把B1要了回来，还生了个大胖小子。不过，这个B1实在是被后人冤枉了的，原因咱们一会再分析。我们先来回顾一下1600多年前这桩历史悬案的来龙去脉。

人们对桃色新闻总是情有独钟

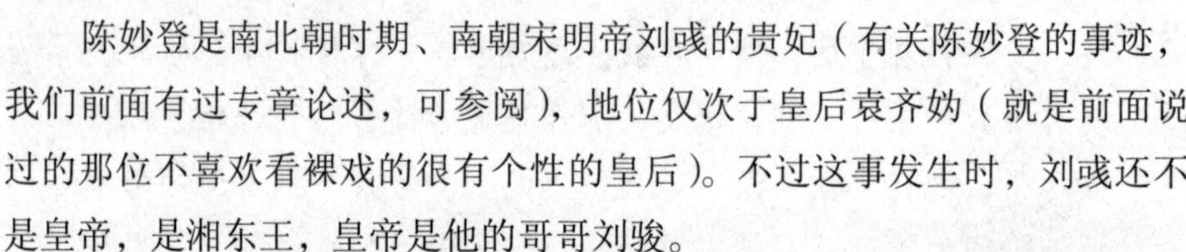

陈妙登是南北朝时期、南朝宋明帝刘彧的贵妃（有关陈妙登的事迹，我们前面有过专章论述，可参阅），地位仅次于皇后袁齐妫（就是前面说过的那位不喜欢看裸戏的很有个性的皇后）。不过这事发生时，刘彧还不是皇帝，是湘东王，皇帝是他的哥哥刘骏。

刘彧当时很喜欢这个贵妃，后来不知因为何故，刘彧将陈妙登转嫁给了李道儿,《宋书》记载说，陈妙登“始有宠，一年许衰歇，以乞李道儿”。

也没说为啥，按字面上的理解，是刘彧对陈妙登的兴趣寡淡了，也就是玩腻了，没了当初的激情，于是假手以人，做了个顺水人情。不过给也不是随便给的，李道儿当时是湘东王师，刘彧的心腹近臣，也算没便宜了外人。

可嫁了就嫁了，刘彧“寻又迎还”，没多久又把陈妙登给接了回去。回去后陈妙登又生了个孩子，就是后来的废帝刘昱，这事就无论如何说不清楚了。

自古及今，人们对那些桃色新闻总是情有独钟，也最为敏感。此类事情的传播速度，也绝不亚于H5N1型禽流感病毒的变异速度。于是乎，坊间好事者交头接耳奔走相告，“皆呼废帝为李氏子”，都说李道儿才是刘昱的亲爸爸。把这件事当喝酒时的下酒菜，咂摸得有滋有味。

民声的沸腾，也让建康城（今江苏南京）为之兴奋，此事成为当时极具爆炸力的头条新闻，给力程度经久不衰。更为蹊跷的是，小刘昱似乎也受到了传言的影响，长大之后，他“每自称李将军，或自谓李统”，也拿这事挂在嘴边，颇以姓李为自豪。这就让此事变得更加扑朔迷离。

由此，后人多说刘彧当时转嫁陈妙登，是为了向李道儿借种，等怀上孩子再要回来。最有影响的，当属清人杜纲所著的《南史演义》一书，说的有鼻子有眼，恍如亲见一般。当然，既然是演义就允许在合理的范围内天马行空，只要不出现关公战秦琼的邪乎事就行。况且他依据的也是正史，毕竟这个事在《宋书》上是有记载的。

那么，事情果真如杜纲所说吗？未必。事儿可能就是那么个事儿，不过这里面却存在着诸多的疑点。我们一个一个地说。

关于代孕妈妈的几个疑点

首先，此事发生稍显仓促，似出偶然。也就是说，这不是一个有计划、有预谋的事情。为啥这样说呢？因为刘彧把陈妙登转嫁也好，又要回来也好，都是明着进行的，大张旗鼓敲锣打鼓，并没有丝毫的遮遮掩掩。这就让人很不解了。

你想，如果刘彧真是让陈妙登去借种，还会嚷嚷得满世界都知道吗？李道儿是近臣，要想借种还不容易？刘彧只需睁一只眼闭一只眼就行了，还费那劳什子劲干嘛！嫁了又要回来，这不明摆着是授人以柄吗！还不如干脆发个告示，说我就是要让李道儿替我生孩子，那小子劲头儿足，种子好，倒显得光明磊落些。

二则，刘昱的话不能作为论据。刘昱怎么知道自己姓李？是谁告诉他的？这事要是真的，当时在宫里最起码该是一号绝密，知道的人也早让他闭上嘴了。谁有这么大胆子，吃饱了没事干去向太子嚼舌头根子？说你爹其实不是当今皇上，是那个李道儿，你是个野种，不信你照照镜子看看你俩的长相，是不是一个德性。这不作死吗！没这么弱智的人。

咱再退一步讲，就是真有人告诉他了，那时刘昱才多大啊，具体时间咱们无须推算，反正刘昱死的时候才刚 15 岁，还是虚岁，能有啥分辨能力？他自称李统或是李将军，或许不过是为了好玩而已，人云亦云，有个神秘的爹反而觉得刺激。刘昱要是真弄清了这个事情的严重性，他不会认为这是一桩美事。一个尚处于被监护阶段的孩子的话，不能算作有力的证据。

第三，坊间流传未必可信。虽说任何事都不会空穴来风，但世上捕风捉影、听风就是雨的人也不在少数。特别是这类敏感的绯闻，更是人们争相追捧的热门话题。我们不得不承认，在人性本善之中，却也隐藏着些许的人性恶。看到皇室出了如此笑话，怎么会不让仇者快呢！

我们再来看看刘昱那小子的行径，就更能说明这个问题了。一个十几岁的孩子，却有如精神病一般，崇尚暴力，喜欢血腥。刘昱去大街上玩，那是见人杀人、见狗杀狗，“逢无免者”(《资治通鉴》)，你别让这位爷看见，看见准跑不了。

迫于刘昱的白色恐怖，当时建康城内“民间扰惧，商贩皆息，门户昼闭，行人殆绝”(《资治通鉴》)，我们可以想见是怎样一副情形。那家伙，都躲瘟神似的躲着他。这样一个凶神恶煞的人物，有人恨是必然的。保不齐没这事也都下结论了：如此有娘生没娘养的怪胎，定然是野种无疑！

第四，刘彧并不是没有生育能力，这一点很重要。换句话说，他没有必要去找别人借种。这玩意不比借笤帚借簸箕，绝大多数人还是不辞辛苦乐得亲自上阵的，除非脑袋让驴踢了让门挤了。刘彧的原配王贞风，也就是后来的王皇后，曾给刘彧“生晋陵长公主伯姒、建安长公主伯媛”(《宋书》)，俩大胖丫头。可见人家刘彧生理上没毛病，你总不能说这姐俩也是借来的种吧。

虽说王贞风给刘彧生的是女儿，但当时也不搞计划生育（即便搞，皇宫内也是特区，皇帝也是例外），放开了一路生下去，未必就不会生出儿子来，干嘛非要找外人帮忙？说不过去。刘昱出生时，刘彧虚岁才刚25，正是生龙活虎不知疲倦的年纪，不会对自己的身体没信心。

从生活水准上讲，那也是没得说，宫廷之中膳食结构合理，各类补品一应俱全，绝不会出现营养不良、疲软无力的状况。并且皇宫内御用太医保健医生心理医生一抓一大把，他们职责所在，也绝不会让皇帝的龙体出现力不从心的尴尬状况。这事传出去才丢人呢。

第五，史书闪烁其词。关于此事记载，最早见于《宋书》。《宋书》是南朝后期时梁朝人写的，时间未去久远，对刘宋朝当然不能大夸特夸，否则便凸显不出本朝的皇恩浩荡、国运兴隆。不但不会夸，还有诋毁的可能。

既便这样，《宋书》说的也不是太肯定，所谓“民间讹言，谓太宗不男”，明说了是坊间流传、八卦新闻。又说“道路之言，或云道儿子也”，用词含混，并没有给出很肯定的答案。《宋书》是记载刘宋历史的第一本史书，以后有关刘宋的诸史，都以《宋书》为依据，内容大致相同，这里不再另行赘述。史书的闪烁其词，就让后世更加猜疑。

第六，关于陈妙登怀孕的准确时间。刘昱出生是在大明七年正月辛丑，也就是公元463年的正月，但是刘彧要回陈妙登的时间不知道,《宋书》中也没交待，或许作者根本也不清楚。这就不能确定陈妙登怀孕的准确时间了。

如果刘彧把陈妙登接回来后，三五个月就生了刘昱，这事就没跑了，孩子他爹多半是李道儿。假若过了10个月才生刘昱，这孩子是谁的就说不清了，就是7个月都吃不准，还有早产的呢。

最后还有一个疑问。刘彧为什么非让陈妙登出马？刘彧妃子多得是，想生儿子，随便找一个不起眼的就行了，陈妙登当时即便不算风云人物，最少也是个知名人士。因为她本是刘彧的上任——也就是刘彧的哥哥刘骏选中的女人。让陈妙登去借种，嫁了又要回来，连上刘骏那次，等于来了个“三倒手”，老在一头羊身上薅羊毛，这也太明显了，动静也有点大。

被冤枉了的苦女人

综上所述，我们可以得出如下结论：陈妙登这个代孕妈妈其实是被历史冤枉的。陈妙登被冤屈，甚至被演绎，其实也是必然，这和她的出身有关。

陈妙登本是“屠家女也”(《宋书》)，父亲陈金宝是杀猪卖肉的。这样的出身，在古代是很没地位的。刘骏收她入宫，也没给个名分，地位和宫女差不多。后来嫁给刘彧，虽说待遇有所好转，但也并非就是苦尽甘来熬出了头，在地位上仍然形同小妾。而出手转让个把小妾，对于堂堂的湘东王来说，不过是甩了一把鼻涕。

况且，陈妙登本就是刘彧从他哥哥那转手来的，既然有过一次转手经历，再转道手也不新鲜，而转手之后再要回来也就成为可能。这个不存在什么戴绿帽子不戴绿帽子的问题，因为在刘彧眼里，陈妙登不过是一件商品而已。往高了说，也充其量属于社交中的贵重礼物，虽然值钱，却仍是任人欣赏和把玩的东西。

27 刺激

在美女俱乐部影响内分泌

破禅

大凡丑女，定然有着心理上的自卑。自卑可以转化成懦弱，也可以演化成嫉妒。后者会让人变得心理阴暗，表现出的样子，就是标准的泼妇或悍妇了。贾南风长得丑，在美女堆儿里大受刺激，老公司马衷又是个白痴。她没有值得骄傲的东西，惟有权力和放纵，能让她得到稍稍的慰藉。

丑女长啥样

贾南风是中国历史上著名的丑女皇后。她长得究竟有多丑，我们只能通过史书简略的文字记载，从中略窥一二。

“丑而短、黑”（《资治通鉴》），是她的老公公——也就是晋武帝司马炎——在给他的白痴儿子选立太子妃时，给贾南风女士下的定语。

简单的四个字，却最少说明了三个问题：

首先，贾南风五官长得不是很端正；其次，贾南风个子矮小，身材无从谈起；第三，贾南风皮肤很黑。

贾南风后来秽乱春宫时找的一个小吏，凭借着模糊的印象，对她也有形容（因小吏是趁着夜色被载入宫的，进得贾南风卧室又非灯火通明，所以只能看个大概），亦即“短形青黑色，眉后有疵”（《晋书》），五短身材，肤如重墨，眉间还有一痣或疤，进一步验证了这姐们儿的样貌，的确让人不敢恭维。

至于贾南风到底丑到了什么程度，是否就是青面獠牙口眼歪斜佝偻身子罗圈腿，那就不得而知了。那时也没影像设备，即使宫廷画像也没留下一幅。

丑女的行为让人感到恐惧

要论在中国历史上的声名，贾南风绝对不逊于吕雉和武则天。她的妒性、她的残暴、她的放浪，在后宫撒野般表现了个通透，行为一度变态和失控。

在做太子妃时，因为肚皮子不争气，总也生不出儿子，贾南风便嫉恨后宫所有怀了孕的女人。有次见到一个妃子挺着骄傲的肚子，气便不打一处来，盛怒之下“以戟掷孕妾，子随刃堕地”(《晋书》)。抄起看家护院的枪戟，以非洲原始部落投掷标枪的标准动作和速度，奋力向孕妇肚子射去。这姐们儿没练过武拿过枪，投掷却异常的准，枪戟划过一道弧线，正中小妾下腹，肚子一下便被豁开，肚里的孩子也应声落地。

这是怎样一副血腥残忍的场景啊。一个十几岁的女娃娃，亲手杀人，杀的还是手无寸铁行动不便的孕妇，如疯了一般。这个婆娘啊，想想都让人不寒而栗。

生活上的贾南风那就更生猛了。当上皇后，她先与太医令程据爆出绯闻，一度“乱彰内外”(《晋书》)，肆无忌惮。

程据长得一表人才，贾南风每次见到都差不多要流口水，于是不断招呼帅哥大夫过来看病，这也不舒服那也不舒服，等程据上了贾南风的床，这病也算好利索了，生龙活虎的，像是打了鸡血吃了兴奋剂。

自此之后，程据理所当然地成了贾南风的专职保健医生，昼夜为其治疗肉体和精神上的病痛。

光一个程据，贾南风自然不能满足。就像一个长久没有泄洪的水库，等到大坝开裂，那水势来得便异常汹涌。贾南风饥渴久了，再赶上下馆子就要多点几道菜，于是她派出人去，到宫外的广阔天地中搜寻天下美男，然后用车悄悄载入宫中，以供其夜夜淫乐。

但这些人待遇上就比不上程据了，玩腻了就杀，省得走漏风声，反正这玩意儿有的是。上面提到的那个小吏也属特例，不知是这个小吏的懵懂让老贾不忍下手，还是贾南风那几天舒坦了，心情特别愉悦，居然放了他一马。

为了获取更大权力，也为了这种惬意舒坦的生活能够长久，贾南风大展拳脚，从诛灭杨氏集团开始，在皇宫内刮起一阵迅猛的黑旋风，最终导致了长达 16 年之久的八王之乱，也在客观上加速了五胡乱世的到来。

司马氏费尽心机、辛辛苦苦打拼下来的江山，在贾南风的手里被糟践得破烂不堪。

丑女是怎样炼成的

那么，贾南风怎么就变成了荒淫暴虐的黑旋风呢？我们可以从以下几个方面去分析。

首先，大凡丑女，定然有着心理上的自卑。丑女自卑，也会变得异常敏感，在心理成长上就不太正常。这种自卑转化成懦弱也就罢了，最少还可划归于乖乖女之列，让人心生怜悯。要是再自强不息些，在某些重大领域做出些骄人的成绩，则更让人心生敬佩。

如演化成嫉妒，变得心理阴暗，表现出来的样子，就是标准的泼妇或悍妇了。贾南风正是此种类型的典型代表。说到她的嫉妒，那也是有基因遗传的，她妈郭槐就是个朝野皆知的妒忌狂人，发起飙来如野狗撒尿野驴打滚，不分个时间场合，一度搞得贾充（贾南风之爹）很糗很狼狈。

女人的嫉妒，其实是最可怕的。嫉妒的由头多来自其他女人，在对比中产生嫉妒。这种吃醋似的嫉妒，足以让女人失去理智，做出任何违反常规的事情。贾南风的老公司马衷“畏而惑之”（《晋书》），吓得不敢再碰别的女人，实在也是没法子的事情，这家伙碰谁杀谁，太强悍了，谁惹得起？

妒忌是女人的天性，这点似乎就连女人也不否认。贾南风玩得如此过火，老公公司马炎都看不下去了，要废了她，司马炎的一个充华（嫔妃的称号）赵粲，劝说司马炎，“贾妃年少，妒是妇人之情耳，长自当差”（《晋书》）。女人嘛，就这样，长大了就好了。话虽说得不咸不淡，道理却是再明白不过了。

其次，贾南风所处的环境，对她这个丑女的成长也不利。为啥这样说呢？你想啊，后宫是什么地方？美女俱乐部啊，突然冒出来这么个丑八怪，羊群里跑骆驼，也不配套啊，就是别人不说，自己肯定呆着也不自在。看着别人每天美滋滋地涂脂抹粉、对镜梳妆，整得个个如花似玉、闭月羞花的，在一起互相称赞，交流美容心得，她能受得了？

贾南风嫁给司马衷时才刚刚虚岁15，按说正是心理和生理上的成熟期，是从无性别孩童走向女人序列的关键期。一个15岁的孩子，正是天真烂漫的时候，却过早的“被”成熟了，环境的影响不可谓不深。

谁也不会相信，贾南风一出生就是个酷虐狂。家里有个妒忌成性的母亲，到了宫廷又饱受美女刺激，再加上拉帮结派勾心斗角的政治氛围，很容易改变一个人的性情。

还有一个最要命的原因，你说贾南风长得丑就丑吧，打娘胎里带来的，谁也没办法。然而肚皮子还不争气，怎么也生不出个儿子，一连四胎丫头，也不知咋搞的，都赶一块儿了。

后宫的女人，说好听点是皇后王妃淑媛贵嫔的，挺尊贵，挺显赫。说难听点就是生育机器和泄欲工具，就是在满足皇帝的同时，负责给皇帝生儿子，好让龙脉得以延续、帝国得以传承。生了你就是大功一件，生不了要你何用？皇宫缺啥也不缺女人呀！更何况这女人还是个看见恶心、想起来糟心的丑女！贾南风能不闹心嘛！

另外，生活不和谐也是个极其重要的因素。咱们身边也是啊，夫妻吵架、小三入侵，不都和这个有关嘛。贾南风长成倭瓜样，肯定让人提不起什么兴趣来，即便司马衷先生是个白痴，也不至于傻到人事不知、傻到不挑不捡的地步啊，还是能分清美丑的。

可以肯定，这一丑一傻的配对，当属史上最雷人的夫妻组合，生活决然无甚和谐可言。老贾憋囊的无处发泄，可不就狠劲招呼呗，看谁不顺眼，杀；看谁怀孕了，搞掉。

丑女为什么热衷于权力

贾南风如此折腾，还是发泄不了，于是就秽乱宫廷。别看白痴看不上她，她更看不上白痴，况且她丑可并不傻呀，各种需求都很齐全，搞不好还更强烈些，那些玉树临风、有型有貌的美男子，自然对她有着超强的吸引力。于是贾南风开始为所欲为、无所不用其极。咱是皇后咱怕谁！老公连自己都顾不过来，谁敢管她呀，可不就想咋样咋样呗。

那些美男子对贾南风，喜欢肯定无从谈起，可是，谁也惹不起，谁都想巴结。甚至许多男子还以此为荣，主动送上门去，将忍受床第之欢当做进一步升迁的阶梯。

所以贾南风屋里从来没断过男人，而且都是帅哥级美男，普通的根本排不上号。于是这老姐姐每日承上启下、起承转合，忙个不亦乐乎。

权力能够使人获得满足，特别是对那些外在优势并不明显的人。而要获得权力，就要不择手段、冷酷无情，贾南风的一生，其实走的就是这样一条道路。这也是贾南风性情变得暴虐残忍的一个深层次的原因。每个人都有自己的活法，正如地上的路，其实地上本没有路，丑男丑女们多了，便也趟出了许多的路。

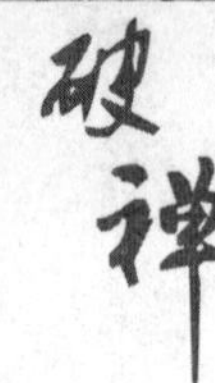

对权力的渴望，贾南风其实早就深埋在心了。她深知权力就是富贵、就是实惠、就是一切。有个小例子很能说明问题，司马炎想看看儿子司马衷到底是真傻还是假傻，于是就出题搞了个测试，贾南风一听就急了，真傻假傻她还不清楚啊，整天一起吃一起睡的。情急之下，贾南风赶忙找人做枪手代答，并许下“富贵与汝共之”(《晋书》)的承诺。

如此重视此事，皆因贾南风知道，如果自己的傻丈夫答不出试题，得出的不光是IQ绝对值，还意味着他将失去皇位的继承权，也意味着自己远离皇后的宝座。所以她会着急，她会作弊，也足见她在这上面是颇费心思的。

对于贾南风而言，世上好像没什么让她感到特别满意的事情——长得不漂亮，嫁个老公又是白痴。惟有权力，才能让她有成就感，也惟有权力，才能让她从中获得满足、尝到甜头。于是她拼命攫取权力、抓住权力、利用权力，在权力驾驭之中去寻求快感，谁阻止她获得这种快感，她就会杀谁。

28 偷情

失重的不仅仅是婚姻

偷情带来的新鲜与刺激，无论对男人还是女人，都有着巨大的诱惑。偷情不是无情。人们所谴责的，是“偷”的行为，而非“情”的本身，是道德上的批判而不是对内容的怀疑。但偷情的负作用无疑也是明显的：婚姻的背叛，爱情的背离，家庭的破裂，亲情的淡漠……沮渠牧犍和嫂子李氏的偷情，则让北凉国的灭亡提前了几十年。

偷情是有前提的

偷情，无疑是一个永远新鲜而又时髦的话题。因为它的隐晦，因为它的纠缠，也因为它的香艳，历来为坊间所津津乐道。偷情当然是有悖常理人伦，为广大善男信女所不齿的。然而，“食、色，性也”。自然也就有人把它看做情的至高境界，而乐在其中不能自拔了。

偷情带来的新鲜与刺激，无论对男人还是女人，都充满着巨大的诱惑。犹如面粉发酵，酵母在无氧的条件下，会滋生出新的能量，让食品变得浓郁芬芳。所谓妻不如妾，妾不如偷，大概就是这个道理。

当然，偷情不是无情。人们所谴责的，是“偷”的行为，而非“情”本身，是道德上的批判而不是对内容的怀疑。但偷情带来的负面作用无疑也是明显的，似乎除了当事人双方战战兢兢的愉悦之外，其他种种都不遂人愿——婚姻的背叛、爱情的背离、家庭的破裂、亲情的淡漠……大抵如此，鲜有喝得满堂彩的。

而说到五胡十六国时期北凉国的末代君王沮渠牧犍，因为偷情，他失去的则远远不止这些了，他不但为此丧失了一个为王者的尊严，还毁掉了凝结着沮渠氏两代人心血的帝国。

可以肯定，如果不是因为和嫂子偷情，沮渠牧犍最后绝不会落到“面缚请降”(《资治通鉴》)的尴尬境地，而北凉国的灭亡也不至于来得那么快。

历史就是这样残酷：一个看似不经意的偶然事件，却会像多米诺骨牌一样，产生一系列连锁效应，一着不慎，满盘皆输。而沮渠牧犍和嫂子的偷情，无疑充当了这个偶然事件的导火索。

偷情是一种结果，而不是原因。这个结果的产生，需有两个前提条件：

一则色由心生，又受到情色诱惑，于是一拍即合、一不做二不休。

二则婚姻不牢，爱情不稳，缺乏激情，故而另觅新欢。

二者必居其一，或者兼而有之。沮渠牧犍应该说这两点占全了。

偷情那点事儿

沮渠牧犍的婚姻是不牢固的。

牧犍即位之初，北凉政权业已走向没落，而当时的北魏已是北方强国，如日中天，风头正健，先灭掉后燕，又攻灭大夏，基本统一了北方。北凉虽占据要塞，又据山险，但终究不能和北魏抗衡。

于是沮渠牧犍不得不采取和亲政策，以作缓和。他将妹妹兴平公主嫁给了魏帝拓跋焘，并接受北魏的封号——河西王，甘愿充当附属国。而拓跋焘为了以示奖励，也将妹妹武威公主嫁给了沮渠牧犍。二人于是亲上加亲，互为妹夫。表面和谐如斯，实则都是政治的衍生物，沮渠牧犍与武威公主感情基础之脆弱可想而知。

脆弱归脆弱，就武威公主来说，却并没有过多的选择余地。作为一种政治商品，或许她早已对爱情不抱任何希望了，她所思所想，无非是到一个新的环境后，如何尽全力做好自己该做的事。

假如牧犍先生也这么想，那么这场原本轰轰烈烈的跨国婚姻，最起码还能维持它的表面风光。一如现在那些爱情早已名存实亡的无数家庭一样，在亲情的维护保养之下，依然能够做到白头偕老，终其一生。

可事情坏就坏在，沮渠牧犍是个闲不住的主儿，他对武威公主不感冒也就罢了，反而还看上了自己的嫂子李氏。牧犍和武威公主同床共枕，却整日想着李氏的美貌风情，想而不能得，就愈发心痒难搔。痒到一定程度，牧犍就顾不得武威公主了，也顾不得远方的大舅哥兼妹夫是如何了得了。于是就在武威公主的眼皮子底下，沮渠牧犍和李氏每日眉来眼去，互送秋波，终于做到一处。

当然，这事在《资治通鉴》中只有一句记载："(沮渠牧犍)通于其嫂李氏"，并无细枝末节的具体描述。然而也是事实清楚，证据确凿，不容置疑。

须知天下偷情之事，不过尔尔。

有了比较，有了新鲜的刺激，沮渠牧犍在犹如获得重生一般的酣畅之余，表现出来的却是对武威公主的愈加冷淡。

然而婚姻内容在变，婚姻形式却并无改变。尽管武威公主整夜独守空房，她依然还是沮渠牧犍的正牌妻子，李氏虽沐爱河，却并无名分。

这就形成了两方面的矛盾：

一是武威公主在婚姻质量上的不满意，没了春风雨露的滋润，如守活寡。对牧犍有意见，对李氏很恼火。

二是李氏在形式上不满意，偷偷摸摸、闪闪躲躲，如同做贼。对武威公主很嫉妒，对牧犍很生气。

当然，作为另一个当事人的沮渠牧犍，心里也是不满意的，他既不能彻底甩开武威公主，也终究不能堂而皇之和李氏卿卿我我、你侬我侬。

纠结，缠绕，苦痛，挣扎。矛盾既已形成，爆发是迟早的事。

最先憋不住劲儿的是李氏，李氏既得宠幸，便怎么看武威公主都不顺眼了，一个外来的外族公主，却占据了本国女人所能得到的最好位置，自己偷偷摸摸不算，还要对她低声下气，凭什么？

思想上有疙瘩，化不开、想不通，如鲠在喉。

纠结中的女人思维容易偏激，可能会做出任何意想不到的事情。最后李氏终于下定决心——除之而后快。准备让武威公主彻底玩去，省得碍眼。她好和牧犍比翼双飞、郎才女貌，舒舒服服地过小日子。

李氏不是一个人动手的，她找了个帮手，就是牧犍的姐姐。

李氏和牧犍的姐姐关系一直不错，而牧犍的姐姐也有排外思想，加上武威公主来自大国，出身富贵，天生带着那么一股孤傲劲儿，让她看着很不舒服。

关系加私愤，二人于是一拍即合。

她们所采用的手法很寻常——下毒。不过用的不是见血封喉、一招毙命的那种毒，而是一种慢性毒药，准备让武威公主无疾而终，落得不露任何痕迹。

沾沾自得的李氏大概被情欲冲昏了头脑，她没想到事情并不像她想象得那么简单，她大概也忘了，武威公主虽然柔柔弱弱、良善可欺，身后却是凶猛彪悍的北魏铁骑，人家娘家那头太有人了。所以最后李氏不得不面对另外一种结局。

武威公主没有死，看到公主中毒迹象明显，随来的丫鬟赶忙找人快马加鞭去给拓跋焘送信。拓跋焘听闻大惊，急忙“遣解毒医乘传救之”(《资治通鉴》)，派宫内的解毒高手去救。也是快马加鞭马不停蹄，丝毫不敢耽搁。武威公主由此得以幸免，算是在鬼门关门口转了一圈又回来了。

关于李氏用的是否慢性毒药，纯属笔者分析，因为从时间上看，从丫鬟报信到御医赶到，这一来二去的，即便马跑如飞，至少也得需要两三天工夫，要是烈性毒药根本来不及。

等武威公主脱离危险，拓跋焘的火气也达到了顶点，好你个沮渠牧犍，你不喜欢我妹妹也就算了，还给我整这么一出，我妹妹差点就没了命，这还了得，你这是没把我拓跋焘放在眼里啊。盛怒之下，拓跋焘要亲自处罚李氏，给妹妹讨个公道。

拓跋焘用老大吩咐小弟的口吻通告牧犍：给我把那惹事的娘们儿押解过来。

这下沮渠牧犍遭难了，让他抛弃李氏他哪舍得啊，况且那样做也不仗义，人家跟了自己半天，最后亲手送去问斩，不是男人干的事。再者，用自己的情人做挡箭牌保住自己，这事好说不好听，他丢不起那人。

意乱情迷，最容易让一个男人变得感性而失去理智，同时也容易激发出男人那种潜在的血性。沮渠牧犍这次没听拓跋焘的话，他一边含含糊糊地应付，一边悄悄把李氏安置到了酒泉，并派专人保护起来，先前的待遇依然不变，好吃好喝伺候着。给拓跋焘来了个明修栈道、暗渡陈仓。

拓跋焘一看牧犍许久没有动静，忍耐也达到了极限，火噌的一下就大了，叫板，跟老子叫板，看我怎么收拾你。

拓跋焘厉兵秣马、枕戈待旦，一切准备停当之后，大军随后开拔，奔袭北凉都城姑臧（今甘肃武威）。牧犍一看妹夫来真的，这下真慌了，北凉军队也是闻风披靡，很快落败。

沮渠牧犍最后不得不“帅其文武五千人面缚请降”(《资治通鉴》)，带领百官集体出城投降，还自绑了双手，准备任凭妹夫处置，整得那叫一个狼狈。北凉国自此灭亡。

偷情的背后

历史过去了1500年，我们无法令时光倒流，去探究沮渠牧犍当时的内心世界，也无从考证他是否将亡国的结局归结到那次偷情上，但可以肯定的是，他确实为此付出了最为沉重的代价。

沮渠牧犍和嫂子私通，咱们暂且不以道德标准论之，单从政治上考虑，也是犯了大忌的，因为这无疑是对北魏皇帝的一种大不敬。拓跋焘是何等的英雄了得？怎会甘心受此奇耻大辱！

那么既是这样，沮渠牧犍为什么还要这样做呢？有以下几个原因：

首先，夫妻感情基础淡薄还是第一位的。作为皇帝，沮渠牧犍不是娶不上老婆，生命中也不会缺少女人，武威公主长相如何，咱们不得而知，最起码她不符合牧犍的心意。这种政治上的联姻，对牧犍来说不过是权宜之计，婚姻实质是貌合神离的。

另一方面，沮渠牧犍心里有疙瘩。身边多了这么个公主，对于他这个皇帝也好，对于北凉帝国也好，无异于安插了个魏国的耳目。而且这个耳目是明的，规避不了。和这样的老婆睡在一张床上，连梦话都不敢说，牧犍心里的隔阂可想而知，不喜欢也在情理之中。

最重要的一点，沮渠牧犍心里不平衡。他和魏帝拓跋焘虽然互为妹夫，但只是一种形式上的对等，双方地位并不对等。武威公主嫁过来，拓跋焘让牧犍安排她做王后。而牧犍的妹妹嫁给拓跋焘，只给了个右昭仪的名份，双方地位贵贱自分。

北凉在北魏眼里，不过是附庸国罢了，牧犍在拓跋焘眼里也只是一种君臣关系。地位差别如此，牧犍心里肯定不是滋味。

还有一点，就是牧犍低估了北魏的实力。就在下毒事发不久前，北魏攻打北方的柔然失利，这让牧犍觉得北魏也不过如此，不像传说中的那么厉害，即使来犯，也可请与北魏对敌的柔然帮忙。

可他没想到的是，北魏大军势不可挡，不但北凉无法招架，就连柔然派出的援军也被北魏杀得大败。

北凉的灭亡是早晚的事，这是大势所趋。只是牧犍的偷情、李氏的下毒，促使这个灭亡来得早了一些，否则沮渠牧犍的河西王还会多当些日子的。

《资治通鉴》中记载了这么一个事：有个老头曾给牧犍写过一封信，说“凉王三十年若七年”。意思是说，沮渠牧犍当凉王能当30年，也可能只当7年。

这或许是后人的演绎，不过话又说回来，如果没上面这一档子事，牧犍稳稳当当地当上30年河西王也未可知。做出这种判断的原因在于，一则当时北魏天下未定，不会过早对臣服自己的附属国下手；二则因为双方的姻亲关系，北魏多少会留些情面。

事实上，拓跋焘还真的很在乎这门亲事。牧犍投降后，拓跋焘并没即刻杀了他，而是“释其缚而礼之”(《资治通鉴》)，亲自给妹夫松了绑，正正衣领掸掸土，然后拉了手一起去喝茶。喝完茶，拓跋焘依然封沮渠牧犍为征西大将军、河西王（当然这个河西王的权势威力就大打折扣了），还拿他当妹夫看。

后来沮渠牧犍的母亲死了，拓跋焘“葬以太妃礼”(《资治通鉴》)，热热闹闹、风光大葬，足见拓跋焘对牧犍还是很仁义的。

直到北凉灭亡38年后，沮渠牧犍才搬石头砸了自己的脚(《北史》)，属于自己活得不耐烦了，否则一定会安享晚年，平度余生的。

29 游戏

老公咋就没了"心"

在爱情和婚姻上，如今的人更加自我，在意的是感觉，强调的是个性。何婧英公然给萧昭业戴绿帽，萧昭业不但视而不见，还能做到与第三者和谐相处。两个没有心的人在一起，婚姻更像是一种游戏。在游戏中，他们却也各自得到了属于自己的快乐。

两性观念的转变

杀父之仇、夺妻之恨，该是任何一个血性男人所不能容忍的，这也是情感和尊严被刺激到极限的两个特例。

前者不用说了，不共戴天，一般都会撸胳膊挽袖子抄家伙叫上弟兄一起去干他娘的，脑袋掉了碗大的疤，绝不含糊。

相比之下，后者则更令人纠结。中国是礼仪之邦，对男女之事向来敏感，尤其在古代，妇女要讲行操守，对男人要从一而终，不管这个男人是多么的垃圾恶心，你这辈子也不能再染指第二个男人。

所以历史上也就留传下来一大批贞洁烈女的典型故事，也留下了无数贞节牌坊成为了文物古迹，这也应该算是一种中国特色的文化吧。

就是在前几年，是否处女，之前作风如何，还是男人找对象时一个很重要的衡量标准。

如今人们观念似乎变了，婚前有没有过性行为，打没打过胎，都不太在意。在爱情和婚姻上，现在的人们更加自我，更加强调个性，在意的是自身感觉，鲜少受到外界舆论和环境的干扰了。

应该说这种婚姻的自主性增强了，也更加人性化。此种情况在大都市里尤为突出，这也是与世界接轨的一个重要方面。当然，离婚率也会随之增高，好就一块混，不好就一拍两散。人们既然为了感觉而结婚，也同样会因为没了感觉或感觉不爽而离婚。

90年代初期，港剧流行，其中常有这样一种情况。比方说，A和B是一对男性好友，共同喜欢漂亮女孩C。三人很要好，常在一起玩耍，吃饭喝酒K歌啥的。C渐渐喜欢上A并与之同居，而只把B当作普通朋友。久而久之，A和C感情淡了，或者因为什么吵翻了，B作为朋友去安慰C，很快，C又和B产生了感情，还结了婚。而B和C仍把A当朋友，三人照样常在一起玩。

在当时的大陆，人们骨子里还不能接受这种过从甚密的三角恋情，自己的女朋友和自己分开又和自己的哥们儿搞在一起，见面还不得别扭死啊。现在无所谓了，分开了，大家仍然是朋友，这大概是现代男女最潇洒、最有风度的一句话。

但是不管婚前如何，婚后的事人们还是在乎的。这个无论是古代还是现代，无论是大城市还是农村，都还没有取得突破性进展。而且在今后很长的时间里，相信也不会有什么质的飞跃。人们像是统一过思想，阵地依然固守。

还是上面那个例子，B和C结了婚，B不在乎C之前和A如何如何，打过胎都没事，可如果婚后小C同志哪根筋抻着了，又怀念起和A过去的时日，与A重叙旧情，这个B同志就无论如何不能接受了。不但夫妻会闹翻离婚，铁哥们也会反目成仇，至老死不相往来，搞不好还会出人命。

一个婚前，一个婚后，问题就出在这个时间差上。不在乎过去那是风度，不在乎戴绿帽则就是秀逗了。这是触摸到男性尊严底线的问题，已不再是简单的情感纠葛。

啥也不在乎

女人给男人戴绿帽，这事说来也不新鲜，只要你愿意，有时间，听听坊间的流传就可略晓一二。人们传说此类事情时或兴奋或愤慨的表情，总是拿捏得十分到位。此类事件的普遍性，比起那些流言蜚语来一点不少，就连古代位尊九五的皇帝有时也不能幸免。

比如刘邦的皇后吕雉，就和辟阳侯审食其私通。拓跋宏的皇后冯妙莲，也背着拓跋宏与高菩萨有染。刘邦、拓跋宏可都是名冠天下的实力派，论智慧、论手段，那都是一等一的人物，绝非任人欺侮的怂包软蛋，结果阴沟里翻了船，在后宫问题上栽了跟头。

不过二人在这事上的反应却大不一样，刘邦是睁一只眼闭一只眼，故作一副茫然状，装傻充愣，乐得吕雉不来烦自己，好腾出手来与戚夫人如漆似胶。拓跋宏起初不信，证实之后则义愤填膺，到最后还是赐死了冯妙莲（此二人事迹我们前面有过论述）。

拓跋宏的反应是正常的，多数男人会这样。像刘邦那样坐视不管的，其实历史上还有不少，比如西晋惠帝司马衷。不过这也是一个特例，这哥们是个白痴，管不了那么多，况且他老婆贾南风长相奇丑无比，即便傻子也没啥兴趣。于是大家谁也别管谁，都落得眼不见心不烦，司马衷这绿帽子戴不戴都无所谓。

比起司马衷和刘邦，南北朝时期、南齐第三任皇帝萧昭业和他老婆何婧英，则又是一番别样情形。何婧英公然给老公萧昭业戴绿帽子，萧昭业呢，不但对这个第三者视而不见，还能做到与之和谐相处，并且和老婆何婧英依旧其乐融融，好似啥事都没发生。如此雷人的夫妻，堪称一对极品活宝贝。

老婆玩的“两性游戏”

萧昭业的老婆何婧英，“禀性淫乱”（《南史》），天生是个闲不住的主儿。在萧昭业还是南郡王时，何婧英做了南郡王妃，私生活便极不检点。

萧昭业喜欢和一些纨绔子弟一块玩耍，一起掷骰子、下馆子、逛窑子。这些人都不是什么省油的灯，衣着光鲜且出手阔绰，也就显得更加风流倜傥、英俊潇洒。而久在风月场所浸染，他们自然也练就了一身勾引女人的本事，在与何婧英几番调笑，几次撩拨之后，便迅速得手了。

何婧英也乐得被别人引诱，就像《围城》里的鲍小姐，总想着引诱别人，反而迅速地被别人给引诱了。

既然都有心思，也就谈不上谁勾引谁了，反正这事很对何婧英心思，于是“择其美者，皆与交欢”(《南史》)，凡是看着顺眼的，能上手就上手，玩兴不在萧昭业之下。

两口子和谐与否，关键看他们是否为一类人。何婧英如此胡闹，萧昭业不吃醋吗？不吃！不但不吃，还大加鼓励。我们再来举个例子。

萧昭业有个侍读的书童叫马澄，年少色美，很漂亮，很对何婧英的心思，于是小何没事就老往书房里跑。萧昭业本来也不怎么喜欢读书，老婆来了，三人就在一起玩耍，逗个闷子讲个笑话啥的。何婧英边说笑边和马澄眉来眼去，后来这种单纯的感官传递都嫌不过瘾了，就想来点亲密接触，搞点身体上的刺激。

方法和现在的男人女人一样，也是循序渐进、渐入佳境的，而且手法同样的笨拙明显。比如男人约女人跳舞，就借机挨擦；假装给人家看手相，就趁机揉捏；或者一起出去办事时就伺机打情骂俏。总之是要将内心的那种不安分，尽量做得光明正大些。

何婧英采取的方法是掰腕子，而且经常与马澄掰腕子玩儿。

一个男人和一个女人掰腕子，那要的就不是力气而是气氛了。马澄即便身子骨再单薄再没什么劲儿，也绝不会像和男人掰腕子一样，用力到呲牙裂嘴气喘吁吁，那样太有伤大雅，也没风度，在女人面前的形象会大大受损。而让女人一败涂地，瞬间解决战斗，不但算不得英雄好汉，反而显得有些小家子气。

相反，女方的发挥则不受任何限制，可咬碎银牙，使出吃奶的劲儿，甚至还可以双手齐上，将身体重心全部作用于男人那只日后要游走其全身的手上，以凸显对手男性之雄壮、刚毅、有力。

于是彼时的书房就出现了这样一幅场景：一边是微笑自若含情脉脉的故意想让，一边是目光火辣娇喘微微的惺惺作态。二人没有立刻滚作一处，皆因萧昭业就在一边盯着，这哥们儿是裁判，力求游戏公平公正，还不住地拍手叫好(《南史》)。或许还会不时地大声呵斥马澄：用力呀，你倒是用力啊，连个妞儿都掰不过，你他妈还是个男人吗！

马澄当然是男人，不但是男人，还是一个懂得女人的男人，他很快便向萧昭业证明了这一点。

萧昭业和何婧英在这种经常性的游戏之中，各自得到了属于自己的快乐。两个没有心的人在一起，竟也是分外的和谐。

等萧昭业当上皇太孙，成为皇位的合法继承人后，何婧英玩得就更过火了。萧昭业很迷信，找了个女巫为他祈福，盼着早一天登上皇位。女巫有个儿子叫杨珉之，长得也是貌比潘安，十分英俊，何婧英很是喜欢，当然不能放过。而有人送上门，杨珉之也是却之不恭。

于是一来二去，郎情妾意，二人很快便打得火热，以至于最后何婧英“与（杨珉之）同寝处，如伉俪”(《南史》)，倒像是她和杨珉之是两口子了。萧昭业对此视而不见、不闻不问。

老公的隐情

这事就有些蹊跷了。

与纨绔子弟勾搭，萧昭业也许并没发现，或者发现蛛丝马迹却并无实在证据，不好和一块玩一块闹的好哥们儿翻脸，再或者萧昭业干脆就往好里想，朋友妻，哥们儿不会欺的。

掰腕子那是娱乐节目，正常的肌肤接触，相当于现在的握手、拥抱，横加干涉反而显得小心眼。

可都明打明地在一起睡觉了，这个……这等于公然给他戴了顶绿帽子，萧昭业竟然还能熟视无睹，这的确让人匪夷所思。

男人不喜欢自己的女人，但也绝不想让别人染指，这个不消说。如果明知老婆和别人有染而坐视不管，这只能说明一个问题，就是他根本不在乎。

其实世上的男人也不是都很在乎女人，那大耳贼刘备不就说过吗，兄弟如手足，女人如衣服。人家有在乎的东西——江山。

萧昭业和大耳贼一样，兴趣也没在女人身上。何婧英如此明目张胆，就在他眼皮子底下行事，如果有感情，或者说在乎感情的话，他绝不可能一点反应都没有。

其实对于萧昭业来说，何婧英也好，其他女人也罢，不过都是一个消遣玩乐的工具。而对于一个工具，萧昭业是没必要在意、也没有必要投入过多的感情和精力的。

另外，萧昭业可能有同性恋倾向，这也是他不在乎何婧英的一个很重要原因。《南齐书》上说“珉之与帝（萧昭业）相爱亵”，那么杨珉之就是萧昭业的男宠了。自己的男宠和自己的老婆搞在一起，这事有点乱，还是由他去吧。

萧昭业不喜欢女人，或者说不在乎女人，那他喜欢什么呢？答案很简单——权力，他真正在乎的是权力。

权力可以让一个人迷失本性，也可以让一个人的情感变得冷酷麻木。为了权力，萧昭业可谓挖空心思、不择手段，超出了他对女人一百倍的热情，因为这才是他真正感兴趣的东西。

一个已经没了心的男人

现在我们有必要深入研究一下萧昭业这个人，这样有助于我们从另外的角度去重新审视何婧英的行为。

萧昭业的皇位来得巧，也当得顺。他最初被封为南郡王，他的父亲萧长懋——也就是史书上说的文惠太子——是皇位的法定继承人。可惜这文惠太子短命，没等继位便死了。

其实文惠太子的命也不算太短，死时 36 岁，彼时的人均寿命还到不了这岁数，主要是他爷爷萧道成夺刘宋的天下夺得晚了，都 53 了才下手，导致继任者岁数一开始就偏大，萧道成的长子萧赜继位时也已经 43 岁了。可能萧长懋实在熬不起，就先走了一步。

不过这样一来就便宜了萧昭业，作为萧长懋的长子，他继承父亲的遗志，被爷爷萧赜立为了皇太孙。

齐武帝萧赜死后，也就是公元 493 年，萧昭业即位，那一年他虚岁 21 岁，开创了南齐干部年轻化的先河。

萧昭业能顺利继位，除了他爹早死这个偶然因素之外，还有一个很重要的原因，就是这哥们儿是一个很会做表面功夫的人。

表面功夫，也是一种功夫，而且是一种很要劲的功夫，并非随便哪一个人都能做到。你须得有敏锐的嗅觉，能准确判断并捕捉周遭信息，配之以恰如其分的表情，脸部肌肉放松，五官做适当调整，各个器官之间什么时候该挨得近点，什么时候该离得远点，会产生不同的效果，布局一成不变，肯定显得僵硬，味同嚼蜡，不会有什么噱头出来。

甚至在关键时刻，你还要手脚并用甚至手舞足蹈，哭有泪，笑有声，悲伤则抢地，愤慨则目睁。这玩意儿没个厚脸皮昧良心的劲儿，还真做不来。爷能当得，孙子也能装得，把良心揣兜里，你说这要不要功夫？

萧昭业在这方面可以说是个天才，他超一流的演技，最终蒙蔽了齐武帝萧赜，老爷子临死托孤，使他在竞争者中脱颖而出。

表面功夫做得久了，什么都会变得不真实，思想业已潜移默化，对事物的本来面目往往会模糊起来，在情感上，则会表现得随意和不在意（比如对待何婧英）。所谓物极必反，心思太多，最后导致的结果却是空了心，萧昭业即是如此。

要想蒙蔽他人，首先要有一个能使人蒙蔽的外表，要在感官上先让人喜欢、放松警惕，印象这玩意儿太重要了。萧昭业的形象绝对抢眼，《资治通鉴》中用了9个字概括："性辩慧，美容止，善应对。"寥寥数语，一个聪明活泼、帅气十足的大男孩形象，便跃然纸上，而且巧言善对，能说会道，那么"世祖（萧赜）由是爱之"，也就不足为怪了。有这样一个好孙子，当爷爷的能不喜欢吗！

这还不算什么，要说萧昭业最大的本事，东北话叫绝活儿，则是"哀乐过人"。那家伙，该哭时，立马就来；该笑时，也毫不含糊。有两个例子，很能说明他这一特质。

一是文惠太子萧长懋（萧昭业的爹）死后，萧昭业"忧容号毁，见者呜咽"。哭得那叫一伤心，周边之人几被感染，差不多到了不哭两声都觉得对不起萧昭业了，这要不劝着点都怕他哭死！结果这哥们儿倒好，"裁还私室，即欢笑酣饮"。哭完了，回自己房间，悲伤一扫全无，换之以豪饮狂欢。整个一没事人，似乎死的是别人的爹。

这情形有些像农村的哭丧老手，呼天抢地般的干嚎，不时作瘫软状，需靠好几个人搀扶才能硬挺住。等哭完起身，即刻便有说有笑，甚或还要拉着哪个大姑娘的手保个媒啥的。萧昭业就有这本事，但凡有点良心的，你绝难做到如此的从容。

第二个事儿，萧赜（萧昭业的爷爷）病重，他"言发泪下"，拉着爷爷的手做抽泣担心状，一副孝子贤孙的模样，活脱脱一个听话的乖宝宝。可老皇帝刚一蹬腿儿，萧昭业便“悉呼世祖诸伎，备奏众乐”，把他爷爷平时御用的歌伎，悉数招呼到一块儿，鼓乐齐奏，载歌载舞。你说这叫什么玩意儿！他爷爷地下有知，还不给气得活过来呀！

不过话又说回来，要论情商，这小子还真不是一般的高，搁现在，什么中戏上戏的表演天才，全都差得远啦。

《南史》中用“矫情饰诈，阴怀鄙慝”八个字来评价萧昭业，是再恰当不过的了。就是这样一个无情无义、两面三刀的男人，你怎么指望他会有真感情呢？所以他不在乎何婧英是否给他戴绿帽子。他早就没了心，即便还有残存，也早已被酱油浸泡、腌透，直接可以拿去喂狗了。

第七章　回首向来萧瑟处

回首向来萧瑟处，归去，也无风雨也无晴。

——宋·苏轼【定风波】

30 清醒

女人要懂男人心

破禅

女人如何拴住男人心，其实是一门了不起的艺术。李夫人懂得修炼这门艺术，也懂得如何运用这门艺术。她总是很小心地经营着她与汉武帝之间的爱情，向他展现自己最好的一面。所以，生病了，她会不让武帝看她憔悴的病容。她知道，越看不到就越担心，越担心就越想念。武帝那句“姗姗来迟”的话语，已充分验证了她的正确性。

诗中自有颜如玉

美女，从古到今，历来为人们所津津乐道。这也无可厚非，爱美之心人皆有之，美好的事物总能令人身心愉悦，美丽的女人也总会让人赏心悦目。“窈窕淑女，君子好逑”，历朝历代的文人墨客，也从未掩饰对美女的歌颂赞美。

李清照有“绣幕芙蓉一笑开，斜偎宝鸭亲香腮，眼波才动被人猜”的诗句，一个活泼可爱的小家碧玉形象跃然纸上。

白居易笔下的杨贵妃，“回头一笑百媚生，六宫粉黛无颜色”，则有着一种雍容华贵的典雅大气。

有直抒胸臆的，如曹植“美女妖且闲，采桑岐路间”；还有托物抒情的，如韦庄“垆边人似月，皓腕凝霜雪”。

这类诗作数不胜数，无不记录了各类美女的精彩瞬间。

但要说到描写美女最传神的，却并不是什么金牌银牌的大家之作，而

谁念西风独自凉，萧萧黄叶闭疏窗。沉思往事立残阳。
被酒莫惊春睡重，赌书消得泼茶香。当时只道是寻常。

——清·纳兰性德【浣溪沙】

云一窝，玉一梭，淡淡衫儿薄薄罗，轻颦双黛螺。
秋风多，雨相和，帘外芭蕉三两颗，夜长人奈何。

——五代·南唐·李煜【长相思】

是一个宫廷乐师为自己的乐曲谱写的歌词：

北方有佳人，绝世而独立。一顾倾人城，再顾倾人国。宁不知倾城与倾国？佳人难再得！

清新的诗句，让人如梦如幻。它没有铺陈华丽的辞藻，只有几近白描的简单勾勒，却将一个绝世美女形象，活脱脱展现在我们面前。美女长啥样？好像说的很清楚，却又似什么都没说，给人留下无限的遐想空间。

因为这首诗歌，李延年成功地向汉武帝推出了自己的妹妹，从而也演绎了一段极富传奇的爱情故事，足见该诗感染力之强。

好色皇帝念念不忘的美女

秦皇汉武、唐宗宋祖，是历史上公认的明君仁主。而说到汉武帝刘彻，不管是力挫匈奴的军事风采，还是强民富国的文韬武略，他都无愧于后世盛赞的大英雄。

而英雄的故事，似乎都少不了美女相伴。更何况，这个大英雄还是位尊九五的天子。

有人说汉武帝很好色，是个色情狂，这种说法并不准确，其实好色一词用在皇帝身上本身就很可笑。但凡皇帝，三宫六院那是常设机构，后宫无异于美女俱乐部，这是皇帝的待遇。况且，皇帝肩负着皇族子嗣的血统传承，这是皇帝的任务。

整天面对美女无动于衷的皇帝，历史上倒也不是没有，比如，有断袖之癖的西汉哀帝刘欣；再比如，对男人女人都不感兴趣的辽穆宗耶律璟。不过这都是极不正常的特例。

汉武帝喜欢美女，他的一生中也从来没有离开过美女。从金屋藏娇的陈皇后，到一见倾心的卫子夫，再到晚年宠幸的钩弋夫人，她们无不是艳惊后宫的绝色美人。她们风光过，也满足过。

然而，最初令人艳羡的风光和满足，最终也没能改变她们悲惨的结局——陈阿娇被始乱终弃，幽怨而死；卫子夫受祸乱牵连，惊惧自杀；更可怜的钩弋夫人，则成为了汉武帝立子杀母令的第一个受害者。

命运多舛，令人唏嘘。对于汉武帝而言，她们不过都是生命中的匆匆过客，也是他人生各个阶段的不同玩偶。

凡事都有特例。只有一位美女，既得武帝宠幸而又令他至死不忘，这位美女就是“北方有佳人”一诗中提到的这位美女——李夫人。

之所以这样说，有件小事很能说明问题，李夫人死后，武帝“图画其形于甘泉宫”(《汉书》)，专门找人画了李夫人的画像挂在甘泉宫里，以方便每日观看。

后宫有着众多鲜活的美女，汉武帝却偏偏每日观看亡者的画像，此举足以说明一切。

并且，甘泉宫是汉武帝夏日避暑的场所，是工作之余静身养性的地方。人在最平静安宁时想念的东西，定然是心里最牵挂、最喜爱的东西。武帝在如此休闲的去处悬挂李夫人的画像，不能不说其情之切切。

李夫人真名叫什么，史书没有记载。她没有当过皇后，只是在武帝死后(李夫人死在武帝之前)，大臣霍光“缘上雅意”(《汉书》)，按照汉武帝生前的遗愿，追认她为孝武皇后。

孝武本是武帝死后的谥号，一样用在了李夫人身上，也足见武帝对她的宠爱，也足见这种宠爱在当时是有目共睹、被人认可的。

美女是怎样被推上前台的

李夫人的职业是倡优，《史记》中说“协律者，故倡也”，也就是古代从事音乐歌舞的艺人，相当于现在文艺圈那帮人。

李夫人的哥哥李延年的工种和妹妹差不多，不过他属于实力派，“性知音，善歌舞”(《汉书》)，多才多艺，能歌能舞，也在汉武帝宫中唱戏，属于皇家乐队成员，很得武帝喜爱。

有实力才会有魅力，这李延年也确实有些真本事，“每为新声变曲，闻者莫不感动”(《汉书》)，一出手就是大手笔，造诣颇高，感染力极强。

《北方有佳人》这个曲子，可以说是李延年专门为其妹妹量身定做的。之所以做这个曲子，就是要专门唱给武帝听的，好引起武帝注意(一个普通的倡优皇帝平时是不大会注意到的)，达到其妹得宠的目的。

要说这个李延年，在这上面也是颇费了一番心思的，把清了汉武帝的脉，知道他好这口，故意作个佳人的曲子，让他闻其声、听其意、动其心，进而想见其人。

此招果然凑效。说来也巧，其时正是在卫子夫色衰，钩弋夫人得幸之前，可以说是汉武帝情感上的一个真空期，也是情感上的饥渴期。期间虽也有诸如王夫人等人得宠，不过都是昙花一现（这点估计李延年也注意到了）。所以武帝听说有如此佳人，自然精神为之抖擞，坚决不能错过。

一招见，李夫人“实妙丽善舞”(《汉书》)，绝美如天仙，舞艺不得了，才貌双全，一下子就把汉武帝给迷住了。从此武帝对李夫人宠爱有加、不离左右。

然而，自古红颜多薄命。皇宫的富足，帝王的宠幸，李夫人却无福消受。她在给武帝生下一子之后，便卧病不起，年纪轻轻就撒手人寰了。香消玉殒，“少而蚤卒”(《汉书》)，着实让人痛惜。

一个懂得经营情感的女人

汉武帝一生，可以说阅美女无数，他为什么单单对李夫人念念不忘呢？原因其实很简单：一则因为李夫人漂亮，无愧北方佳人的称号，这是前提。

然而这不过是后宫女人得宠的共性，算不得主要原因。最根本的原因在于，李夫人是个聪明的女人，她的情商很高（懂艺术的情商似乎都很高），她懂得如何经营她与武帝之间的关系，懂得如何把自己的优势做到最大化。

女人的聪明，往往体现在对待男人上。李夫人深谙男女之道，她知道如何去俘获一个男人的心，而不只是他的身体。就像他的哥哥李延年，知道如何引起汉武帝的注意，并能很快接受他一样。

女人如何拴住男人的心，这其实是一门了不起的艺术。并不是所有的女人都懂得修炼这门艺术，更不是所有女人都懂得如何运用这门艺术。

就古代的宫廷来说，多少被皇帝宠爱的女人，随着岁月的沧桑流逝，最后无奈地搬进冷宫独守寂寞，演绎出多少令人心酸的悲情往事。

她们不知道，青春不可能永驻，美貌不可能常在。以貌美获宠，最终只能昙花一现、风光一时。

李夫人很早就参透了这种后宫潜规则，她曾对她的侍女说过一段话，“夫以色事人者，色衰而爱弛，爱弛则恩绝”(《汉书》)。可以说，这是她对后宫法则的切身感受。她知道汉武帝之所以喜欢她、宠幸她，也是因为她年轻貌美。然而后宫佳丽如云，各有各的风采，想长久独占花魁，绝非易事。远的不说，陈阿娇和卫子夫的悲剧，便是相去未久活生生的例子。

对这种潜规则，好多人其实也能参透，遗憾的是，她们往往会和自己较劲、和青春较劲，抱着侥幸的心理，不愿去想、更不愿意相信那未来的结果。而结果却事与愿违，迎接她们的，只能是渐渐地疏远或者无情地抛弃。

李夫人则不然，既然参透了，她就要换一种活法。

李夫人很小心地经营着这份爱情，她总是向武帝展现她最好的一面，而不让武帝看到她不雅的一面。

关于她和武帝之间的宫闱言行，自然已是不为人知的秘密，我们也无需杜撰，只需看看她在临终前的一番表现，其日常行径便可窥之一斑。

武帝去探视生病的李夫人，李夫人用被子蒙上脸，说"妾久寝病，形貌毁坏，不可以见帝"(《汉书》)，不让汉武帝看。脸色面容不好看，这是实话，长期卧病在床，且命不久矣，不可能好看到哪去，连呼吸都困难了，哪还顾得上保持平日里的红润光鲜?

人们常说病西施美，真美假美咱先不讨论，就是真美，它也分情况，分是什么病，病了多长时间。头疼脑热还行，一下绵软无力，眼神迷离，看着确实让人心疼，等三五天后好了，精气神一恢复，倒又像是脱胎换骨一般，更加光彩照人。这个我不否认，可你让她病个一年半载的试试？让她得个肺结核肺气肿恶性肿瘤啥的试试？期间再一化疗，你能认出来就不错了信不?

不过按照一般常理，但凡生了病的皇妃，都盼着皇帝来看，那是皇恩浩荡、是脸面。皇帝一来，搞不好有强心剂的功效，病会好去一大半。就算不济也能回光返照一下，忙不迭地从床上窜下来，扑进皇帝哥哥怀中，掉个眼泪撒个娇，粉拳连连捶打：你咋不早来，想死奴了。可人家李夫人倒好，还不让看。

汉武帝这下不自在了，干嘛呀这是，朕放下那么多公务来看你，你却给朕端起架子来了，汉武帝也像突然生了大病，脸色一下变得很难看。那汉武帝是什么人呀，皇上，九五之尊，天底下最有面子的人，却遇到如此驳面子的事，他能不生气吗！于是汉武帝“复言欲必见之”(《汉书》)，脾气也上来了，说我今儿还非看不可了。

结果李夫人根本不理那一套，“遂转乡歔欷而不复言”(《汉书》)，干脆给了他个后脊梁骨，转过身去不说话了，爱咋咋地。武帝无奈，他总不能扑上床去，强行扳过李夫人的肩膀仔细端详个够吧？那是莽夫所为，有失体统。于是强压怒火，悻悻而去。

其实，这就是李夫人的聪明所在，她有自己的考虑。汉武帝走后，李夫人与姐妹们的一番对话，便道破了天机，“所以不欲见帝者，乃欲以深托兄弟也”(《汉书》)，她是想着让汉武帝提拔他的哥哥李延年和李广利，有求于武帝。

按说有这心思，更应该当面说清楚啊。接下来，李夫人的话便是肺腑之言了，“上所以挛挛顾念我者，乃以平生容貌也。今见我毁坏，颜色非故，必畏恶吐弃我，意尚肯复追思闵录其兄弟哉”(《汉书》)。说皇上心疼我、牵挂我，是因为我漂亮，如果他见到我容貌已和猪八戒他二姨一般模样，恶心还来不及呢，哪还会想着提拔我的哥哥们呀。

活得多明白啊！一个垂死的女人，仍能有如此清醒的头脑，非常的难能可贵。

什么样的女人让男人忘不了

越看不到就越担心，越担心就越想念，脑中浮现的便都是最美好的一面。就像若干年前的初恋女友，虽时过境迁，岁月流逝，但你心中仍会是其少女时的模样，巧笑嫣然，不会老去，甚至仍还是你问人家借半块橡皮时的样子。李夫人要的就是这个效果。

李夫人果真不想见武帝吗？绝不是，人家能忍，知道见了反而适得其反。比方说，李夫人满心欢喜地掀开被窝，露出那张已被病痛折磨蹂躏得不成样子的鬼脸来，满目含情或是满眼含泪的，像先前一样扑向汉武帝。已是东施的尊容，仍要摆出西施的做派，也不是那么回事了呀。武帝一看，妈呀，我的美人咋这副德性了？回去把隔夜饭吐出来，晚上再做几个噩梦，估计探视也就这一回了，还不马上另觅新欢去去晦气啊。

李夫人死后，她的两个哥哥，李广利被封为贰师将军、海西侯，李延年封为协律都尉，都得到了重用，足见李夫人的方法是凑效的。

而在李夫人死后，汉武帝夜不能寐，每日看着画像哀声叹气，止不住地思念，甚至他还让方士为其做招魂之术，更证实了李夫人当初策略的正确性。

方士招魂，好似表演大型魔术，光线需要柔和迷蒙些，于是招魂师布景选在了晚上，点上蜡烛、设置帷幔、摆上酒肉，然后让武帝坐在另一个帏帐里，等待见证奇迹的时刻。

破禅

结果还真如魔术一般，武帝“遥望见好女如李夫人之貌”(《汉书》)，跟真的一样，也不知道咋弄的，而且那李夫人还表情安然、活灵活现地现身出来。热衷于揭秘魔术的各路人马，你来来这个，你总不能说我们伟大的汉武帝先生也是个托吧！那可不是民主社会，言论自由，想说啥就说啥，搞不好是要杀头的。

不过话又说回来，这是魔术也好，是道士的幻术也好，总之都是假的，人人心知肚明，用不着谁来抖机灵，重要的是看效果。它能让武帝高兴，能让他勾起对往昔美丽的回忆，这就足够了。也无怪乎当时武帝由衷地慨叹:“是邪，非邪？立而望之，偏何姗姗其来迟？”(《汉书》)姗姗来迟的成语就是打这来的。

汉武帝还亲自为李夫人作了赋，其中有“秋气憯以凄泪兮，桂枝落而销亡，神茕茕以遥思兮，精浮游而出畺”(《汉书》)的句子，其情切切，其意绵绵。足见李夫人已在他心中扎了根，即便是不在了，其位置也已无人可替。

白居易也有《李夫人》诗一首，其中有“伤心不独汉武帝，自古及今皆若斯”的诗句，从中也能看出汉武帝对李夫人的那份情感，是和普通人一样的、真诚而质朴的情感。

31 用心

驯服老公要上手段

驾驭老公，是需要女人用一生去完成的课题。这一点独孤伽罗是成功的，她让老公隋文帝一辈子俯首贴耳、服服帖帖，一生只娶她一个。她是一个货真价实的女权主义者，一个一夫一妻制的忠实捍卫者。其实，手段还在其次，男女之间，谁能驾驭谁，谁听谁的话，都是建立在爱的基础上的。

女人中的佼佼者

说起隋文帝的老婆独孤氏，在历史上绝对是个特殊的女性。说她特殊，不仅因为她的显赫身世、她的才干以及她的美貌，还因为她是一个货真价实的女权主义者，是一个一夫一妻制的忠实捍卫者。她能让老公隋文帝一辈子服服帖帖，一生只娶她一个，单论这手段、这功夫，就不是寻常之人所能做到的。

在古代，皇帝找女人，那不跟女人生孩子一样正常？要往大了说，三宫六院，七十二嫔妃，那都是为了保证龙脉的延续，不叫作风问题。就是普通人家，家境好点的，也要娶个三妻四妾，就是那社会。

不过那时还算不错的，毕竟明着来，现在包二奶、养小蜜，都是暗地里进行，但其实质是一样。当皇帝的目的，总归不是为了多娶老婆吧，就为了能多娶老婆，拼死拼活地去打江山？这理由恐怕也站不住脚。

在中国古代，要是谁家的闺女嫁入了皇宫，那是祖坟冒青烟的事。不过话又说回来，当时是男权社会，女人毕竟处在从属地位，即便入住皇宫，当了皇后，你也还得听皇上的。现在男女平等，女人拽了，谁听谁的不一定，这得商量着来，或者看你的造化。过去离个婚就是休书一封，丈夫兼具法官的职务于一身。

皇帝那就更不得了了，对女人弃如敝履，说扔就扔，这还算轻的，搞不好还要杀头、灭族。因为可供选择的女人太多了，喜欢你，也不见得十天半月见一面，不行的就直接打入冷宫了。冷宫这名字起得好，没了夫妻恩爱，没了爱情滋养，自然暖和不起来。你想这女人要是被皇帝宠幸那么一次，那还不得兴高采烈手舞足蹈啊？

可偏偏独孤氏不一样，用句《沙家浜》的唱词就是：这个女子不寻常。

超强的驯夫三法

独孤氏，名伽罗（公元543~602年），祖籍云中（今内蒙古呼和浩特境内），是鲜卑化的匈奴人。作为隋朝的开国皇后，人们熟知她显赫的地位和超强的政治手腕，却往往忽略了她生活上的强势。说到独孤氏生活上的强势，即便放在中国古代整个后宫之中，恐怕也鲜少有人出其左右。因为她可以让曾经叱咤风云的皇帝老公杨坚对她服服帖帖、唯唯诺诺。

在驯夫手法上，独孤氏做法可谓超绝，而且各个方面考虑得头头是道，搁现在，绝对是个管理型的女强人。

独孤氏的做法主要有三条：

第一，源头治理。根本不让你找别的女人，什么嫔妾、三妃呀，一概不设，就剩我一个，黄脸婆了你也得给我受着。杨坚虽是皇上，可拿她也没办法，这也好了，清心寡欲，把精力用到治理国家上。没几年便把国家治理得风生水起、红红火火，他劝课农桑，开设科举，轻徭薄赋，一时国家承平，人民安居，形势一片大好。

第二，营造氛围。从这点也可以看出独孤氏的聪明之处。光后宫改革不行，还得推广到满朝文武，营造一种举国上下推崇一夫一妻制的良好氛围。要不就皇帝一个人有一个老婆，底下大臣今儿娶一个明儿娶一个，看着也闹心不是？杨坚是皇帝，可也是男人啊，而且是年富力强，各方面都正常的男人，难免会心痒难骚、蠢蠢欲动。

其实这也可以理解，看到别人热热闹闹地娶媳妇，你能让杨坚没有反应？就这人家独孤氏也考虑到了，要不说这女人是人才呢，她让皇帝下旨，规定满朝文武乱娶妻妾者，一律不予提拔重用。你喜欢玩是吧，可以，前途和女人你掂量着办，只能选一样。绝吧！

为了让大家能有个切身的感受，独孤氏甚至还将太子杨勇废掉了，原因是他带头违反政策，撞枪口上了。杨勇这人宅心仁厚，没什么心机，就是有一个毛病——好色。杨勇的原配元氏很得独孤氏喜欢，偏偏杨勇瞧不上，宠爱别的姬妾，整天花天酒地，恣意玩乐，这就戳到独孤氏的软肋上了，你说我千方百计地让你爹不纳姬妾，你却左拥右抱的，你这不是向你爹示威嘛！这不是向我示威嘛！万万纵容不得。

面对杨勇的挑衅行为，独孤氏毫不含糊，开始给杨坚吹耳边风，说连你这个皇帝都是我这么一个老婆，他做太子的就敢妻妾成群，将来肯定是个败家子儿。杨坚一听，是这么个理儿，他妈的这小兔崽子太不地道了，气你爹，看我不收拾你。再加上老二杨广也趁机挑事，杨坚瞅了个机会就把杨勇给废了。

独孤氏让杨坚废掉太子，可谓一石二鸟，一方面考验杨坚对她的态度，看看是不是嘴上说一套心里想一套；一方面也好让那些大臣们看看，我亲儿子我都敢下手，你们还不是小菜一碟？以后该怎么着掂量着办。可见这独孤氏在营造氛围上面，那是颇费心思的。

第三，严加看管。为了将此项政策落到实处，独孤氏在皇宫里培养了一批亲信，四处布下耳目，不留死角死面，特别是杨坚身边，全方位进行监控，以便及时掌握第一手材料。这些人只对独孤氏负责，单线联系，随时汇报，防不胜防。独孤氏就连杨坚哪天给哪个女人飞了个眼儿都能第一时间知道，够绝吧！

聪明的悍妇才能有效驯夫

遇到如此精明又强悍的女人，隋文帝这皇上当的也够不容易的，那他为什么不反抗呢？为什么他如此听独孤氏的话呢？原因我们可以从以下六个方面去研究：

第一，独孤氏与隋文帝的感情非常好。

这个原因应该是第一位的，感情是维系夫妻关系的纽带，如果杨坚不爱独孤氏，绝不会这样由着她的性子来。为什么会爱她，我们可以在《隋书》中找到答案。

独孤氏其实也是大有来头的，在嫁给杨坚之前，其家世比杨坚还显赫，她的父亲独孤信，是北周的大司马、河内公，是北周的建国功臣，八柱国之一，绝对的实力派人物，在当时很有影响力。杨坚是隋国公杨忠的儿子，也属于高干子弟。二人结为亲家，应该属于门当户对。

同样的政治环境，同样的家庭熏陶，让他们之间有着共同的语言，这也是维系夫妻关系的基本。而且独孤氏当时正值妙龄，人也漂亮，属于那种美丽又大方、温柔又可爱型的，如此一个尤物，杨坚自是十分满意。

最重要的一点，独孤氏的家教非常好。素质决定气质，家世的传承和书香的浸染，让独孤氏变得知书达理，“柔顺恭孝，不失妇道”。独孤氏父母死得早，或许是对亲人的思念，化作了细腻而丰富的情感，她“见公卿有父母者，每为致礼焉”，对所有长辈都表现得非常尊敬。懂礼貌、识大体，就是搁现在，也绝对是个上得了厅堂的懂事儿的好儿媳，属于女人中的极品。当时朝中上下无人不夸，独孤氏也由此声名远播。

这样一个好媳妇，你杨坚还挑什么呀！所以杨坚情有所属，自然不会对别的女人产生什么兴趣。直到杨坚当了皇上，二人感情维系得仍旧很好。杨坚上朝，独孤氏就在外面候着，等丈夫下班，笑脸相迎、深情凝望之后，再一同用餐就寝(《隋书》)，够腻糊的吧？从这一点上，我们也可以看出二人的感情好到了什么程度，那是相敬如宾、相濡以沫，外加相亲相爱，搁现在也够得上模范夫妻的典范了。

第二，独孤氏抓住了隋文帝的小辫子。

能够娶到大司马的千金，又是这么的漂亮温柔，杨坚一直对独孤氏很满意，所以二人曾海誓山盟，发誓要与对方白头到老、从一而终。那时的杨坚还不知道自己将来会当皇帝，要是知道，估计当初得多留个心眼儿。

就像现在吵架的夫妻，总是抖落对方恋爱时信誓旦旦的言论一样，当初温馨甜蜜的告白，成了互相揭短的把柄，这是始料不及的。须知那时的说话，只是对双方恋爱情况的一个阶段性总结，并不代表对未来的精准预测。杨坚后来也面临着同样的问题。

既然夸下了海口，自然不能随便食言，当了皇帝，说话更不能不算数，独孤氏再经常唠叨着点，你当初怎么着怎么着来着，现在你又怎么怎么样对我，连数落带挖苦，再捎带着将上一军，隋文帝还能说什么？不头疼上半天就是好事，哪还有琢磨别的女人的心思！

第三，独孤氏精明的头脑让杨坚对她很依赖。

不是说每一个成功男人的背后，都站着一个好女人吗？杨坚很成功，在历史上，他堪称对后世产生深远影响的政治家，而他功绩的取得，在很大程度上便得益于他背后的这个好女人。独孤氏的好，也充分体现在她的政治头脑上，谈论起时局政事，独孤氏总是侃侃而谈，说得句句中的、头头是道。这一点，即便那些久经沙场或是久染官场的大臣们，也都是交口称赞，没有不服的。

而且独孤氏看问题的角度、出发点和落脚点，往往与杨坚不谋而合。据《隋书》记载，独孤氏“每与上言及政事，往往意合，宫中称为二圣”。与杨坚并驾齐驱，这脑瓜、这见识，不是一般人能比得了的。

最早在杨坚篡周称帝的问题上，独孤氏就表现出了超常的政治敏锐性。杨坚早有篡位之心，但是决心难下，也苦于找不到突破口。北周宣帝死后，独孤氏急忙派人告诉杨坚：“大事已然，骑兽之势，必不得下，勉之！”让杨坚赶紧当机立断，别再婆婆妈妈的，从而促使杨坚废周自立，成就了大隋基业。

皇位和江山都是人家独孤氏帮着搞定的，你杨坚还有什么脸喜欢别的女人？况且杨坚在政治上也确实离不开独孤氏，对这个老婆那是打心眼儿里佩服，杨坚自此“每事唯后言是用”，啥事都和老婆商量，老婆说什么就是什么，简直就是离不了了。有了依赖就会顺从，杨坚当然也就很乖很听话了。

第四，独孤氏很争气，为杨坚生了五个儿子。

这也是一个很重要的原因，如果独孤氏不会生育，或者就生了几个公主，管得再严也没用，满朝文武就不干，这断了龙脉可不是闹着玩的，谁担得起责任啊。那时候杨坚再找别的女人，就堂而皇之得多了，为了江山社稷，为了杨氏家业，你独孤氏再怎么着也不能说什么呀，光舆论导向你也受不了啊。

可人家独孤氏偏偏很争气，一气给杨坚生了五个儿子。这下杨坚心里平衡多了，常对人说，你别看我没别的姬妾，我这五个儿子可都是一个娘生的，这才叫亲兄弟，你们别看以前那些皇帝老婆多孩子多，那孩子都不是一个娘生的，谁也不和谁一个心眼儿，能团结得了吗？所以国家亡得就快。

当然，我们从杨坚话中，多少也能听出点阿Q精神胜利的意思，有种自我安慰的无奈。不过这也确实堵住了杨坚的嘴，反正你不能拿这个当说辞。可遗憾的是，就是这一个娘生的亲兄弟，他也没能搞好团结，老二杨广还是千方百计地让老爹废掉了太子杨勇（当然这事独孤氏起了决定性作用），而大隋朝的江山最终也没能维持多久。

第五，独孤氏是个醋坛子。

嫉妒，大概是每一个女人的天性。独孤氏年轻时，样貌地位无人能比，优越感超强，可好花不常开，女人最怕的就是衰老，这种衰老会让女人变得越来越不自信，随之而来的，则是妒忌心的越来越强。有的女人被人们称作醋坛子，其实醋坛子也不是与生俱来，也不是一下就养成了的。而是随着无法抹去的岁月印痕地加深，醋的浓度才变得越来越强的。

这一点独孤氏也未能幸免，随着年老色衰，独孤氏开始对宫中女人倍加提防。特别是那些年轻漂亮的，别说临幸了，就是杨坚看上她们一眼，独孤氏心里也是钻心的疼啊。醋坛子打翻了，会做出任何意想不到的事，杨坚还能有好果子吃？所以还是躲着点为妙。

第六，独孤氏敢玩“狠”的。

怕，也是杨坚不敢造次的原因之一。独孤氏不光看得紧，不光打翻醋坛子，她还真敢下手。凡事都有两面性，成天把皇帝看得天紧，每日形影相随，时间久了杨坚也会寡然无味。所谓物极必反，就是这个道理。杨坚也不是一点想法没有，都当皇帝了，要风得风要雨得雨，朝臣拥戴、万民敬仰，偏偏在这上面受限制，干嘛呀！所以难免心有不甘。也就有了那次出轨。

杨坚的出轨就只有这一次（至少有记载的就这一次）。那是一日午后，天清气朗，和暖的阳光照得人懒洋洋的，以至于独孤氏派来监视杨坚的人都无精打采，找地方瞌睡打盹去了。可杨坚却是抓耳挠腮睡不着觉，荷尔蒙地分泌让他胸中时刻燃着一把火，冲了个冷水澡也不管用，只得独自去书房看书，想到书中去寻找他的颜如玉。

就在去书房的路上，杨坚巧遇一个年轻貌美的宫女，"见而悦之"，一下就被她吸引住了，长久压抑的激情迅速燃烧，再也把持不住了。杨坚环顾左右无人，就带她一同来到书房，背着皇后偷偷临幸了她……

就在杨坚浑身酥软、惬意留恋之际，独孤皇后也得到了线报（瞧这速度），带着人抄小路赶来，踹开房门，不由分说就把那宫女给杀了。杨坚衣衫不整，颜面顿失，差点没把肺气炸了，但他终究没敢把独孤氏怎样，最后憋屈得没办法，脚底下抹油，离家出走了。

被老婆挤对得离家出走的皇帝

皇帝离家出走，这事是闻所未闻的，可它偏偏就发生在隋文帝身上。独孤氏不是把那个宫女杀了吗，杨坚一下子血往上涌，愤怒到了极点。这愤怒并不在于独孤氏杀了宫女这个行为，而是独孤氏根本没把他放在眼里的憋屈，是面子问题。

你想啊，当着杨坚的面杀他刚刚还在爱抚温存的女人，这不明摆着让杨坚难堪吗！传出去还怎么做人？大家都知道了还怎么做皇帝？再开会时还怎么一本正经地讲话？满朝文武嘴上虽然不敢说，可心里会怎么想？这事太纠结了。

即便是个普通男人，遇到这事估计也得急眼，管她以后还过不过，先上去抽她几耳光找回面子再说。然而可笑的是，杨坚怒倒是怒了，但这火愣没敢和独孤氏发，打落牙齿和血吞，自己跟自己发泄了一通就算完了，要不说他惹不起独孤氏呢。

《隋书》中对这件事的记载很有趣，杨坚气急败坏地拽过一匹马，噌地一下窜上马背，"单骑从苑中而出，不由径路，入山谷间二十余里"。打马扬鞭，骑着就出了宫，漫无目地一直狂奔了 20 多里地。

这场景我们可以想象一下，那马跑得不定多快呢，好似酒后驾车，神经麻木会令速度变得飞快。杨坚跑到一个荒僻的山谷中，生了半天的闷气，一直呆到将近后半夜。望着满天的星斗、如水的月光，杨坚平生第一次发出渴望自由的心灵呐喊："吾贵为天子，而不得自由！"看来老杨实在是憋屈急了。要说一个皇帝被皇后挤对成这样，也真够可怜的。

皇帝两口子闹别扭，大臣们自然不能坐视不管。当他们在山谷中找到杨坚后，开始苦口婆心地反复劝说，说你为了一个女人而置天下于不顾，不值得啊，想开点，咱别闹了，明天还有好多事呢。

说一千道一万，不过都是些宽慰人的话，事儿没到自己头上，换了自己试试？隋文帝当然不会不懂这些大道理，可他实在觉得脸上无光。

说归说，闹归闹，堂堂一国之君总不能老在外面呆着，这也不是逛夜市看夜景啊。而远在宫中的独孤氏也没好到哪去，她也感觉这次做得有些过分。这就像两口子打架，一方摔门而走，时间久了，留下的另一方难免会担心，毕竟吵架都是在气头上，等气消了，就只剩下担心和想念的份儿了。

都快半夜了杨坚还没消息，独孤氏坐不住了，在屋内里兜外转，不停打探消息（这次打探与生活作风无关），伸长脖子盼着杨坚回来。等杨坚终于回来，"后（独孤氏）流涕拜谢"，喜极而泣，赶忙跪下，估计也说了好些诸如是我不好、以后不了之类的软话。大臣高颖、杨素又是一番调停撮合，这事才总算过去。大家各回各家，洗洗睡了。

不过经历此事之后，独孤氏和杨坚二人自此也就有了嫌隙，不像先前那么好了。要不说这两口子打架伤感情呢！

仁寿二年八月甲子，也就是公元602年的某天，给杨坚当了36年老婆的独孤氏病死。这下杨坚可算没人管着了，于是开始歌舞升平、纵情声色，想看谁就看谁，想和谁睡觉就和谁睡觉，皇帝的感觉总算找到了。

可如此折腾也带来了另一个严重后果，就是身体透支得厉害。要说古代帝王多短命，与他们过度的放纵不无关系，否则以皇帝的生活水准，那身体还不保养得倍儿棒？

杨坚自此圣体一天不如一天，酒色在身体上的副作用很快显现。就在生命岌岌可危之时，杨坚又想起了独孤氏的好，对左右说："使皇后在，吾不及此。"要是我的伽罗妹妹还管着我点，我也不至于落到如此田地啊。

瞧瞧，又开始想独孤氏了，要不说凡事它有弊就有利呢！这下杨坚算是活明白了，可惜为时已晚。就在独孤氏死后两年，隋文帝杨坚也一命呜呼，追随而去了。

32 坦然

二婚才算活明白

没有爱情的婚姻是可怕的。人在很多时候，对精神的需求要远远大于物质上的享受。羊献容在司马伦和孙秀的刻意安排下，成为他们用来掌控朝政的工具。她的婚姻是不幸的。而在匈奴王刘曜那里，羊献容找到了属于女人的快乐，也找回了属于女人的尊严，所以羊献容很坦然。女人本就该有权力去选择自己的幸福。

一个极具争议性的女人

白痴皇帝司马衷的第二任皇后羊献容，在中国历史上，不但是一位极其特殊的女性，而且还是一个极富争议的人物。说她特殊，倒不是说她多擅权谋，像武则天那样，锋芒毕露；也不像她的前任贾南风那样，表现得心狠手辣，任意妄为。

她的特殊，是与她的坎坷命运息息相关的，甚或说是女人的一种悲哀。

作为西晋朝的皇后，羊献容并没有享受到国母的尊崇，相反她却总是被人摆布、饱受屈辱，成为中国历史上被立废次数最多的皇后。她引起世人争议的原因，皆在于她先后嫁给了两个国家的帝王，是中国历史上唯一的一位两国皇后。

两国皇后，从西晋到前赵，让羊献容增添了传奇色彩；两任丈夫，一汉一胡，其中也饱含着她的苦难心酸。

在古代，人们对女人的要求似乎更加严格些。三从四德是行为规范，从一而终是礼法准则。丈夫死后，女人要守节，一女不事二夫，谓之妇道。女人没有再次选择的权力，守妇道才会被世人认可，否则便为社会所不容。

当然，这只是统治者用来约束凡夫俗子、黎民百姓的，那些道德和法律的制造者与操纵者，完全可以不受约束地恣意妄为。比如，皇宫之内，父纳子妃，子娶父妾，有悖常理的乱伦，怵目惊心的淫乱。诸如此类，不一而足。

羊献容生活的年代，正是五胡乱华的初期。历史上的五胡乱华时期，也是胡汉矛盾从激化到融合的一个长期过渡时期。毫无疑问，中原接受外族、认同外族，是一个循序渐进的过程。而在这个过程进行之中，胡汉矛盾一直存在着。

当时汉族眼里的胡族，无异于现在人们眼中的外国人，只是随着他们的慢慢汉化，汉人对胡风胡俗的渐渐习惯、政治文化的不断融合，才有了形式上的通婚、杂居，胡汉的界限才变得不甚明显了。这个过程说起来简单，但也就像一个国家进行一场大的变革一样，需要人们经历思想上的阵痛。

羊献容就是在这样一个胡汉不两立、胡汉矛盾最深的时候，被匈奴王刘曜掳去、立为王妃的。刘曜当上皇帝之后，又进而册封她为皇后。一个汉人的皇后，转而成为番邦的后宫之主，在当时极具爆炸性。这里面不仅仅包括道德准则问题，还包括了民族间的礼法鸿沟。

皇后母仪天下，从她们入主后宫的那一刻起，便成了国家的形象大使，她们的光荣是国家和民族的光荣，她们的耻辱也是国家和民族的耻辱。

所以，羊皇后嫁给胡人皇帝，在当时是一件挑战视听的事情。然而，摆在我们面前的事实却是——本该在本国受到礼遇和尊崇的国母，却在异国番邦找到了自己的幸福和归宿。匈奴王刘曜很喜欢这个汉人皇后，视她为掌上珍宝。而且“羊氏有殊宠，颇与政事”(《晋书》)，刘曜对她不仅仅是情感上的呵护，还让她参与决策国家大事，其宠爱信任程度可见一斑。

对于羊献容本人来讲，她一生最幸福的时光，或许也就是她成为异国皇后的这段日子，她不但找到了自己的如意郎君，还找回了重新活出自我的价值和勇气。

《晋书》中记载了这样一件事，刘曜问羊献容："吾何如司马家儿？"就是让羊献容作出比较，我和司马衷那小子谁厉害。

这话问得其实也挺有意思，你说你和一个白痴比个什么劲呀？一个吃嘛嘛香干嘛嘛不行的主，你就是比他强也没啥意思啊。不过反过来想想，这也充分证明了刘曜是非常在乎他这位新皇后的。

羊献容回答得很干脆："陛下开基之圣主，彼亡国之暗夫，何可并言！"你们俩怎么能放到一起比呢？一个天上一个地下，没在一个层次上。"妾于尔时，实不欲生"，我那时在晋国生活都没盼头了，死了的心都有。只是"自奉巾栉已来，始知天下自有丈夫耳！"自从嫁给了你，我才知道什么是真正的男人。

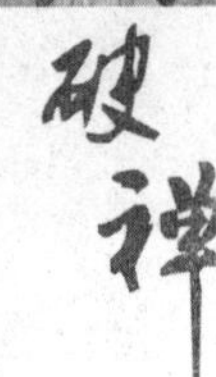

女人有权选择自己的幸福

人们对羊皇后存有偏见，大多也因为她的这一席话，说她不守妇道，没有民族气节。其实这是羊献容发自肺腑的真心话，是她的真情实感，并非溜须取巧之言。羊皇后敢这样说，恰恰表明了她人性的透明，不像有的人，想而不说，却做得彻底。

你说人家哪条说的不对了？一个是大英雄，一个是大白痴；一个对她宠爱有加，一个连老婆孩子都不能自保。哪个更有吸引力？哪个才是你想嫁的人？从一而终也分若干种情况，要是嫁个如意郎君，整天美滋滋的，让你换你也不换啊。就是嫁个差不多的，稍微忍忍一辈子也就过去了。假如嫁的男人是个白痴，搁你你愿意？

况且，羊献容嫁给司马衷，本就是赵王司马伦和弄臣孙秀的刻意安排，是他们用来进一步掌控朝政的工具。这样的婚姻，首先说就没有什么感情基础。当然，皇帝的婚姻是鲜少以感情做为基础的，感情也是可以后天培养的。不过这都是对于正常人而言，羊献容嫁给一个白痴，感情培养自是无从谈起。

人在很多时候，对精神的需求要远远大于物质上的享受，一个人内心的苍白空虚，绝不是锦衣玉食、豪华奢靡所能够填补的。有时物质越充实，精神反而越空虚。

而对于一个古代女人来说，对精神上的需求，远比男人更甚。因为男人还有事业，还有更多的其他方式能让自己满足、充实、快乐，女人则没有。她们所有的寄托，就是自己的男人，男人就是她们一生的事业。

面对刘曜，她看到的是战场上的英姿飒爽、勇冠三军，享受的是生活上的细心呵护、体贴入微。她喜欢这个男人，也佩服这个男人，这个男人会让她心静，让她心热，也会让她情不自禁的心中一荡。

在刘曜那里，羊献容找到了属于女人的快乐，找回了属于女人的尊严，她有什么理由不对这种幸福作出回应呢？所以羊献容很坦然，她用实际行动回应着那些世俗的眼光，她也向后人昭示：女人本就该有权力去选择自己的幸福。

气节不是靠嘴说的

喜欢归喜欢，幸福归幸福，羊献容毕竟没有生活在如今这个美好时代，再婚再嫁比吐口痰还容易，况且羊献容面临的还是饱受非议的跨国之恋，内心不可能一点波澜都不起。其实走出这一步，羊献容内心也是经历了一番纠结挣扎的。是以往那些非凡的经历，让她最终释然。我们只要看看羊献容被四废四立的遭遇，对她当时的心境，也就不难理解了。

羊献容当上皇后时，八王之乱的争斗也渐趋白热化。成都王司马颖掌权后，将羊皇后废为庶人，安置在了金墉城。后来东海王司马越讨伐司马颖，又迎立羊献容复位。

河间王司马颙手下大将张方攻占洛阳后，再次废掉了羊皇后。随后张方为了胁迫司马衷去长安，又暂时恢复了羊皇后的名分。

时隔不久，司马颙再次废掉羊皇后。后来立节将军周权假装接到檄令，自称平西将军，又将羊皇后拉出来垫背。

洛阳令何乔攻杀周权后，同时废去了羊皇后的尊号。司马越将晋惠帝迎回洛阳后，羊皇后才又得以复位。

羊献容被四废四立，折腾了个够，都想把废立皇后当做展示实力的资本，从这点上看，羊献容不过是一枚信手拈来的棋子，只要棋能走活，被吃掉也无所谓。又或是舞厅里的坐台小姐，任人挑选，任人玩弄和抛弃。所不同的是，羊献容却不能做到小姐那般的洒脱。

在这期间，羊献容甚至还险些丢了性命，河间王司马颙掌权后，就曾经矫诏，“以后屡为奸人所立……赐后死”(《晋书》)，说她老被别人利用，留着迟早是祸害，还是死了清静，他倒不说他现在用不着人家了。幸亏司隶校尉刘暾和尚书仆射荀藩出面死谏，羊献容才得以侥幸躲过此劫。

羊献容是后宫之主不假，但她首先是一个女人，她有尊严，有喜恶。说她代表着国家，这话没错，可问题是，谁又拿她当主子而尊重她了？

世人多以民族大义去诠释一个人，对于羊献容，你可以说她背弃了自己的国家，背弃了自己的丈夫。然而这恰恰忽视了一个人最基本的一样东西——人性。

遥想当年，王昭君远嫁匈奴，后来被贴上了永久的标签，说她是为国为家为人民，这话当然也不能说错。可问题的关键是，她为了谁的国？为了谁的家？不过是牺牲一个弱女子来换得帝王家族的江山稳固罢了，不用说的那么拐弯抹角。

人们总喜欢将很普通的事情上升到一个很高的高度，高到你不能反驳也不敢反驳，借此来掩饰一些真实的内幕。兵强马壮之后的大汉天子，不照样也是穷兵黩武吗？那时他们也不管是否生灵涂炭了。

那些自以为伟大实则无聊之极的人，总是不咸不淡地把人当成一个符号而归门别类。他们整天做着近乎电脑程序化的东西，却随时随地都在释放着病毒，影响着程序的正常运转。所谓站着说话不腰疼，说的就是这种人，他们所迷失的，恰恰是人的本性。

比如，关于民族气节，他们会说，敌人打来，我会毫不犹豫地挺身而出，被俘之后又是如何的坚强不屈，喝辣椒水好似喝汽水。其实哪用灌什么辣椒水，一板砖拍过去就老实了你信不信？装啥装啊，气节不是靠嘴说的。

33 悔悟

都是冲动惹的祸

当白玫瑰与红玫瑰发生冲突时，任何一个女人都很难做到克制。所以，当郭皇后看到宋仁宗与其他女人调笑时，反应会异常激烈。可是，她那记耳光打下去，打掉的却是丈夫的尊严，伤害的是夫妻感情，毁灭的是幸福婚姻。真情不是能打得回的，相反，如果真有情，也根本用不着“打”这种手段。

一个办了错事的女人

每当夜幕降临，望着空荡而冷清的瑶华宫，憔悴但依然不失美丽的道姑清悟都会回想起，她打了当今皇上的那个遥远的下午。

那简直是一场突如其来的噩梦，她至今搞不懂当时哪来的那么大勇气，就像沙漠中饥渴的人遇到了绿洲，会拼尽全身力气冲向甘泉，力量和速度都在瞬间内达到极限。

因为这件事，她离开了万人景仰的皇后宝座，从此她也不再是那个每日前簇后拥母仪天下的郭皇后了，皇上御赐了她一个新的名字——清悟。起这样一个脱俗的名字，也许是想让她做到彻底的清醒领悟吧。

现在她的宫门前失去了往日的繁华热闹，冷清得让人心酸，自从带发修行以来的这几个月，老郭每每顾影自怜，甚至间或恍惚起来……

优势有时也能变成劣势

挨打的倒霉皇帝是北宋的仁宗赵祯。

宋仁宗共在位 42 年，是北宋诸皇帝中在位时间最长的一个，期间他励精图治，一度将北宋朝搞得红红火火，好不热闹，后世对他的评价还是蛮高的。《宋史》中就说他“为人君，止于仁，诚无愧焉”，是位“恭俭仁恕”的治世皇帝。

仁宗死后，就连北宋的对手辽国人都很伤心，以至于“燕境之人无远近皆哭”，全民痛哭，这话虽说有些夸张，但足以说明其贤名远播，是有目共睹的。当时的辽国皇帝耶律洪基都不无感慨地说:“四十二年不识兵革矣。”也很怀念仁宗在位时的美好时光。

不光对手认可，就是被他贬斥过的人，对他也很敬佩，这要说到他和婉约派诗词的首席代表柳永的一段渊源。

仁宗自小聪明好学，也喜欢填词作赋，《宋史》中所谓“初为诗，即自成章”。信手拈来、从心所欲、出口成章，很有文学功底。柳永进士落第，牢骚满腹，曾作《鹤冲天》一首遣解郁闷，其中有“忍把浮名，换了浅斟低唱”的词句，仁宗看后大不以为然，他并没有被华丽的词句和其中透出的哀伤无奈所感染，而是以一个政治家的敏锐，看到了柳永性格上的弱点，断定他是个有文采而无政才的人。用现在的话说就是：柳永根本不适合搞政治。

于是仁宗提笔在诗旁批示:“浅斟低唱，何要浮名？且填词去。”人尽其才物尽其用，你不是不喜欢做官吗？做你喜欢做的事去吧。给柳永的政治生命判了死刑，彻底断了柳永出官入仕的梦想。柳永顿觉释然，也乐得逍遥自在，于是从此对外宣称“奉旨填词”，拿着仁宗皇帝的亲笔御批，开始混迹于烟花柳巷，也就此写出了许多千古传唱的美丽诗篇。

按道理，柳永遭到仁宗否定，对他该有怨恨才是，可事实并非如此，他后来在《倾杯乐》一词中曾写道:“愿岁岁，天仗里，常瞻凤辇。”说当时人人都希望仁宗永远在位，年年都想看到他的车驾招摇过市。虽说略有马屁之嫌，但也并非全是无病呻吟。

一个在仁宗手底下吃过大亏的人都这样说，可见仁宗的执政能力在当时是被广泛认可的，老百姓都买账。

不过凡事都有两面性。就是因为仁宗的这个“仁”，也暴露出他偏于软弱内向的性格，在处理问题上往往优柔寡断，而事后又多后悔。比如我们今天说的这个挨耳光事件，在这个问题的处理上，就充分显示出他性格上的弱点。

红玫瑰与白玫瑰的冲突

郭皇后是平卢军节度使郭崇的孙女，在当皇后的最初几年，和仁宗感情很好。二人出双入对，也算成就了一段宫廷佳话。可时间长了，仁宗便觉得寡然无味，对郭皇后渐渐有些冷落。就像结婚许久的夫妻，没了恋爱时的激情，即便一起睡觉也是头各一侧，不像先前那般腻糊个没完没了。

冷了郭皇后，自有后来人。后宫是群芳斗艳的场所，犹如现在的演艺圈，感情来得快去得也快。仁宗很快又有了新的情感寄托，就是美人尚氏和杨氏。

当然，这个冷落旧爱和另觅新欢的过程，是一个此消彼长的过程，其中不可能有明显的分界线。这边愈热，那边也就愈冷，不可能等到一头完全冷却之后，再着急忙慌地去捂热另外一头。

在这个过程中，两边女人的感受也大不一样，或悲哀或喜悦。唯一相同的是她们都达到了情绪波动的临界点，而且随着过程的渐进，这种波动会最终越过临界，衍生出更多的波动来。郭皇后受到冷遇，将气全部撒在尚、杨二人身上；尚、杨二人既得宠，便不再把郭皇后放到眼里，也开始觉得郭皇后有些碍手碍脚了。

冲突是循序渐进的，最初都体现在仁宗身上。郭皇后劝解老公，说情人还是老的好，走遍天涯忘不了。说那两个骚狐狸怎么怎么不是东西。

尚、杨二人鼓动情人，说人生得意须尽欢，莫使金樽空对月。说那个黄脸婆如何如何没劲透顶。

如此并不能解决根本问题，三人最终按捺不住，开始从幕后走上台前，明刀明抢的针锋相对了。尚、杨二人正值春风得意，“数与后忿争”（《宋史》），对这个皇后越来越不在乎，都敢公开叫阵了。

这就更加刺激了郭皇后，就像一个考试考砸了的学生，偏又受到考得好的学生奚落，这事搁谁谁也受不了。郭皇后很恼火，但此二人有皇帝老子罩着，她也不能把她们怎么样啊，也只有自己生闷气的份儿。

老公被打别人怎么看

要说事情来得也很凑巧，郭皇后也是偶然路过皇帝寝宫，结果听到里面仁宗正在和二位美女调笑，老郭本来心里就很憋闷，这下更是醋意十足，火往上窜，偏偏又仿佛听到二位美女“有侵后语”(《宋史》)，嘻嘻哈哈地好像在说自己的坏话。老郭脑袋嗡的一下就大了。

破禅

尚、杨二人说的什么，史书上没有记载。估计也就是说郭皇后怎么怎么不行，小气嫉妒，根本不配当皇后。又或是郭皇后长得不好看，脸像鞋拔子什么的，间或问问仁宗，你怎么就受得了这样一个没素质的女人在你身边，等等。

女人之间最恶毒的攻击，莫过于说她长得不好看，这是每一个女人最最在乎的话，也是最最忌讳的话。特别是郭皇后色衰爱弛之后，对自己的容貌会更加敏感。

郭皇后的气不打一处来，怒从心头起，恶向胆边生，行为渐渐不受思想支配，浑身哆嗦着踹开大门，直奔二位美女扑去，犹如抓住了外遇丈夫的现场一般，估计嘴里还骂着小浪蹄子、不要脸之类的狠话，上去就是一顿劈头盖脸(“后不胜忿，批其(尚、杨)颊”《宋史》)。其动作走形而实用，就像习武不精之人打架，完全没了在自家后院操练时的架势套路，一律采用简单实用的王八拳，奔着对手的头脸一通猛招呼。

仁宗一看来者不善，赶忙起身护着(“上自起救之”《宋史》)，连说带拽的劝阻：老郭老郭，干嘛啊这是，误会了，误会了。

老郭现在哪还听得进人劝？只顾狠命招呼，结果拳脚无眼，“误批上(仁宗)颈”(《宋史》)，一巴掌掴在了仁宗的脖子上。仁宗这一掌一挨上，郭皇后的手也停在了半空中。一场热闹的战争就此戛然而止。

身为一国之君，当朝天子，居然挨打了，这简直是天大的笑话。仁宗摸着火辣辣的脖子，好一阵子才从惊诧中回过神儿来——俺这是让老婆给打了啊。

仁宗很生气，后果很严重。于是召开专门会议，商量废掉郭皇后。会上仁宗“以爪痕示执政”(《宋史》),你们大伙儿都瞧瞧，这母老虎把我挠成什么样了，不给她点颜色她还了得了。

舆论哗然，众皆惊诧，于是就有平时和皇后不对眼的人开始拱火：这不行，一定要严肃处理，否则影响太坏。

并设想出今后可能出现的最坏结果：这人们要都敢这样了，皇帝还有什么威严可讲！国家还不乱了套啊。

发言最踊跃、说话最有分量的是宰相吕夷简，他坚决支持废掉郭皇后，还说废后之事古已有之。废吧，这也不是什么新鲜事，没什么大不了的。

不过也有反对的，参知政事——也就是副宰相范仲淹等人却不以为然，说“后无过，不可废”(《宋史》),老郭又没犯什么大错，两口子打架，受点伤也算不了什么，回头抹点紫药水京万红就行了。

众说纷纭，一时僵持不下。

从开会这件事上，我们也可以看出仁宗的性格确实有些优柔寡断，换个脾气火爆点的，还商量个什么劲儿呀，直接废了不就完了吗。废了都是轻的，不推出去杀头就是好事。仁宗倒好，大伙意见不统一，最后拍板：搁置再议。你是着急还是不着急啊。

不过几天之后，仁宗摸着仍有些火辣的脖子（估计外伤早好了，只是一种感觉上的火辣），情感终于战胜了理智，他还是决定废黜郭皇后，否则这口气实在咽不下。于是下诏：免现职（皇后），另封她为净妃、玉京冲妙仙师，赐名清悟，带发修道，办公和居住地点设在长乐宫，离我远点。

第二年，也就是公元1034年的8月，仁宗又“诏净妃郭氏出居于外”(《宋史》)。估计又想起这记耳光来了，还是气不忿，干脆让老郭搬出宫去住。再给朕离远点，省得看到闹心。郭皇后的新住所就是上文中提到的瑶华宫。

两口子打架不记仇

后来仁宗还是很想念郭皇后的。这就像一对整日吵架的夫妻，火在头上，看对方一无是处，及至离婚了，方才又想起对方的种种好处。最初仁宗开会商量，在废后问题上表现得磨磨唧唧，一方面说明仁宗性格犹豫，另一方面也说明他心里对郭皇后还是难以割舍的，毕竟一起生活了这么多年，感情还是有的。

在这起事件下倒霉的也不止郭皇后一个，战争的另一方，尚、杨二人也没落什么好。“尚美人亦废于洞真宫入道”(《宋史》)，打发去别处修行反思，“杨美人别宅安置”(《宋史》)，也让她玩去了。

尚、杨二人被打入冷宫，可见仁宗对这件事还是有反思的。也充分说明他是念及郭皇后旧情的，毕竟老郭被废是因此二人而起。

想念归想念，但皇帝挨打，这事儿地球人都知道，面子上实在说不过去，所以仁宗硬挺了几年。后来“帝(仁宗)颇念之(郭皇后)，(便)遣使存问，赐以乐府”(《宋史》)。终于忍不住思念，派人去看了郭皇后，还带着乐队音响，连吹带打，跟娶媳妇儿似的，整得很隆重。

郭皇后其实也早已想通，肠子都悔青了，皇帝朝三暮四多俩说话的那不很正常吗？自己何必动真气呢，弄得现在晚景凄凉、无人问津。

你还有情我也有意，郭皇后于是让来者捎信带话，“辞甚怆惋”(《宋史》)，这几年吃斋念佛、孤苦伶仃的委屈，全部用隽永婉约的文字，化作了思念。仁宗读后大为感慨，被打的阴影彻底在脑海中消失，他偷偷把郭皇后招致寝宫，几番温存之后，一起回忆那过去的时日。

但老这么偷偷摸摸也不是个事啊，郭皇后首先觉出了别扭，等仁宗再召见，就让来者给他传话，说“若再见召者，须百官立班受册方可”(《宋史》)。咱别这么玩了，老夫老妻整得却跟第三者似的，还是等你重新册立名正言顺了我再去吧。

鹊桥再次连接，破镜即将重圆。可惜郭皇后命不好，没等仁宗举行册封仪式就病倒了，俩月后一命归西。仁宗悲伤之余，将其风光厚葬，“追复皇后”(《宋史》)，最后还是追封了她的皇后之名。

估计彼时的仁宗，不但再不会计较郭皇后那记耳光，相反还会有点点的怀念。

34 在乎

男人尊重女人的潜规则

男人不尊重女人，不是他的习惯使然，也不是他的素质有待提高，而是因为他对这个女人喜欢的还不够。对于李祖娥来说，老公高洋的一个微笑、一个首肯，或是拉着她的手在一旁说会儿话的温暖，远胜过任何冰冷的金银财宝。感情是感觉上的点滴积累，最后在头脑中形成的条件反射。一个男人在乎一个女人，这个女人是不会没感觉的。

幸福与地位高低无关

地位，是指一个人在社会中的位置。地位的高低，和这个人对社会资源的支配度，以及他对社会的影响程度有关。也就是说，地位是需要外物来帮衬的，犹如开着宝马代表有钱，拿着公章代表有权一样。

地位代表着尊荣，体现着风光，蕴涵着价值。一句话：有了地位就有了身份，就有了说话的权力。人们一生的奋斗目标，不管你信不信，也不管你接受与否，或多或少是奔着这个东西去的。

人分三六九，地位自然也不相同。但有一点是共通的，就是他们都是人，而且不管处于哪个层次，都有七情六欲，都有喜乐和忧愁。并非地位高些的人只有快乐，地位低下的人就只有烦恼。

有时候这东西还成反比，地位高的人烦恼也更多，因为他们面临的压力更大。地位低的人反而更快乐些，因为他们不必费心劳神地去想过多的东西。所以，人的表面风光有时会遮掩住一些东西，让人们产生错觉。

所谓风光，其实也只是旁人眼里的风光，咱且不说这风光背后有何辛酸，成功路上有多少曲折故事，就是单纯的八面威风，时间久了，本人也早就没什么感觉了。因为人们对一件事的幸福感觉是有时间期限的，也迟早会麻木的。谁还能老拿着多年前的荣耀在心里念叨个没完呢？这也太不求上进了。所以，人们在不断追求下一站的幸福时，前方仍旧有无数的烦恼在等待着。

当然，这个追求的过程也是一个享受的过程。因为心中信念的坚定，因为彼岸幸福的招手，让这个过程变得灵动而充满生机，这也是一种幸福。用咱老百姓的话讲就是，人生要有个念想，有个寄托，才会活得有模有样、有滋有味。

特别是人们在达到了自己的预期目标之后，成就感会随之而来，回想一路走来的种种艰辛，你会忍不住为之感动，会有引吭高歌的冲动。这个感动和冲动，可能只是短短的一个瞬间，也可能会持续相当长的一段时间，但终究会慢慢趋于平静，变成一种美好的回味。如果你还想要这种感觉，就需要有更新鲜、更刺激的东西来取代它。

人的情绪是波动的，也是矛盾的。这个很好理解，因为你会不断受到外界的刺激。比如你是个普通老百姓，看到那些当权者食有奉禄、衣着光鲜、肥头大耳、满面春风，在羡慕之余，也就增添了烦恼。

再高一点，比如你已经有了一份稳定的工作，大公司或是大机关，但你没有实权，只是个普通员工，你就想着当部门主管或是科长，烦恼就会随之而来。等当了主管或科长，你发现权限也不过如此，就又觊觎经理或处长的位置，还是有烦恼。假如顺利的话，你也当上了经理或处长，也还是一样会有烦恼，因为你要履职尽责，还要千方百计创造亮点，否则会被下属说你无能，一不小心还有被罢免的危险。

不知是耶稣、佛祖还是其他神灵曾经说过：人生下来就是受罪的。这话有一定的道理，人生不如意事常有八九，因为人总是不满足于现状，所以人的快乐也往往是建立在诸多烦恼之上的，是经过无数烦恼的热身得来的。

烦恼多是在对比中产生的，和别人比，和自身比。别人比你好你有烦恼，自己一成不变、总是原地踏步也会有烦恼。到最后，即便你达到了你所能达到的事业巅峰，你仍旧摆脱不了烦恼，甚至还会有不知所措的空虚，因为你没了参照物，失去了奋斗的目标。

当然，烦恼都是自找的，你可以做得潇洒些，可以表现得什么都无所谓，可世间又有几人能真正做到收放自如呢？

在古代，男人的欲望极限应该就是当皇帝了，一言九鼎、生杀予夺、呼风唤雨、无所不能。就这还有不满足的，有人会想长生不老、寿与天齐，或者稍微打点折扣，向天再借五百年，这个愿望实现不了，也会产生烦恼。

而古代女人欲望的最高极限就是当皇后了，后宫之主，一国之母，除了皇上就是她。女人一般到这个级别也就到头了，像武则天那样，自己当皇帝，五千年才出那么一个，或者像慈禧，垂帘听政，抓住权就死也不撒手，也属于特例。

在权势上，女人坐到二把交椅也就不错了。如此骄人的位置，一般女人是想也不敢想的，这是机遇和命运的双重决定，可遇不可求。然而皇后也会有烦恼，因为在这个层面上，还会出现许多新的难题、新的挑战，比如皇帝另结新欢了、“小三”想取而代之了，等等，绝不是坐享其成这么简单。

地位的极限，让她们有时觉得还不如一个普通宫女快乐，因为她们没有再往上拓展的空间，而只有向下滑坡的危险了。

还是上面提到的那些例子，如果我们反过来想想，就会得出不同的结论：处长或经理会因为羡慕科长或主管的轻松而烦恼；科长或主管会羡慕那些员工的洒脱而烦恼；而员工有时还会羡慕老农民，在一亩三分地上自由自在，不用听人吆喝指挥。所以人的幸福快乐与否，和地位真的没有什么关系，就看你怎样去想，怎样给自己定位了。

中国古代就有这样一位皇后，南北朝时期、北齐开国皇帝高洋的老婆李祖娥，她在别人眼里是高高在上、风光无限的，而她的内心，却有着说不出、道不尽的烦恼与忧愁。

一个幸运的女人

应该说，李祖娥的前半生是幸运的。她自小就嫁给了太原王高洋，成了名副其实的王妃。高洋篡魏建齐后，她又被尊奉为皇后，丰衣足食、安乐无忧。日子过得优哉游哉。

丈夫高洋对她也不错，二人婚后恩恩爱爱、甜甜蜜蜜，小日子过得风生水起、有滋有味。高洋很喜欢李祖娥，具体怎么个喜欢法，史书中自然无此类细节记载。但是我们从一些具体事例中，也可以看出些端倪。比如立皇后一事，就很能说明问题。当初立李祖娥为皇后，并不是一帆风顺。当时朝中意见不一，分两拨胶着不下。

以大臣高隆之、高德正为首的一批人持反对态度，“言汉妇人不可为天下母”(《北齐书》)。说李祖娥是汉人，没资格当这个皇后，应该找个鲜卑族或是别的什么少数民族的人来当，并提出了立鲜卑人段昭仪为皇后的具体意见。

破禅

这二位如此说，也是有着特殊渊源的。当时北方刚刚结束了拓跋氏的统治时代，东魏和西魏分别被北齐和北周取代。北周是鲜卑族的另一个分支宇文氏所建，北齐高氏虽然是汉族，但因为先祖长期在北魏为官，受游牧文化影响至深，鲜卑化程度很高，而且北齐朝中也多是少数民族的人在掌权。所以当时的北方少数民族依旧占据主导地位，北方也依旧是少数民族的天下，少数民族的优越感要明显高于汉人，所以他们瞧不起汉人。

以大臣杨愔为首的一批人则不同意此观点，理由是立皇后是件严肃的事，应当遵循先朝的惯例，直接让原配夫人上位，不应该中途换人，力挺李祖娥。当然杨愔自己是汉人，倾向于同胞也可以理解。

双方各有道理、互不相让，拿锄定苗的还得是高洋本人，最后高洋高调立了李祖娥为后。高洋此举，也不就是听了杨愔的意见，完全是他自己拿的主意，杨愔的建议只不过凑巧对了高洋的心思而已。

杨愔说李祖娥是原配，不便于改换。这个有一定的说服力，但不是最给劲儿的理由。因为惯例是可以违背的，祖宗章法也是可以改变的，如今是高洋掌权，他当然可以推陈出新，按照自己的思路开拓进取。他说了就算，不受任何人和事的左右。

高洋立李祖娥，关键还是他喜欢李祖娥，和李祖娥有着一定的感情基础，也正是这个前提，才让高洋做出了最后的决定。李祖娥也有让高洋喜欢的资本，她长得很漂亮，“容德甚美”(《北齐书》)，漂亮而又贤淑。上得厅堂又下得厨房，全拿得出手。高洋凭什么不喜欢？又凭什么换人家？

还有，高洋什么都好，就是性情太过粗暴。那家伙，用东北话说，脾气老大了，对待女人也并不绅士，常常动辄“捶挞嫔御”(《北齐书》)，后宫那些女人稍微不对心思了便皮鞭子沾水招呼，是个不知道怜香惜玉的主，有时暴脾气无法控制了，非要杀人才能解气。后宫女人没挨过高洋处罚的几乎没有，一个个见到高洋吓得都跟小鸡子似的。

但尽管如此，“唯后（李祖娥）独蒙礼敬”(《北齐书》)，高洋对李祖娥却始终相敬如宾，没动过她一个手指头，可见他对李祖娥是情有独钟的。

由此也可见现在有些男人不尊重女人，不是他的习惯使然，也不是他的素质有待提高，而是因为他对这个女人喜欢得还不够。

幸运不一定会幸福

李祖娥有个喜欢自己的老公，老公还是帝国的皇帝，而皇后待遇那也是没得说，剩下就只有安逸享受的份儿了。李祖娥年轻漂亮，正像一朵盛开的百合，任由芬芳和娇艳的恣意弥漫、张扬。

可惜好花不常开，好运不常在。命运有时是公平的，它给了你这个就不给你那个，先前给了你以后就不一定再给你。这不是什么宿命论，人生境遇大抵如此，不信你就回想一下自己走过的人生道路，看看是不是这么个理儿。

托尔斯泰说过:“幸福的家庭都是相似的，不幸的家庭却各有各的不幸。”这句话也可以理解成：所谓的幸福，都是不可捉摸的。在相似的幸福家庭里，其实也孕育着不幸，只是别人看不到或是还没有爆发而已。有哪对离婚的夫妇不是从热恋、相知、厮守这么一路走到彼此反目的?

不过说到李祖娥的不幸，就显得有些窝囊了，她不是因为丈夫不爱她了，而是因为丈夫的性情发生了变化。

高洋后来不知因为何故，性情来了个一百八十度的大逆转。高洋虽然有时在生活中稍嫌鲁莽，但总的来说还算不错，特别是在治政上，《北齐书》中说他“志识沉敏，外柔内刚，果敢能断”。是个深沉内敛，有思想、有作为的皇帝。而他“征伐四克，威振戎夏”的武功，也充分显示出一个大男人的魄力和智慧。北齐在他的治理下，日益繁盛，风头一度盖过了当时并霸北方的北周。

可是如此过了六、七年之后，高洋便“留连耽湎，肆行淫暴”，开始尽情展示他性情中粗暴荒淫的一面，像是完全变了一个人。关于转变的原因，《北齐书》上说他是“以功业自矜”。骄傲了，感觉功成名就了，对朝九晚五、案牍劳神的生活感到厌倦了，于是刀枪入库马放南山，开始歇脚享受了。

高洋玩得比较猛。每天歌舞升平，通宵达旦，捞本儿似的折腾。宫里玩腻了，就去宫外玩，于是邺城（北齐都城，今河北临漳县境内）街市常见这样一幅难得的景观——一个五大三粗的壮汉，光着膀子，披头散发，脸上涂脂抹粉，提着刀背着弓到处溜达，眼睛像狼一样的环视四周（袒露形体，涂傅粉黛，散发胡服，杂衣锦彩。拔刃张弓，游于市肆《北齐书》）。

这扮相谁不怕啊？别说是当朝天子，就是个小瘪三儿、小流氓这样招摇过市也够吓人的。

说到高洋光膀子，咱再补充几句。这哥们似乎天生就有裸露癖，不管是三九隆冬，还是三伏盛夏，你不知道他哪根筋抻着了，光着身子骑了马就跑（盛暑炎赫，隆冬酷寒，或日中暴身，去衣驰骋《北齐书》。骑马裸奔，这比现在那些单纯靠人力裸奔的牛多了吧？

行为如此怪异又极具突然性，搞得身边人很被动。高洋去的地方又不固定，有时是郊区，有时是闹市，身边的人都觉得不好意思了，高洋却洋洋自得，打马立稳之后，时不时还要秀一下自己那强壮结实的身材。如此表现，就有点精神不正常的意思了。

要说这哥们精神上可能还真出问题了，因为他不光是胡闹似的玩耍，他还喜欢上了杀人。高洋爱喝酒，逢酒必喝，喝酒必醉，醉必杀人。他每天都喝，也就每天都在不停地杀人。

而且高洋杀人的手段极其残忍，“凡诸杀害，多令支解，或焚之于火，或投之于河”（《北齐书》）。让人不喘气仅仅是第一步，接下来还有虐尸辱尸的复杂工序。

到了后来，这哥们病情进一步恶化，行为几近失控。为啥这样说呢，据《北齐书》记载，高洋“每言见诸鬼物，亦云闻异音声”。老是说自己见着鬼了或是听到了什么动静，从现代医学角度解释，这是出现了严重的幻视和幻听，属于典型的精神分裂症状。

这些症状折磨得高洋更加敏感和狂躁，而发泄的方式就是杀人，甚至到了“情有蒂芥，必在诛戮”的地步，有一点不顺心或看不顺眼就开杀，倒霉的人就更多了。

更雷人的事情还在后头呢。高洋的侄女乐安公主嫁给了仆射崔暹的儿子，高洋曾问乐安公主过得怎么样，那头对她好不好。

乐安说：都挺好的，就是婆婆对自己不好（甚相敬重，唯阿家憎儿《北齐书》）。

高洋说：这老不死的，看叔怎么收拾她。

崔暹病故，高洋去祭吊亲家，看到了崔暹的老婆李氏，遗恨顿时涌上心头，继而狞笑着问她：想念你家的老崔头儿不？（颇忆暹不《北史》）

李氏说：结发夫妻，怎么不想念？

高洋说：既然这么想他，你还愣着干啥？跟他一块去了得了（若忆时，自往看也《北史》）。

抽出配刀，就把亲家母的脑袋砍下来，随手扔到墙外，然后扬长而去。杀人简直就是儿戏。

每天守着这样一个六亲不认的嗜血恶魔，有时还要和他睡在一个床上，战战兢兢的，我们的李祖娥能幸福吗？！

说到高洋的私生活，那就更完蛋了。对朝政失去兴趣后，高洋不是每天没事裸奔闲逛吗？有时去到臣属的府邸，只要看到了漂亮的女人，立刻就要占有（这倒也方便，本就光着呢，省去脱衣服的麻烦）。而伴随无节制淫欲而来的，则是变态虐杀的延续，就连亲戚们也不能幸免了。

李祖娥的姐姐嫁给了乐安王元昂，被高洋看上，想纳为昭仪，如此，元昂就显得有些碍事了。于是高洋把元昂招来，让他站在远处当箭靶子，“以鸣镝射一百余下”（《北史》），就像当初匈奴冒顿吹哨子射他爹一样，元昂立刻成了马蜂窝，鲜血噼里啪啦流个不停，最后终因失血过多而死。

给元昂办完丧事的第二天，高洋便“逼拥其妻”（《北史》），搂着李祖娥的姐姐乐呵去了。这事对李祖娥打击很大，自己的亲姐姐被这样糟践，无论如何于心不忍。于是每日啼哭不止，也不吃饭，对高洋说，你要我还是要她，要她我就下，要把皇后的位置让位给姐姐。

其实李祖娥这是在变相保护姐姐，好让高洋放过她。高洋无法，加上母亲娄太后（就是娄昭君，前文有过专门记述）也不停地劝，这才悻悻作罢（可见高洋即便精神上有问题了，对李祖娥依然很在乎）。

高洋的堂叔高岳也是个酒色之徒，他曾于坊间觅得妓女薛氏，后来也被高洋看中，立为贵嫔。久染风月，让薛氏变得风情万种，深谙欢场之道，高洋对她喜爱至极。可有一天高洋醉酒，忽然想起薛氏曾和高岳睡过觉，立时像吃了苍蝇一般，恶心、外带醋意，伴着酒劲儿直冲上头顶，抽出配刀就把她杀了。然后高洋把薛氏的脑袋砍下来揣怀里（“无故斩首，藏之于怀”《北史》），没事人一样去参加宴会了。

席间众人喝得兴高采烈，高洋突然把薛贵嫔的人头拿出来，往桌上一扔，看到众人皆惊惧骇然，高洋哈哈大笑。

酒和病几乎成了统一体，在高洋身上交互作用着。随着病情的加剧，高洋更加嗜酒如命，而酒精的作用也让他的精神变得更加不受支配。喝醉酒的高洋甚至连母亲和丈母娘都不认。

有次娄昭君坐在床边休息，高洋喝醉了进来，酒精燃烧，似躁狂的野兽，上去就把床铺给掀翻了，娄老太后猝不及防，立时摔了个嘴啃泥。高洋酒醒后道歉不迭，发誓从此戒酒，可只仅仅过了十余天，便一切还归本色，该咋样还咋样了。

高洋喝醉了去丈母娘家，“以鸣镝射后母”（《北史》），用对付元昂的把戏折腾李祖娥的母亲崔氏，一箭正中崔氏的脸，血流如注。又抽出马鞭狠抽了丈母娘一百多下才算解了气。

女人幸福与否，在很大程度上取决于她所嫁的男人，她们更在乎精神上的享受而非物质的拥有，物质上的满足也永远代替不了精神上的需求。

对于李祖娥来说，老公高洋的一个微笑、一个首肯，或是拉着她的手在一旁说会话的温暖，远胜过任何金银财宝。丈夫变成这样，李祖娥的生活早已失去了往日的温馨，伴随着物质的极限，她的精神也开始向另一个相反的极限发展。她苦闷异常，极度空虚，却只能默默承受着眼前的一切。

感情不是实物，可以通过把玩、观赏重新获得新鲜感。感情是感觉上的点滴积累，最后在头脑中形成的条件反射，所谓日久生情，大概也就是这个道理。

而反射是需要条件的，这个条件需要不断的维护和保养，当它发生质的变化时，感情也就随之淡漠。李祖娥每天目睹酒鬼、杀人狂的病态行径，先前的美好早就被遗忘在爪哇国了。她现在每天想的，就是这种日子什么时候是个头。

希望寄托在儿子身上

事物不是一成不变的，即便再艰难再困苦的日子，也终究会有熬到头的那一天——只要你能挺住，因为时间会改变一切的。

李祖娥挺住了。

俗话说，造得欢死得快。高洋如此折腾，纵欲无度、酗酒成性，体力透支，这谁受得了啊？所以没几年便呜呼哀哉了。高洋死后，他和李祖娥的儿子高殷继位，娄昭君被尊为太皇太后，李祖娥被尊为皇太后。

丈夫死了，李祖娥更多的不是感到悲伤，而是如释重负，长长出了一口气。这不是李祖娥不念及夫妻情意，老公的残暴和血腥，早已经淹没了爱情和亲情，除了害怕，她就只剩下疲惫和绝望了。

就像离婚的两口子打到不可开交时，绝不会想到热恋时的浓情蜜意。也好比久病床前无孝子，这不光是人性的问题，咱们谁也别把自己吹得那么神，等真正做到的时候再说也不迟。

和爹爹高洋不同的是，高殷的性情很温顺，是个极儒雅、极富爱心的皇帝，《北齐书》中所谓“温裕开朗，有人君之度”。更难得的是，高殷非常热爱自己的工作，以国家大义为己任，凡事亲历亲为，“省览时政，甚有美名”。是个很勤政的皇帝，声望颇高。所以高殷即位之初，朝政治理得虎虎有风，北齐也逐渐走上正轨。

这情形，不光是李祖娥，很多人也都看在眼里乐在心上。

因为性格上的差异，高洋其实并不喜欢这个儿子，总认为他太过懦弱，不像自己般风风火火、雷厉风行——他倒不说自己是精神病间歇性发作，别人根本学不来。

这就像一些不着四六的人，总把你的善良当成软弱可欺，把你的好心当成驴肝肺一样，他们从不知道站在别人的角度去考虑问题，还总喜欢把自己的肮脏龌龊强加于人，不能不说是一种悲哀。

高洋就是这许多人中间的一个，他曾试图强行改造这个儿子，差点没把高殷也整成精神病。

高洋不是喜欢杀人吗？于是他就让儿子高殷也学着杀，把人捆了，按在地下，让高殷拿把刀砍脑袋玩，目的是锻炼他的胆量和狠劲儿，在高洋看来，这是一个合格政治家所必备的两个基本素质。

这高殷哪敢啊，从小饱读圣贤书，只拿过笔没拿过刀，哆哆嗦嗦地下不了手。高洋冷眼旁观，看儿子是这么个没起色的窝囊废，早就气得暴跳如雷了，拎着马鞭子对高殷连抽带打（看来马鞭是这哥们儿的惯用武器），一下比一下狠，好像抽的是别人家的孩子。高殷连吓带怕，“由是气悸语吃”（《北齐书》），接连好几天惊魂未定，嘴里嘟嘟囔囔地胡言乱语。

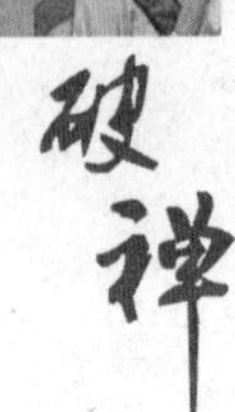

尽管不喜欢，但毕竟是亲生儿子，所以高洋最后并没有废掉他（也可能是没来得及，或者因为后来精神失常顾不着）。高殷继位后，皇宫一下安静了，也逐渐恢复了往日的生机。

看到儿子这么争气，李祖娥心中又重新升腾起希望，一颗冰冻许久的心也开始慢慢融化，她的脸上有了笑容，这笑容是发自内心的，是一个母亲看着成器的儿子时所发出的会心的笑容。

李祖娥的春天来了。

短暂的春天

就像如今的怪天气一样，冬天的寒冷会滞后、夏天的炎热会提前。李祖娥还没完全从丈夫的恶梦中醒来，也没能充分感受儿子成长所带来的快乐，便又迎来了小叔子高演的篡位。春天在她那里只做了短暂的停留，还没来得及与心灵彻底交融，便匆匆消逝得无影无踪了。

高演是高洋的六弟，娄老太后很喜欢这个儿子，高洋死后曾一度打算立他为帝，只是迫于朝中舆论压力才作罢。不过高演时任太傅、录尚书，高洋又遗命他辅政天子，是北齐的实际掌权者。

因为有了这么一档子渊源，大臣杨愔等人便向高殷建议，要他除掉高演，并废黜太皇太后娄昭君，否则这二人迟早是祸害。结果消息走漏，反招来高演的忌恨，于是高演罗织罪名上奏皇上，要求法办杨愔，并武力逼宫。

有太皇太后做后盾，高演又手握重兵，高殷母子无奈，只得下诏任命高演为大丞相、都督中外诸军、录尚书事，杨愔等人也被斩首，高殷这皇帝基本就成了摆设。不久娄昭君干脆下诏，废孙子高殷为济南王，让儿子高演继位大统。

这么一来，叔叔又接了侄子的班，娄昭君也降了一格，又成了皇太后，李祖娥也不能再担任太后一职了，另外封了她为文宣皇后（她老公高洋死后谥号文宣），搬出皇宫，移至昭信宫居住。不久，儿子高殷又被高演杀害，李祖娥心中升腾起的点滴希望彻底破灭。

移居别宫，过着寂寞清苦的日子，这个对李祖娥来说倒无所谓。经历过皇宫残酷血腥的明争暗斗，她乐得过一份清静与安宁的日子。况且他还有另外一个儿子高绍德——当时被封为太原王，时不时地会来看她，她也不算孤苦伶仃。假如真这样安享晚年的话，李祖娥也能心满意足了。

可惜福无双至，祸不单行。李祖娥的另一个小叔子高湛即位后，她的凄惨命运才算刚刚开始。

尝尽羞辱的女人

高演只在位一年多便死了，死前遗诏弟弟高湛即位，就是后来的无愁天子高纬他爹，喜欢冯小怜、不爱江山爱美人的那位。高湛这家伙和高洋很相似，前期很有作为，曾“诏大使巡行天下，求政善恶，问人疾苦，擢进贤良”(《北齐书》)，颇做了一些利国利民的好事。可是到了后期，他开始宠信小人，沉湎酒色，也开始变成一个冷血式的狂魔。

最糟糕的是，他还看上了嫂子李祖娥，不但打破了李祖娥宁静的生活，还差点要了她的命。

高湛即位后，威逼李祖娥与之私通（武成践祚，逼后淫乱《北齐书》），李祖娥不从，高湛恶狠狠地说：如果不答应就杀掉你的儿子。李祖娥无奈，只得含泪屈服。

屈辱就屈辱吧，为了儿子她认了。她能怎么办呢？一个弱女子，手无缚鸡之力，对方又是掌握人间生杀的皇帝，她惹不起。

所幸的是，虽说高湛是用卑鄙的手段逼迫李祖娥就范，但也是出于喜欢的前提，所以高湛对她还算不错。李祖娥除了道德和心灵上的痛苦，除了人前人后抬不起头来，其他倒也没什么。可是后来的一件事刺痛了她，也让她惹怒了高湛。

李祖娥怀孕了，是她和高湛的。没名没分，不清不白，李祖娥从此更加羞于见人。有一次儿子高绍德来见母亲，李祖娥都没见。高绍德平时听得流言蜚语，本来就很有气，这下更不高兴了，在门外嚷嚷道：我知道你为什么不见我，你一个寡妇挺着个大肚子怕丢人。一句话戳到了李祖娥的痛处，她羞愧难当，后来把生下来的女儿给扼死了。

这还了得，高湛闻听此事大怒，于是派卫士把李祖娥的儿子高绍德绑来，按在当庭，当着李祖娥的面，用刀柄猛击这位亲侄子的后脑勺，把个高绍德愣给活活敲死了。之后高湛还不解气，像疯了一般，命人把李祖娥的衣服扒光，然后用鞭子抽打她（裸后乱挝挞之《北齐书》）。

李祖娥疼得嚎啕不已，发出来的声音已经不是人类的声音，其状惨不忍睹。随后高湛命人将浑身是血、奄奄一息的李祖娥装在麻袋里，扔到宫里的渠沟之中（盛以绢囊，流血淋漉，投诸渠水《北齐书》）。

李祖娥并没有死，是好心的宫女救了她，趁夜晚用车子将她偷偷送出宫外，到附近的寺庙做了尼姑，养好伤后，李祖娥每日青灯相伴、吃斋念佛。北齐灭亡后，隋朝建立，李祖娥才回到了祖籍赵郡。

望着熟悉的家乡，听着熟悉的乡音，看着热闹的人来人往，李祖娥恍若做了一个美丽而又可怕的梦……

第四幕

[处事篇]

世事洞明皆学问，人情练达即文章。

——清·曹雪芹【红楼梦】

第八章　含情欲说宫中事

含情欲说宫中事，鹦鹉前头不敢言。

——唐·朱庆馀【宫中词】

破禅

35 温情

一种独属于女人的政治

男人不愿让女人掺乎自己的事业，除非他喜欢。这一点，长孙皇后活得很明白，她从来不参与李世民工作上的事，不左右、不迷惑，为老公提供了一个轻松的政治环境。她不是不懂政治，她一直在默默关注。只因她知道，只有这种温情的政治，才是女人最适合的角色。

两种形式的政治

后宫女人参政，一直是古代皇权制度中的一个特殊现象。一个热衷于治政的皇帝，政治就是他生命的全部，会充斥于生活的每一个角落，即便休息睡觉时也不例外。所谓三句话不离本行，大多是因为惯性思维使然。

为政者的思维惯性，是不可能在八小时之外迅速剥离的。对于他们，生活往往就是政治的一个延续，辛苦至此，想想也真不容易。

特别是在漫漫长夜而又无心睡眠之时，政治的灵感像晚间喝多了茅台，会不听指挥地泛溢，冲突碰撞却无法宣泄，纠结郁闷之中，又不便立刻调秘书或同僚过来，盘腿卧脚，一通海侃到天亮。所以难免退而求其次，就地取材，向卧榻之侧的糟糠倾诉一下，聊以慰藉。

对一个职业官僚来说，老婆既是自己的崇拜者，也是最忠实的听众（仅限于翻脸之前），这位政治上的“友人”，既不像与对手说话那样，需反复酌定、三思而动；也不像对同僚说话那样，刻意为之、有所顾忌；更不像对下属说话那样，故作高深、维系姿态。也的确是一个不错的选择对象。

好多女人喜欢政治，最初都是源于床笫之间。这种一对一的政治学普及，胜过任何辅导班培训课，其进步是突飞猛进、令人瞩目的。甚至有段日子不见，你都会不认识她了。

干部的成长，有如多年不见的发小，总在忽然之间长高长大，我们没必要为此惊诧莫名，因为你并不是二十四小时伴随着她。

当然，为官者往往不满足于一个听众，就像有时会不满意自己的秘书或副手一样。一成不变的对答，预先设计的表情，哪里该提问，哪里该喝彩，都变做一种程式化的东西，无法刺激政治的灵感。犹如一成不变的做爱方式，时间久了难免会感到乏味。他们需要各种各样的床上粉丝，以不同的方式，去满足他们不同的倾泻欲望。

在床上谈政治，往往有着意想不到的效果。于朝堂之上说事，完全一副公事公办的模样，虽煞有介事，却是庄重有余、活泼不足。而在床帏之间，软玉入怀，荡然于胸，似乎僵硬的政治也变得温情起来，少了萧杀冰冷的气息，多了灵活生动的气象，从而让人能够很感性地去分析一些极理性的事情，豁然开朗也未可知。

这绝非夸大其辞，政治并非只有刻板和理性，它也有灵活、感性的一面，因为为政者不是木头，更不是机器。只是相比之下，他们的理性思维要多一点，感性的时候并不多见，否则就不能称其为政治家，而最多只能算艺术家了（如果您恰巧相反，只能说明哥们你还不成熟，仍需进一步历练）。

总是一种理性的思维模式，头脑难免会僵硬淤结。而在感性的空间中处理理性的事情，或许能让僵硬的思维打开，从而碰撞出思想上的火花。我怀疑好多的亮点工程，或是报告中的闪光点，就是这样一下一下碰撞出来的，否则不可能整得那般煽情。

而要有感性的碰撞，就离不开女人。这种夫妻政治（或说情人政治）的形式，不论古代还是现代，都较为普遍和流行，也是女人们参政的主要形式之一，我们不妨将其称为“床内政治”或者“床上政治”吧。

不谈政治的女人

凡事都有特例，也不是所有女人都对政治感兴趣，即便你循循善诱、不断勾引也不行。她们可以依赖你的权利，以实现自己的人生目标，却并

不一定参与其中。

还有一种女人，每天接触的人和事都与政治或人事有关，但她们也不参与其中。这样的女人少之又少，没有极高的素质和修养绝难做到，堪称女人中的精品。

我们今天要说的这位——唐太宗李世民的老婆长孙皇后，就是这极少人群中的一个典型代表。

长孙皇后虽贵为国母，自己握有实权，享受着国家级的待遇，却并不过问政治，也不和老公李世民谈论政事，不光床下不谈，人家床上也不谈。你老李憋得难受，爱找谁谈找谁谈，俺就是充耳不闻、不为所动。

李世民是个政治家，这个无需置疑。既是政治家，李世民说话就难免会谈及政事。况且，李世民一向以民主的形象示人，也非常愿意听取别人的意见，和宰相魏征，不就留下了从谏如流、君臣和谐的千古佳话吗！

对于长孙皇后也一样，特别是爱意犹存，睡不着觉，而敏锐的政治神经突然跳跃出来又无法遏止的时候，李世民说话的欲望就尤为强烈。这个人能力如何？那件事该怎么办？也想听听老婆的意见。可你说你的，人家长孙皇后全神贯注地听着，却并不表态。

最后李世民急了，龙颜不悦，用脚一踹长孙皇后（踹没踹俺也不知道，不过看情势还是有可能的）。你倒是说句话啊，光我一人在这唠叨，跟单口相声似的，也得有个捧哏的啊。

长孙皇后已经三缄其口，再不答话实在说不过去了，挨过了一脚，这才叹了口气，说："牝鸡司晨，家之穷也，可乎？"（《新唐书》）没正面回答，反问李世民：要是母鸡打鸣公鸡下蛋的，您说这行吗？不是我不配合你，这本来就不是我的活儿，我要越俎代庖，咱们大唐离灭亡就不远了。

看李世民不悦，长孙皇后一脸崇拜地说：相信你能行的，我的老公最棒了。

老李无奈，只得转头睡去，嘴里嘟嘟囔囔：没劲，真没劲。

长孙皇后所谓"牝鸡司晨"之语，是在说妲己祸国的前车之鉴，她不想步其后尘。这比喻当然有点夸大，因为并非所有女人都有妲己那样一颗成心祸国的心不是？长孙皇后与妲己在本质上还是有区别的。

况且妲己那本就是不懂政治的胡闹，如果硬要在前面给她加个政治头衔的话，最多也就属于“床上政治”。先把你迷个五迷三道的，然后再吹个风点个火啥的，其实简单得很，没啥技术含量。

长孙皇后不喜欢这样的床上政治，她也不喜欢床下政治。

历史上皇后直接走上前台干涉朝政的大有人在，像西晋时的贾南风和她的白痴丈夫司马衷，床上政治肯定无从谈起，因为后来二位各有自己的床上客，晚上基本见不着面，婚姻实质已是无性婚姻。贾南风直接参与朝政，应该属于床下政治。

隋文帝的老婆独孤氏，有本事有手段，与文帝杨坚并称“二圣”，隋文帝在床上床下都听她的，这属于床上政治与床下政治的结合体。

这些形式长孙皇后都不喜欢，人家就是远离政治，李世民有啥过不去的坎儿，对不起，别找我，找大臣们商量去。

不参政不等于不懂政治

讲政治一词，犹如和尚论道时的禅机，成为政客下意识的一句口头禅，也成为他们应对一切谈话难题的不二法宝。

单从表面上看，长孙皇后对政事不掺乎、不搅和、不折腾，连睡觉都老实巴交的，铁定属于这种讲政治的典型。不过长孙皇后的讲政治，却不只听话这么简单。她不是那种懵懵懂懂稀里糊涂的女人，也不是那种人云亦云、诸事不干其虑的庸人。不谈政治，不参与政治，不等于她不懂政治，也不就说明她对政治毫无兴趣，只是她对待政治的方式和别人不一样。长孙皇后有她自己的想法，也有她固守的原则，她是懂政治而不参与政治。用句时髦的话说就是：她搞的是低碳政治。

长孙皇后其实很精明，你别看人家不说不闹的，可诸事都看在眼里记于心上，头脑清楚得很，心里也跟明镜儿似的。为啥这样说呢？我们看看长孙皇后的处事风格就知道了。

长孙皇后不光自己对政治低调，对家里人也持此种态度。他的哥哥长孙无忌和李世民是故交，李世民没当皇帝之前俩人就很要好，坐了江山之后，李世民念及旧情，想提拔重用长孙无忌，于是和长孙皇后商量。

这次长孙皇后没有保持沉默，而是坚定地说：“妾托体紫宫，尊贵已极，不愿私亲更据权于朝。”(《新唐书》)明确表示不想让自家的亲人执掌大权。

不过李世民这次没听她的（看来长孙皇后床上不说话还是对的，说了人家也不一定听啊），依旧任用长孙无忌为尚书仆射（相当于宰相，唐初未设尚书令）。长孙皇后没办法，就秘密派人告诉长孙无忌，让他向李世民辞职。李世民无奈，只得收回任命，让长孙无忌改任他职。人事任免重新一宣布，长孙皇后高兴得差点儿蹦起来。

长孙皇后不想让哥哥担当要职，不是她对家人漠不关心，也不是她高风亮节、大公无私。私心是人人皆有的，只是轻重不同而已。我们没必要因为一句话或是一件事，就不负责任地乱扣高帽，甚至隆重推出什么让国人学习效仿的英雄楷模。

事实上，长孙皇后不是不想让哥哥当，她是不想过早地让哥哥担任要职，这是出于对他的一种保护。她知道伴君如伴虎的道理，知道水满则溢、月盈则亏的道理，李世民感激长孙无忌不假，但是真让他做了高官，就会产生一些新的矛盾。

从这点上，我们就能看出长孙皇后的高明之处了。她不是不懂政治，而是深谙为政之道。后来长孙无忌经过数年的历练，政治上日臻成熟，终于成长为一个沉稳老到的政客，李世民再次委以司空重任，长孙皇后也就不再说什么了。

有自己的一方天地

长孙皇后的精明，还在于她很注意自己的公众形象，或者说她的政治形象。对自己的亲人严格要求，这是一种低调。而对那些和自己不是特别亲的人、甚至曾经对自己做过错事的人，长孙皇后却能做到襟怀若谷、高调处理。

长孙皇后有个同父异母的哥哥长孙安业，为人品质恶劣，与长孙皇后和长孙无忌兄妹俩的矛盾很深。父亲死后，长孙安业便将长孙无忌兄妹俩逐出家门。长孙家族飞黄腾达后，长孙安业也当上了将军。后来长孙安业与李孝常等人一起谋反，犯下死罪，李世民要杀他，长孙皇后听说后，急忙赶到现场，为其叩头求情。

长孙皇后说：长孙安业谋反，罪不容诛，但人人都知道他和我们有矛盾，你如果杀了他，天下人都会认为是我在打击报复，是我向你吹得枕边风，大家伙儿也会说你坏话的。

话不多，但句句在理，李世民这才免其死罪，改为流放，长孙安业算是捡了一条小命。

长孙皇后此举，目的当然是为了解救长孙安业，说明她心地很善良，心胸很宽广，不是那种睚眦必报的小人。另一方面，也说明长孙皇后是很注重自己的公众形象的。

此举也再次证明，长孙皇后不是那种胸大无脑、油瓶子倒了都不扶的主，她很冷静、很睿智。而在自己的一亩三分地儿——后宫，长孙皇后则表现得更加老到。那里也成为她大展拳脚的一方天地。

你别小看了后宫，这个大杂院要是管好了，对整个皇宫乃至整个国家的安定团结、和谐发展，都是大有裨益的。

长孙皇后很仁慈，对待后宫姐妹，她多从女人的角度出发，体谅她们、呵护她们。有不小心犯错的，她不是用权力恐吓处罚，而是以批评教育为主，做耐心细致的思想工作。她喜欢和她们交心，喜欢用人格魅力去感染她们。有时事态严重，惹得李世民都发怒了，非要治罪，长孙皇后也会在量刑上尽量予以照顾。

利用业余时间，长孙皇后还专门著写了《女则》十卷，“撰古妇人善事”(《旧唐书》)，以教导后宫之众，共同构建和谐后宫，为大唐盛世贡献自己的一份绵薄力量。这让长孙皇后的形象变得十分高大，人格魅力持续升高。

女人的细心，有时会转变成温暖，作用在其他人身上。这大概就是人们常说的温柔吧。女人的温柔其实不只体现在对待男人上，在同性之间也能体现。长孙皇后对后宫那些女人们的生活，就表现出无微不至的关怀。

比如，一个嫔妃生孩子死了，她就承担起抚养这个孩子的义务，对他视如己出。伺候自己的侍女生了病，长孙皇后便将御赐给自己的药给她吃。此种事例，不胜枚举。如果电视台要采访长孙皇后的话，那么宣传主题一定是：大唐后宫十年，温暖无处不在……

长孙皇后的温情政治

长孙皇后就是这样一个性格鲜明的人。她对政事低调，是因为她对自己的男人有信心，是为了让男人放手去干自己的事业，不左右、不迷惑，给他提供一个轻松的政治环境。

世上没有几个男人真的愿意让女人掺乎自己的事业，除非他喜欢，主动要求。在这一点上，长孙皇后活得很明白，李世民是个好强的男人，他知道他想要什么，她也知道他有能力处理好任何事，所以她不会走向前台去指手画脚。

在更多的时候，长孙皇后是抱着一种欣赏的态度，去鼓励自己的男人，并在生活上给予体贴和照顾，让他将精力专注于政事，而不是让一些琐碎缠身。这其实也是一种政治，是床上政治与床下政治之外的第三种政治，是一种独属于女人的温情政治。

而长孙皇后用自己的仁慈、善良和温情，用她强大的人格魅力去感染后宫，让后宫秩序井然，这也是对李世民治政的一种支持。俗话说，治国先治家，家和万事兴，后宫自然就是李世民的家了，只有家里安定了，他才会空出心思去考虑那些国家大事，才会有精力去叱咤风云、反转乾坤。长孙皇后作为李世民背后的女人，她用实际行动做到了这一点。

历代帝王，有多少人因为后宫之事缠身，又有多少人沉迷于儿女情长不可自拔，有的还干脆将前台政治变成了后宫游戏。我们前面不是说过五胡十六国时期的汉国皇帝刘聪吗？那哥们儿创下了连续百天不上朝的记录，有点事也是在床帏之间进行。

不过刘聪还算是好的，他毕竟偶尔还处理一些事情，还有些皇帝干脆直接从一国之主退位为男妇联主任了，只去那胭脂花粉中自娱自乐、醉生梦死。长孙皇后不想让丈夫成为那样的人，她会失望的。

温情长久积蓄之后

长孙皇后一辈子选择低调，一辈子选择温情政治，却在临死前着实参与了一把政治，就是关于宰相房玄龄的任用问题。这也是她唯一的一次主动参政。

长孙皇后对李世民说:“玄龄久事陛下，预奇计秘谋，非大故，愿勿置也。”(《新唐书》)这话换成今天的说法就是：房玄龄素质过硬，有能力、有魄力，希望组织上多给他压压担子。

这个人事问题的提出，打破了长孙皇后一贯的处事原则。然而也正是这一次的参政，让长孙皇后的政治理念定了性。应该说，这不是一个简单的人事任用建议，它是长孙皇后一生政治韬略和政治感悟的结晶，是她经过长时间的观察、长时间的积累得出来的结论，是温情长久积蓄之后的集中爆发。

这次她之所以没有选择沉默，是因为命不久矣。她以后再也不能默默关注和关心自己的男人了，她终究放心不下，她要贡献自己最后一分光和热，给丈夫，给大唐。这既是她的临终遗言，也是她送给丈夫和大唐的一份沉甸甸的厚礼，其中没有掺杂任何私心和杂质。

她知道，老公会读懂她这份良苦用心的。

36 淡定

什么样的手才算美

破禅

女人手的魅力，不只在于它的柔美，还有它所表现出来的韧性。章要儿用那双完美漂亮的手，在陈朝政坛上从容地表现她的坚毅和淡定：一手扶持了第二任皇帝陈蒨，亲手废掉了第三任皇帝陈伯宗，援手迎立了第四任皇帝陈顼。而章要儿为国为民的心灵境界，也正像她那双独一无二的手一样：干净、美丽、温暖，充满了无穷魅力。

男人最关注女人什么

所谓美女，除五官漂亮外，还要有身材，这是现代的审美标准。当然这仅指外表，真正的美女还要有内涵，讲究内外兼修，浑然一体。这种由内到外的透射，亦即我们常说的气质。

气质这东西其实很难把握，因为每个人的感觉会不尽相同。你以为你很有气质、鹤立鸡群了，别人未必欣赏和买账。况且光有气质也不行，美丽的外表总是气质表现的最佳载体，二者是相辅相成的。

在古代，人们其实更注重女人的外表，因为彼时的女人，是不可以随意表现自己的个性和气质的，除非沦落风尘，要以此为生，否则便有伤风化之嫌。

古代选美，也讲身材，但不像现在这般在意。古人思想比较保守，男女禁忌较多，女人要讲妇德、守妇道，不能像现在穿着比基尼高跟鞋在大庭广众之下扭来扭去。至于充当人体模特、裸体接受记者采访，那更是十恶不赦，还不如抹脖子自尽呢。古人讲究身体发肤受之父母，肌肤是不能随便外露的，即使在炎炎夏日，你该穿裤子还得穿裤子，外面该套裙子还得套裙子。

既然不能恣意展示，那么古人对女人身材的要求也就大打折扣了。古代女人所能够露在外面的身体部件，除了脑袋，大概就是手了，其他一律包裹严实。也因此，手一直是古代美女们最注意的地方，也是古代男人们最关注的地方。其重视程度，相当于如今对胸、腿、臀的关注度。

那么，什么样的手才算美呢？最起码要符合四点。

首先软是一个基本的要求。柔若无骨，盈盈一握，会融化铁石心肠，触动你内心最柔软的地方，所谓铁汉柔情，大约都是从握住软玉的那一霎那开始的。手如钢叉，只会让铁汉更加的辣手无情。

再就是白。一白遮百丑，白而净，特别有美感，最好白里再透些红，健康色，让人看着舒服。十指如葱，说的应该是葱白，而不是葱叶，那样就大煞风景了，也怪吓人的。

细腻也是一个硬指标。古人常把女人的手比作柔荑，就是茅草的嫩芽，极言其柔嫩细腻。这样的手像是做工精美而又易碎的玻璃器皿，让人小心翼翼、轻拿轻放，也就显得特别娇贵。

还有一点最重要的，就是手型。手要修长，不能太粗壮。粗壮的比较实用，比如和面、抡镐，却不适于欣赏。所幸手长得漂亮的女人，大多用不着去和面、抡镐。拥有一双柔软白嫩而又修长美手的女人，更适合于弹钢琴，而不是去抬钢筋。

男人为什么喜欢女人的手

手生得好，这是先天决定的，后天你还要会保养，否则就白瞎了那双手。你看慈禧老太后，手上每天都带着几个护指，为的就是保护她那双手，以及她那长长的指甲。指甲是手的一个重要组成部分，也很重要，因为长长的指甲容易在视觉上增加手的修长感。

当然，长指甲也不是任其乱长疯长，也要精心修饰和保养，末了还要涂些颜色上去。这样的手更像一件艺术品，适宜欣赏，如果再去和面，就如牛嚼牡丹般大煞风景了。

现代的女人，也喜欢留长指甲，还雕上花，在色彩和装饰上更加五彩斑斓、动感传神。如今的美甲，业已成为一种职业或艺术了。女人如此在手上费心劳神，其实不仅是为了让别人欣赏，自己看着也舒服。拥有一双完美漂亮的手，会让女人变得更加自信。

女人的手，在古代也属于禁区之列，不能说握就握说摸就摸。男女授受不亲，古代女子又多烈性，不像现在的女人这般想得开，搞不好会弄出人命的。

也正因如此，古时赞美手的诗句也特别多，比如，“红酥手，黄藤酒”（陆游《钗头凤》），再比如，“佳人不忍折，怅望回纤手”（杜牧《独柳》），“纤纤手，拂面垂丝柳”（韦庄《河传》）。都是酥手纤手的。

古人为嘛对女人的手这么上心？皆因手是古代女子除头部以外，唯一可以露在外面的身体部件。它能够给人以直接的感官认知，有着一定的视觉冲击力，所以歌颂赞美的人也就特别多。

女人手好看，对人自然有吸引力。但女人光手美也不行，还要体现综合实力。别的地方不美，龅牙歪嘴外带罗圈腿，手再美也会大打折扣。

当然，如此形象的女人，手也好不到哪去，不然它也不配套啊。即便不小心出了例外，那手也会大打折扣。看到那手，你会不经意地联想到她那夸张突兀的大龅牙，犹如热血沸腾之时，谁给你当头浇了一瓢凉水，不但即刻对周边兴趣索然，还会有担心伤风感冒的余悸。所以即便再酥再纤，雕上花，也没啥吸引力了。

一个拥有绝世美手的佳人

古代手长得漂亮的美女大多都在宫中，或是生在富贵之家。富足而不用干活，手在保养上就有保证。古代诗文中描述的那些纤手玉手，大都出在这些地方。天天在地里抡铁锹大镐，吃了上顿没下顿的，哪还顾得上保养什么手啊。

《陈书》上就记载了这样一位后宫女子——章要儿。人长得没得挑，“少聪慧，美容仪”，聪明而漂亮，相当于现在的博士后美女，绝对的智慧型。最值得一提的是她的一双手，很特殊，很漂亮，甚至可以说世所罕见。

为啥这样说呢？咱看看《陈书》上是怎么描绘的就明白了：“手爪长五寸，色并红白。”只一句话，九个字，美手的几个基本条件就全具备了——修长，白里透红，漂亮而健康。是标准美女的手。

把美女的手称为爪子，多少有点大煞风景。《红楼梦》中，晴雯骂坠儿，“要这爪子做什么？拈不动针，拿不动线，只会偷嘴吃”，那是骂人的话。现在也是，你管哪位姑娘的手叫爪子试试？非跟你急眼不可。

不过现在手爪是一个词组，过去可是两个词，手是指的手的主体部分，爪是指指甲。否则章要儿手再长，也不可能长5寸啊。两晋时尺寸换算，1寸相当于现在的2.42公分，5寸便有12公分长。有点太长了。所以手爪之说，是算着指甲呢。

章要儿是南北朝时期、陈朝的开国皇帝陈霸先的皇后，吴兴乌程人，原本姓钮，只因父亲自小被一个姓章的收养，所以就改了章姓。关于章要儿的事迹，史书记载不多，但我们大致可以知道她两个方面的特点：一是善权谋；二是尚节俭。

善权谋不是弄权，弄权是对权力最初级的运用手段，是为了一己私利鼓捣出来的小伎俩。真正的政治家，有着大气魄、大胸怀，有着为整个国家着想的大谋略，此谓之权谋。章要儿便是如此。而崇尚节俭，不仅让我们看到了这个昔日后宫之主的优良品质，还进一步映衬出她以国为重的权谋之道。

要说女人手长得漂亮的，绝不止章要儿一个，特别是在生活和保养上颇有保证的皇帝后宫。但章要儿这双手，却绝不止漂亮这么简单，可以说，它是既美丽又动人。美丽不消说，所谓动人者，除令人怦然心动之外，这双手还曾有过惊心动魄的壮举。

一双独一无二的手

前面说过，章要儿是智慧型美女、政治家，人很聪明，“善书计”(《陈书》)。或许正是她自小培养出的这种素养，才赋予了她这双手新的使命。她用这双动人的手，几乎主宰了陈霸先之后的整个陈王朝的命运，决定了整个陈王朝的历史走向。

就是章要儿这双手，一手扶持了第二任皇帝，陈文帝陈蒨。还是这双手，又亲手废掉了第三任皇帝陈伯宗，援手迎立了第四任皇帝陈顼。如此厉害的一双手，绝对应该载入陈朝历史的史册，也应该载入中国历史的史册。

陈蒨是陈霸先的侄子，当时是安东将军、临川王，原本没有资格继任皇位。立陈蒨，既是章要儿的英明决断，也是当时的形势所迫。陈霸先虽然建立起了新的王朝，但侯景之乱的乱源未尽，地方上还很不太平，王朝政权还很不稳固，这个局面即使在陈霸先死时，仍未得到彻底解决。

而陈霸先当时的子嗣尚小，《陈书》中所谓“诸孤藐尔，反国无期”，根本无法应对这种复杂的国内形势。章要儿于是审时度势，狠下决心，“秘不发丧，召世祖（陈蒨）入纂”。这双美丽柔软的手，第一次显示了它的坚强和力度。

章要儿这双手没有选错人。若以威信论，陈蒨也确实堪当大任，他跟随陈霸先打天下，曾为建立陈朝立下了汗马功劳。即位之后的陈蒨，也是不负重托，他治政清明，与民生息，开创了一个崭新的局面。

破禅

陈蒨之后，其长子陈伯宗继位，“仁弱无人君之器”，从气度上就没有一个皇帝样儿，而且还整天想着玩乐，挥霍无度，花钱如流水，完全一副富二代的行为做派，心思根本没在治理国家上。陈伯宗在位仅两年，便折腾得“内府中藏，军备国储，未盈期稔，皆已空竭”。好家伙，老爹陈蒨辛辛苦苦挣下来的基业，差不多全让他吃光造净了。

鉴于此，章要儿再次出手，对陈朝高层人事进行调整，果断下诏废黜陈伯宗为临海王，你干不了趁早靠边站，别在这败家了。随后启用了陈蒨的弟弟——也就是陈伯宗的叔叔、当时的辅政大臣陈顼。陈顼是继陈蒨之后，陈朝的又一位明君之主。《陈书》上说他“器度弘厚，亦有人君之量焉”，懂政治、善谋略，陈朝的国力因而再次得到恢复和发展。

章要儿一手定乾坤，该出手时就出手，充分显示出这双手的魅力和大气。

章要儿于诏立陈顼的太建二年，也就是公元 570 年病死，享年 65 岁。死前，章要儿遗令，“丧事所须，并从俭约，诸有馈奠，不得用牲牢”（《陈书》）。一个一生伴历四任皇帝的后宫之主，竟然简朴至此，让人由衷敬佩。

而章要儿主宰后宫 14 年期间，其家族中竟没有一人在朝中做大官的，只有一个族兄，做了个散大夫的小官。

章要儿为国为民的心灵境界，就像她那双独一无二的手一样干净、美丽、温暖，充满了无穷的魅力。

37 平静

迷倒的不只是男人

“食、色，性也。”这话涵盖了人们对物质和精神的双重需求。所以，尽管桓温惧内，也会在紧张忙碌的工作之余，悄悄另觅新欢。男人怕老婆而又喜欢偷腥，整热闹了是迟早的事。然而很少有人会像李氏那样，在剑拔弩张中表现出平静如水的气质。平静会增加女人的魅力指数，面对李氏的从容，南康长公主最后也不忍去破坏这份美好。

成功后的男人想什么

女人的悍妒，大概是最让男人吃不消、也最让男人头疼的事情。这一点，即便是素有“挺雄豪之逸气，韫文武之奇才”(《晋书》)称谓的东晋北伐名将桓温，也不例外。

桓温（312~373 年）的才略武功自是不必说了，西灭成汉（五胡乱华时期、十六国之一)，一举成名。而后又三次北伐中原，虽然最后都以失败告终，却打出了东晋朝的威风，同时也奠定了桓温——乃至整个桓氏家族在南国中的地位。就是这样一位冲杀疆场的大英雄，他也是怕老婆的。不过想想也不奇怪，因为桓温的老婆并不是普通人，是南康长公主——东晋明帝司马绍的女儿。皇帝的千金，桓温焉有不怕之理？况且这个南康长公主也不是什么省油的灯，这个咱们一会再说。

驸马的身份，让桓温在朝中地位巩固，但他的成功，绝非仅靠这个显赫身份。他有着骄人的政绩，有着征战疆场的真功夫，他的地位和他的战功是成正比的。应该说，桓温喜欢权力，善用权术，也一直想着获得升迁，而要升迁得有政绩，所以他在这方面做足了功夫。但桓温也不完全就是工作狂，他有他的业余生活，在紧张忙碌的工作之余，桓温也会不失时机地给自己的生活增添些新鲜色彩。这也不难理解，地位有了，权势有了，自然就会要求生活质量的同步并进。各方面都跟上了才算配套。

“食、色，性也。”这话其实涵盖了人们对物质和精神的双重需求。

吃穿用度，桓温不讲究，甚至可以说很简朴,《晋书》上说,“温性俭，每燕惟下七奠柈茶果而已”。并非豪华铺陈，也并非每顿燕窝鱼翅的胡吃海塞，只要能填饱肚子就行。他的兴趣不在物质上。

即是如此，那么桓温要想提高生活质量，就只能在精神上了。而男人的左拥右抱，你说他低俗也好，好色也好，不思进取也好，总归是一种精神上的享受。这话你不同意没关系，关键是我们的主人公——桓温先生同意，而且笃信不移。因为他很快就给自己纳了个小妾。

过去男人三妻四妾是允许的，对于一个朝中命臣、大将军来说，不纳妾倒显得有些不正常。不过桓温纳的这个小妾也不是个一般人，是成汉末帝李势的妹妹，桓温灭成汉时相中的。成汉虽然被灭了国，但李氏的皇家身份是变不了的。

于是一个是当今圣上的千金，一个是异国末帝的妹妹，在桓温的眼皮子底下，共同演绎了一段剑拔弩张的如烟往事。

男人在书房里都干点啥

事件发生的地点在桓温的书房。桓温很喜欢这位李氏，但他没有给他置办房产，也没让她住在偏房，而是在自己的书房给她腾了个地方，支张行军床，再放置些女性的梳妆用品，就算一切妥当了。

桓温当然不能说买不起房，就是房价再贵，要弄个别墅也跟玩似的，人家实力在那摆着呢。甚至不用买，那些豪富巨贾们听到消息，也会悄悄置办好将钥匙送来——这正好是一个堂而皇之的附会理由。桓温之所以将其安置在书房，并不兴师动众，他是有着成熟考虑的。

对于一个成功男人来说，书房总是一个极其重要的所在。书房需要安静，是防打扰的地方。在这里，桓温既可以和亲信密谈机密要事，也可以长时间地去思考一些谋略。当然，他一样可以在这里暂时躲避那些俗世的困扰，让心灵获取一片相对自由的空间。而将李氏安置在书房，既规避了人多眼杂，也能方便随时亲近，还添了些偷情的刺激，可谓一举三得。

桓温以前爱不爱读书，在书房滞留的时间长不长？我们不得而知。不过可以肯定的是，自从书房多了李氏这个可人，桓温泡书房的时间定要无限制的延长了。有事没事，桓温都会背了手，踱着方步，兴高采烈地去“翻书”。

从桓温此举，我们最少能得到两方面的信息：一是李氏长得一定很漂亮；二是桓温一定很怕老婆。

包二奶是如何被老婆发现的

李氏长得有多漂亮？刘义庆在《世说新语》中略有描述，说她“发委藉地，肤色玉曜”，长发飘飘的，皮肤很白，也没具体说怎么漂亮，眉毛眼睛长啥样不知道。但能让桓温看上，还把她藏起来，如此煞费苦心的，长相定然错不了。弄个鞋拔子脸还当宝贝似的藏着，定然是神经系统出了毛病。要说这人的遗传变异有时也很奇特，同是一个娘生的兄妹俩，李氏的哥哥李势“身长七尺九寸，腰带十四围”(《晋书》)。那椭圆的形体，堪比美国大片中的怪物史瑞克，在当时也属于怪胎之列。而妹妹却偏偏出落成了绝色佳人。

桓温怕老婆，史书虽无详尽记载，但其行为已是昭然若揭。他把佳人李氏藏匿于书房，如此隐蔽的所在，自然是不想让南康长公主知道。否则纳个小妾，敲锣打鼓地娶过来不就完了？比添件衣服费不了多大的事。

男人怕老婆而又喜欢偷腥，整热闹了是迟早的事。

凡事没有不透风的墙。书房再隐蔽、再私密，它也得有服务员打扫收拾，给换壶开水、递个热毛巾啥的吧！所以桓温这事尽管瞒得紧，最后还是不幸走漏消息，让南康长公主给知道了。

这还了得，好你个桓温，敢背着我养小蜜，你是长出息了你。长公主义愤填膺、怒目圆睁，犹如打了鸡血一般亢奋。不由分说，便“与数十婢拔白刃袭之”(《世说新语》)。招呼了十几个贴身的丫鬟奴婢，抄家伙就奔书房去了。

我们可以想象一下彼时场景，十几个涂脂抹粉、穿红戴绿的柔弱女人，突然变得凶神恶煞起来，手拿匕首菜刀笤帚擀面杖等凶器，嘴里吆喝着互相壮着胆烘托着气氛，场面既火爆又好笑。您现在看出咱们这位南康长公主不是好惹的主了吧！

其实要说遇到这事，有点过激的反应也很正常。谁也别说谁，搁谁都会吃劲。可南康长公主不一样啊，那毕竟是有身份的人，受的是高等教育。像农村泼妇般去打架，打得还是群架，就显得有失体统、有损形象了。足见我们这位公主脾气之火爆刚烈。

女人如何应对突发事件

行为如此过激，看着让人没底。不过这事在《世说新语》中记载的明明白白的。

《世说新语》是记述魏晋时期人物言行的一本笔记体小说。同是小说，和后来的宋朝脚本、明清小说则大不相同，它具有很高的史学价值，向来为史学家们所推崇。所以此事的真实性还是可信的。

接下来的事情，就像好莱坞大片里的情节，一番紧张火爆的音乐响过，观众正要透不过气来，冲突却戛然而止。南康长公主带人杀过去时，李氏正在对镜梳头，突然房门被踹开，张牙舞爪地进来一大帮老娘们儿，嘴上还骂骂咧咧，顿时明白发生了什么。

就南康长公主当时摆出的那阵势，换个别人早就吓得花容失色、两腿打颤了。可人家李氏一点害怕的意思没有，继续慢条斯理地梳头，同时用极平静的口吻对南康说："国破家亡，无心至此，今日若能见杀，乃是本怀。"你们来得正好，我国破家亡，早就不想活了，这鬼地方你当我稀罕来呀，动手吧。李氏"不为动容"，无丝毫惧色，其实也不能说她的定力有多高，只是她抱有必死之心，便显得很坦然。死都不怕还有什么好怕的！这下倒把南康长公主给整懵了，一帮人抄着家伙呆立在那里，犹如动画片的定格，不知如何是好。

到底是南康长公主见多识广，最先回过神儿来，在心里惊叹一句：这大概就是传说中的镇定吧！这主厉害，不好惹。于是"主（南康）惭而退"，带着姐妹们原路返回，撤了。

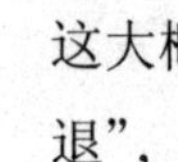

女人不愿破坏美好的东西

南康长公主为什么撤？是不是真的被唬住了？按说皇帝的千金也是见过大世面的人，况且当时长公主怒火中烧、义愤填膺，满脑子都是杀人的心思，不至于这么容易就泄了气，这也就给后人留下了无限遐想的空间。

后来刘宋时期的虞通之，在他的《妒记》一书中对此事有过进一步的描述，说当时南康长公主看到李氏“神色闲正，辞甚凄惋，于是掷刀”，被彼时情景感化了，于是把刀一扔，说“阿子，我见汝亦怜，何况老奴”。我看见你都心疼喜欢得要紧，何况是那老奴呢。

虞通之传递出的信息再明白不过了：南康长公主是被李氏的美貌给折服了。

南康口中的老奴，指的自然就是桓温。南康是公主，桓温的官再大，他也是司马氏的家奴。不过这也可能是南康对桓温的一种爱称，相当于农村老太太称呼自己的老头子为老不死的，其实并不真的盼着他早点死，而是喜欢得要死。《射雕英雄传》中梅超风管自己心仪的男人陈旋风叫老贼，在内涵上也是一样的。

此书给出的最后结局，又有些像喜剧电影的结尾，南康长公主自此“遂善之（李氏）”，俩人由情敌变成了好姐妹。这个杜撰的成分应该就很多了，南康欣赏归欣赏，可再怎么着俩情敌也不可能好成一个人啊！就是当下我见犹怜、为之感动，以后见桓温老往李氏那儿跑，南康能无动于衷？能不吃醋？

这样的记述，大概是作者善意的一厢情愿吧。二女共侍一夫，而且其乐融融，也迎合当时男人们的理想。

不过南康为李氏的美貌所折服，这是完全有可能的。人的本性都是善良的，南康长公主没杀李氏，该是人性善的一次具体体现。况且恻隐之心人皆有之，不管这人有多凶恶，多么的狭隘，多么的小肚鸡肠，他对美好事物的态度，总是一体两面、交相迸发的，一方面想占有，一方面又会自觉去维护。

平静会增加一个人的魅力指数，李氏的从容，让空气中弥漫的硝烟变得凝固，进而融化得无影无踪，只留下温馨感人的场面，这就让李氏看起来愈发得让人怜悯、爱惜。南康长公主当时不忍破坏这份美好，故而放下屠刀，这在理论上还是有可能的。

38 包容

女人同样可以胸怀天下

有时女人表现出的宽容大度，连男人都无法超越。褚蒜子一生共伴历了五位皇帝，并亲手册立三位皇帝。她三次垂帘，又三次退隐。期间她不但勤政为民、体恤民生，还要与权臣周旋，她尽情展现她那令人信服的胆识和谋略，也让我们看到了一个女人难能可贵的霁月胸怀。

女人当家不容易

垂帘听政，是中国古代皇权政治中一个特殊的现象。它最早出现在战国时期，因为国王早逝，而继承者的年龄又小，于是就由其母辅政。当时按宫廷规定，她们是不能随便让臣民观看接触的，更不能像男性国王那样在朝堂正襟危坐、发号施令，于是就在座位前挂一帘子相隔，是为“垂帘”。

“垂帘听政”的事，在中国历史上数见不鲜。可以说在战国之后的整个封建王朝，这种情况交错出现，从来没有断绝过，有的只是时间长短和形式上的差别。

任何新生事物都有一个成熟的过程，也有一个发展变异的过程。渐渐地，垂帘听政就成了皇后或皇太后专权的代名词。而将其发扬光大到极致的，当然是清朝后期的慈禧。她执掌中国长达半个世纪之久，靠的就是垂帘听政。

慈禧的垂帘，是对权力的极度热衷。其实历史上好多女人的垂帘，其实质和慈禧是一样的，都早已违背或超越了垂帘最初的意义，只是她们没有慈禧表现得那样通透。我们今天要说的这位，也是一个比较特殊的人物——东晋朝、晋康帝司马岳的皇后褚蒜子。她的特殊，除了她在垂帘之中的奇特经历外，还有她垂帘背后的艰辛。

褚蒜子一生共伴历了五位皇帝，先后三次出来垂帘听政，而且每次还都扮演了不同的角色：母亲、婶母、堂嫂。她曾三次册立帝位，亲自确定王朝的接班人选。国中大事，均以"皇太后诏令"的形式颁布施行。她三次临危受命，又三次退隐归政。期间不但与民为恤，还要与权臣周旋，表现出令人信服的胆识和谋略，让我们看到了一个女人难能可贵的霁月胸怀。

这样的经历在中国的历史上是绝无仅有的，别说在中国古代诸多伟大女性之中，就是在男性之中，褚蒜子也堪称佼佼者。

褚蒜子（324~384年），出身名门望族，褚家世代为官。良好的家境和传承，也让褚蒜子受到了良好的教育，她自小就表现出聪颖明辨的特质，在见识和谋虑上都不同于常人。也正因如此，褚蒜子被当时的琅琊王司马岳看中，选作了王妃。

公元342年，晋成帝司马衍病死，由于其子尚小，就传位给了弟弟司马岳，是为晋康帝。这样，19岁的褚蒜子也就理所当然地成为了东晋朝皇后。也就拉开了她日后三次垂帘听政的序幕。

初露锋芒一次垂帘

司马岳有当皇帝的命，却无做皇帝的福，继位才两年便驾鹤西游呜呼哀哉了。司马岳和褚蒜子两岁的幼子司马聃继位，是为晋穆帝，褚蒜子则晋升为皇太后。一个两岁（这还是虚岁，估计刚抓周不久）的孩子，牙都没长齐呢，每天的意识还仅限于奶嘴和奶瓶，是断然无法执掌国政的。

因此朝臣上表，要求褚蒜子"临朝摄政，以宁天下"（《晋书》）。您老出山吧，要不就全乱套了。

老公新丧，褚蒜子正处于极度悲伤之中，根本无心于政治，但那时也没有其他更好的办法，最后褚蒜子审时度势，还是听取了大臣们的建议。

接下来的场景，犹如一个新的店铺宏张开业一般，褚蒜子"设白纱帷于太极殿，抱帝临轩”（《晋书》）。把悲伤留给了自己，将情感深藏于帘后，抱着两岁的儿子司马聃一起上朝议事，开始了她的第一次垂帘听政生涯。

也许是出身官宦世家的原因，褚蒜子很有政治天赋。在她的精心治理下，东晋朝野逐渐出现一个崭新的局面，不但经济上取得了长足发展，军事实力也大大增强。这既是褚蒜子殚精竭虑的成果，也有朝臣们用心辅佐的功效。看到孤儿寡母的不易，东晋朝表现得上下一心、空前团结。

特别值得一提的是大将桓温，打出了东晋朝许久未有的威风。他先是强势灭掉了西南的成汉政权，尽收巴蜀之地，极大地拓展了东晋的疆域。之后又领兵北伐中原，刮起一股强劲的南风，让东晋军威大振。桓温也藉此获得了极高的人气，在朝中地位与日攀升。而位极人臣之后的桓温，也开始日渐骄横起来。这也就给褚蒜子以后的执政制造出了许多祸端。

公元357年，司马聃15岁时，褚太后主动让位，归政其子，自己则移居崇德宫。归政前，她下诏群臣，让他们以国家社稷为重，排除私心杂念，全力辅佐幼帝。

诏中说：“愿诸君子思量远算，戮力一心，辅翼幼主，未亡人永归别宫，以终余齿。仰惟家国，故以一言托怀。”（《晋书》）

其言切切，其心悠悠。从这段简短的话中，我们既可以看出褚蒜子博大的心胸，也可看出她敏锐的政治头脑。

临危受命二次听政

可惜这个司马聃也是个短命鬼，公元361年，年仅19岁的司马聃暴病而死，皇位再次出现空缺。此时晋成帝司马衍的儿子司马丕——当时受封琅琊王，业已长大成人，于是褚蒜子以太后的名义颁诏，立了司马丕为帝。

东晋的皇位传承，在历经褚蒜子的老公、儿子之后，又从她的手中归于正统，重回到司马衍一脉。

谁知这个司马丕是个不争气的主，他对政事毫无兴趣，却极其迷信方士，雅好黄老。喜欢就喜欢吧，这毕竟也算一种精神信仰。可这哥们信过头了，就像欧阳锋痴迷于《九阴真经》，最终落到走火入魔的境地。

司马丕这哥们整天幻想着长生不老、得道成仙，最后不惜拿自己的龙体充当丹药的试验者。在反复实验均无效果之后，执着的司马丕仍旧没有放弃心中的梦想，在经过一番痛苦挣扎之后，他终于狠下心来，做了最后的努力“断谷，饵长生药”(《晋书》)。不吃饭了，光吃药。

不管是鬼迷心窍也好，还是司马丕的脑子进水了也好，我们都不得不佩服人家在信念上的这份坚持。鸡鸭鱼肉生猛海鲜全都一边去，俗！只吃那些没有任何调味品的金石药饵，这点有谁能做到？况且人家还是当朝皇上唉！

不过信念归信念，司马丕现在依旧是凡身肉身，需要补充营养，需要卡路里的支撑，光吃这玩意儿哪行啊？那胃也受不了啊！如此进食没几天，司马丕便卧倒在床，一病不起了。

无奈之下，大臣们只好再次上表，请司马丕的婶母褚太后出来，第二次临朝听政。

褚蒜子再次垂帘不到一年，司马丕便如愿以偿“登仙”而去，皇位再次空缺，褚蒜子于是又颁布了一道册帝诏书，立了司马丕的弟弟司马奕为帝，这一年是公元 365 年。

司马奕这皇帝最初当得倒也太平，然而过了 4 年，也就是公元 369 年，发生了一件事，让东晋朝一度平静的时局再起涟漪。这一年桓温进行了第二次北伐，在枋头（今河南浚县境内）被前燕大将慕容垂打败，威望顿挫。

古代的风云人物，有时就像现在文艺界的大腕，不可能总是一路过关斩将、叱咤风云，他们也有人生低谷，也有败走麦城的时候。当此情景，有些人便会心有不甘，要千方百计地整出点绯闻，闹出点动静，以保持名人的热度。

这倒不是完全的虚伪，人都是喜欢众星捧月而不希望无人问津的，特别是在经历过门庭若市的热闹之后，再面对门可罗雀的尴尬，人的承受能力很容易受到挑战。这世上能够真正做到超凡脱俗的人毕竟是少之又少。桓温也不例外。

骄人的武功，让桓温很享受。他看惯了众人崇拜的目光，业已习惯于在鲜花和粉丝的尖叫声中度过每一天。而这些东西突然与他渐行渐远，让他感到了一丝恐惧和不安。他要再次引起人们的注意，就必须制造出新的噱头。最后他把目标锁定在了司马奕身上，想“逐潜谋废立，以长威权”(《晋书》)。打算通过废立君主的办法，来重新树立他在朝中的威信。

主意打定，桓温开始实施他的计划。政治争斗有时既要达到目的，又想做得不留痕迹。所以凡事做之前，往往必先造势。这大概就是传说中的政治手腕吧！桓温于是“诬帝在藩夙有痿疾”(《晋书》)，广布谣言，说司马奕其实是个丧失了性能力的废人。

要说桓温使的这招也够损的，说点啥不好，非说这个。阳痿之人自然不能有子嗣，而司马奕是有子嗣的，如此桓温便不能自圆其说，于是就又造谣说，司马奕的那三个皇子啊，其实都是他的三个男宠——相龙、计好、朱灵宝，和司马奕的两个妃子田氏、孟氏生的。瞧这个乱乎劲儿。

谎话重复一千遍就是真理。这一方面说明了舆论之可怕；一方面也说明了舆论总是被那些当权者操控的。桓温是当权者，有着重复谎话的资本，况且这谎话说得有鼻子有眼，以至于久而久之，“时人惑之”(《晋书》)，谁也弄不清情况的真假了(本来也就不太了解情况)。

当然，更多的人是不愿意去弄清，对于和自己关系不大的谣言，他们总是宁愿注意那些娱乐元素，注意那些能带来刺激和欢乐的噱头，而不是它的真伪。看看时机成熟，桓温于是向褚蒜子提议废掉司马奕，改立丞相司马昱为帝。

褚太后这下被逼到了墙角，遇到了自执政以来最大的瓶颈。迫于桓温的淫威，也因司马奕确已威信扫地，褚蒜子权衡利弊，最后只得下诏废掉司马奕，立了司马昱为帝，自己则重回崇德宫隐居。

诏中褚蒜子真情流露，说“未亡人不幸，罹此百忧，感念存没，心焉如割。社稷大计，义不获已。临纸悲塞，如何可言”(《晋书》)。从这段话中，我们既能看出褚蒜子以国家大计为重的崇高，也能看出她不得已而为之的无奈。

明张大义三次出山

要说当时的东晋皇宫，还真是一个多事之秋。司马昱是桓温的傀儡，皇帝当得没尊严不算，还整日的担惊受怕，在位仅 8 个月便一命归西了。

风乍起，吹皱一池春水。闲引鸳鸯芳径里，手挼红杏蕊。
斗鸭栏杆独倚，碧玉搔头斜坠。终日望君君不至，举头闻鹊喜。

——南唐·冯延巳【谒金门】

泪尽罗巾梦不成，夜深前殿按歌声。
红颜未老恩先断，斜倚熏笼坐到明。

——唐·白居易【后宫词】

司马昱窝囊了一辈子，死前却做了件自己做主的事，也算斗胆和桓温较了把劲。他遗诏让自己11岁的儿子司马曜继任，没有遵循桓温拟定的人选。

一个11岁的孩子，自然不能亲政。于是群臣再次上表，请求退隐崇德宫的褚蒜子第三次出山。

久涉政坛，已经让褚蒜子变得非常成熟。这次她回复的很坚决："苟可安社稷，利天下，亦岂有所执，辄敬从所启。"（《晋书》）义不容辞的责任感，让这个女人周身充满着正气。已经50岁的褚蒜子，再次明张大义，第三次垂帘听政，着实令人叹服。

褚蒜子仁行天下，将国事治理得头头是道。她曾下诏抚恤受灾的百姓"三吴义兴、晋陵及会稽遭水之县尤甚者，全除一年租布，其次听除半年。"（《晋书》）这些政令清明、与民生息的政治举措，也让社会经济得到恢复和发展。

公元376年，褚太后再次下诏，归政于孝武帝司马曜。褚太后垂帘听政的政治生涯也正式结束。从此褚蒜子深居内宫，不问朝政。公元384年，这个对东晋王朝有着不可磨灭功勋的伟大皇后，这个一生极富传奇色彩的伟大女性，因疾而终，享年61岁。

39 弄巧

女人间说话也要讲方式

破禅

谈话是一门艺术，不但讲究技巧，还要掌握基调。杨芷对贾南风一番胸有成竹的谈话，便在阴沟里翻了船，大失水准。她用程式化的语言系统，直接装在了贾南风这台破旧的山寨机上，最后造成了严重的不兼容后果。

谈话是门了不起的艺术

谈话，不能不说是一门艺术。它的艺术性，不只在于说话的技巧上，还在于谈话的基调。

比方说，你是领导，你的下属在工作中有了疏漏或过错，你找他来谈话。形式便是多样的。你可以直奔主题，一二三，你错在哪里，哪方面需要改进，以后该怎么做。直来直去，简洁干练，雷厉风行。

此法以制度为前提，以规定为准绳，以解决问题为基本，论事不论人，和谁都可以这样。因为你就是制度和规定的法定代言人。

这有点类似法家的思想，法律面前人人平等，法律之外全是扯淡。我们姑且称之为“法式谈话”。

另一种是循序渐进。握手，看坐，倒茶，嘘寒问暖之后，慢慢步入主题。其间起承转合，跌宕起伏。时而微笑，时而严厉，宏观指点结合微观引导，掏心撕肺之余，兼有恨铁不成钢的慨叹。让被谈话人如置身于一个大戏院，产生观看好莱坞惊险片的错觉。三分钟一个小高潮，十分钟一次大震荡，一环紧扣一环，印象极为深刻。

此种谈话用老百姓的话说，叫打一巴掌再给个甜枣。用官场的话说，叫反复深入、耐心细致地做思想工作。

在我看来，此法颇具儒家风骨，我们暂称之“儒式谈话”。

咱们接下来重点说说“儒式谈话”，此法也是我们所大力提倡、要求每一个领导干部都要掌握的谈话方式。这种谈话看似简单，操作起来却比较费劲，你需得是一个好演员，一身兼演数角，并且要在瞬间内完成角色的转化（有时甚至还需要反串一把）。在喜剧、悲剧、悲喜剧之间游刃有余、反复游走之后，最终将其定格为一出弘扬真善美的人间正剧。

在这个谈话过程中，你的方式既要做到春风化雨般无形，又要做到沁人心脾般深入，要求很高，没有相当深的功底或是相当大的耐心，是绝对做不来的。

即便做得来，也会产生三种不同的结果：

一是成效显著。下属自此之后玩命工作，而且对你感激涕零，逢人便翘大拇哥：俺们领导平易近人，俺们领导水平就是高，俺爱俺们领导。

二是收效甚微。也还算不错，毕竟思想工作是一项需要常抓不懈的系统工程，是我们的生命线所在，有点难度遇到点挫折也实属正常。

三是毫无效果。不但没效果，还起了相反的作用。下属从那一刻起对你有了成见。此种情况，葛优在《让子弹飞》一片中一语蔽之：玩砸啦，玩砸啦。

为什么会砸？其实问题并没有出在谈话内容上，而是谈话的基调。谈话的效果是受这个基调左右的。

那么，基调到底是个什么东西呢？

基调是根据谈话的对象所确定的不同谈话调子（笔者语，仅供参考）。也就是说，基调是受谈话对象影响和左右的。对不同的人，谈话的内容可以不变，技巧方法也可以不变，但基调却要有所变化。

比方说，同样是下属，有新分来的大学生，有一起工作多年的老同事，基调上就要有所区别。

大学生初出茅庐，对工作充满了热情，对领导充满着敬畏，和他谈话，调子可以定得高一点，语气也可以严厉些。这倒不是欺负他少不更事，是你说浅了、说轻了他听不懂，达不到预期的效果。

对老同事则不用这般正式，他们什么都懂，不用太多废话，况且又都知根知底，也有一定的感情基础，调子就要柔和些。或者说更加语重心长些。

再比如，这个下属是个中层领导，以前和你是平级，你们还曾经是好友。用“法式谈话”肯定不行的，太冷酷，有不近人情、忘恩负义之嫌，以后没法在一块混了。就是“儒式谈话”，基调选不准也不行。太温和不管用，温和转而严厉太做作，好话说尽又让你有搞不清到底谁是领导的苦闷。

还有，这个当着中层领导的下属，如果岁数比你大，分寸更加不好把握。你以为你已经很推心置腹、很平易近人了，他却未必会领情。搞不好还会记你一辈子，关键时刻给你来个上房抽梯，摔你个嘴啃泥。

历史上就曾经有过这样一位皇后，因为谈话时基调没把握好，一片好心被当成了驴肝肺，最后还为此葬送了卿卿性命。

破禅

女人有时觉得自己无所不能

杨芷是晋武帝司马炎的第二任皇后，第一任是杨艳，也就是白痴皇帝司马衷他妈。杨芷是杨艳的堂妹，太尉杨骏的女儿，也是大有来头的。

我们在前文中曾交代过，杨艳临死，怕司马炎立胡贵嫔为后，从而废了他那傻儿子的太子职位，于是就演出了一场“枕帝膝”的煽情戏，目的是让司马炎答应立杨芷为后。有了这个同族亲戚做接班人，杨艳这才放心地撒手而去。

当然，选杨芷做皇后，司马炎本人也是乐意的，因为杨芷硬件没得说，“婉嫕有妇德，美映椒房”（《晋书》）。漂亮而且贤淑，是做老婆的最佳人选，撑起后宫门面那也是绰绰有余。

作为后宫之主，就负有管理后宫的责任和义务，少不了要给人做思想工作。杨芷聪明灵活，做事得体，工作干得虎虎生风、游刃有余。没想到在和贾南风的一次谈话中，却阴沟里翻了船，大失水准。

贾南风的“光辉事迹”我们在前面也交代过，她是白痴司马衷的老婆（目前的职务是太子妃），性情悍妒，内分泌严重失调，杀个把人跟玩似的，折腾得实在不像话了，司马炎就要废了她。

这时皇后杨芷满怀着一颗包容之心，挺身而出，替贾南风说好话，劝司马炎不要这么做。她的理由有二：一来“贾公闾有勋社稷”(《晋书》)。贾南风他爹贾充当年为晋室篡魏立过大功，要不看僧面看佛面，不能对他丫头下手。二来贾南风“正复妒忌之间”(《晋书》)。就是这岁数，调皮，长大就好了。陛下千万不要“以一眚掩其大德”(《晋书》)，要看主流，弘扬主旋律，别有了虱子就烧袄。

最后杨芷很自信地对司马炎说：让我去劝劝她吧。

这一劝就劝出问题来了。杨芷叫来贾南风，一番苦口婆心。先是晓之以理，和贾南风讲了许多历史上淑女贤后的动人故事，劝她要守妇道遵礼仪，没事读读书充充电什么的。然后动之以情，让她以后学会和别人相处，凡事要包容，和谐最重要。

最后杨芷话锋一转，一脸严肃而又有些嗔怪地正告贾南风：以后你要再这么胡闹我可不答应!

从方式上，从内容上，杨芷的此番谈话应该挑不出半点毛病来。可最后的效果并不佳，人家贾南风左耳进右耳出，一句没听进去。杨芷几番软硬兼施之后，贾南风心里还有了活思想：哼，你别在这充好人了，搞不好这事就是你使得坏，咱们走着瞧。

得，这下还恨上杨芷了。

并不是所有人都会买你账

那么，杨芷谈话的问题出在哪呢？基调，对，就是基调。在她还没彻底了解谈话对象的基本情况时，便用程式化的谈话方式，造成了严重的后果。

首先，杨芷有点托大。虽说杨芷贵为皇后，地位显贵，而且萝卜不大长在辈上，贾南风按乡亲理儿也该叫个婶子大娘啥的，可论岁数，杨芷比贾南风还小着两岁。一个初一的学生说初三的学生幼稚，这本身就是个十分幼稚的事儿。杨芷说贾南风正是妒忌折腾的年纪，那她自己咋那么贤良淑德呢？所以她把这事给看简单了，没抓住问题的关键。这个谈话的基调一开始就出现了偏离。

其次，杨芷有些仓促上阵。她没弄清楚自己想要做什么。如果只是想在贾南风那里卖点好，让她以后多支持自己的工作，那她就该把事情的经过说清楚。司马炎当时怎么生气，暴怒到了什么程度，贾南风处境如何危险，自己又是怎么劝得司马炎，把这些个说清楚就完了。该怎么办贾南风你自己掂量，念不念我好也是你的事。

而杨芷显然没把这些情况交代清楚。为什么没交代？因为她觉得自己是皇后，又是贾南风的长辈，没必要交代。可她自己以长辈自居，贾南风心里却未必认可（认可就不是贾南风了）。

如果杨芷就是单纯想训斥贾南风一番，那么她完全可以采取“法式谈话”，公事公办，一了百了。而杨芷偏偏选择的是“儒式谈话”，最后不幸的结果是杨芷要用“儒式谈话”的方式，去达到“法式谈话”和“顺便卖好”的双重效果。在应用逻辑上有些混乱。

第三，她对谈话的预期缺乏有效的论证。皇宫中并非所有人都会买她的账，也并非所有人都懂得知恩图报的道理。贾南风是个油盐不进、好赖不分的主儿，这样的人你跟她讲道理她能听吗？她要是明白事理，也就不会做出那些不分黑白、不明是非的事了。

杨芷的苦口婆心，对贾南风来说，却完全成了一副教训的口吻。如果贾南风对杨芷心服口服，敬重有加，这样谈话是没有问题的。可这老贾连司马炎那老公公都没放在眼里，她能拿你这小她两岁的替补皇后当回事？其抵触情绪可想而知。

所以杨芷这思想工作难做之极，贾南风虽然嘴上也唯唯诺诺、连哼带哈的，心里却大不以为然。这样的谈话次数一多，仇恨反而在心里生了根。

司马炎死后，司马衷继位，贾南风成了皇后，便和杨氏集团不可避免地产生了矛盾。最后贾南风联合楚王司马玮诛灭杨氏，开启了八王之乱的序幕。

贾南风最终也没有放过这个曾经给她做过耐心细致思想工作、如今已是太后的杨芷，编织些理由，将其废置在了金墉城。没过多久，贾南风又下令停止杨芷的一切膳食供应，将其活活地饿死了。

第九章　唯有落红官不禁

唯有落红官不禁，尽教飞舞出宫墙。

——南宋·武衍【宫词补遗】

40 吹风

女人影响世界的手段

破禅

男人影响世界，女人影响男人，如此，女人则是间接影响世界了。而枕边风，无疑是女人实施其影响的不二法宝。人都是这样，谁也别说谁的辨别能力有多强，拿破仑说过，真理就是谎话重复一千遍。枕边风利用的正是这一点。可是谁也没有想到，靳月华对刘粲的那次温柔甜腻的枕边风，却有如蝴蝶效应一般，表现出异常迅猛的后劲。

女人影响男人的惯用手段

枕边风，指的是夫妻之间，女方对男方说的悄悄话。大概于床第之间说话最为隐蔽，所以人们称其为枕边风，很形象，也很贴切。

当然，这种悄悄话并非夫妻间的甜蜜情话，或是无关痛痒的唠嗑，而是涉及到二人之外的一些人和事。女人要将自己的一些想法，作用在男人的头脑里，让他顺着自己的思路往下走，最终达到共识，从而实现自己的预定目标。

枕边风的大小，和这个男人的地位、权势有着莫大关系。如果这个男人权势有限，则犹如微风过处，只在局部产生些轻微骚动；如果这个男人位高权重，那么此风就会变得强劲有力，飞沙走石一般，破坏性极强。

如果这个男人是皇帝，那就更加不得了，如飓风海啸，任意肆虐，后果往往是毁灭性的，甚或还会对整个国家产生巨大影响。烽火戏诸侯，不就是褒姒给周幽王吹的一道枕边风嘛！最后愣把国家给吹没了。

有句话怎么说来着？男人影响世界，女人影响男人。那么照此推断，女人则是间接影响世界了。而枕边吹风，无疑又可算女人间接影响世界的常用手段了。

女人们选用这个方法，倒并非她们不具备直接影响世界的能力，皆因她们走上政治前台的几率并不大。特别是古代，除了有限的几个皇后或是皇太后，其他女人根本不会有那个机会。我们常说的女人祸国（这话正确与否暂且不论），其最重要的干预手段也是吹枕边风。

当然，枕边风也是有好有坏的，不能一概而论。有的女人发现了丈夫的错误，不好当众指出来，便趁晚上同床共枕时渗透一下，给男人提个醒，既给男人保全了面子，同时也起到了非常积极的作用。

而枕边风往往也会被一些人所利用，成为他们政治晋级的一种手段。比如有人想当官，领导那里打不进去，就多走夫人外交路线，设法摆平当官的老婆，让她来替自己说话，利用的便是女人的枕边风。

枕边风需要男人的配合

古代小国或部落间的姻亲嫁娶，强强联手，其实也是枕边风的一种外延。因为有个自己最亲近的人，不用费心劳神地伪装潜伏，就可以堂而皇之地进到对方核心人物的床头枕边。既增强了双方的亲切感，又能相互照应，实在比任何间谍组织都要管用得多。

古代的朝臣，要想地位稳固，多和皇帝联姻，比如当皇帝的女婿，或者当皇帝的老丈人什么的，成为国戚，如此便渗入到皇族系统，再当官就容易多了。五胡十六国时期、匈奴汉国的中护军靳准，走的便是这样一条路线。他将自己的两个女儿——靳月光和靳月华，都嫁给了皇帝刘聪。

刘聪对美女的态度，向来是韩信点兵，多多益善。靳准了解主子，但也不能直接就往后宫送，那样反而不值钱。为了不至于突兀，靳准像是一个经验老道的导演，特别安排了一次不期而遇。这老家伙深谙男女之道，知道偶然的相遇，总能给男女双方带来些惊喜的成分。

事情进展果真如靳准的预期，结果好得有些出乎意料。见面的前奏是在君臣和谐的气氛中完成的。靳准邀请刘聪去家里做客。私人宴会，倍觉亲切，酒过三巡，君臣微醺。于是靳准适时让二女出场。

二女乍见皇上，心情无比激动，双双跪下问安，红霞上脸，风月无边，给原本温馨的场面又增添了些妩媚。又见刘聪是一个身材魁伟、孔武有力、周身散发着男性魅力又兼有潜在暴力倾向的汉子，一下便被震撼到了，花枝开始不住乱颤。

与二女“乱颤”相呼应的，则是刘聪的二目圆睁、两眼发直，以及停在半空中夹菜的手，和咀嚼到一半暂停的嘴。

刘聪没法不定格，这姐俩儿长得那叫一个漂亮，《晋书》上所谓“皆国色也”，是归类到国宝级的绝色美女。加上乍见生人不胜娇羞的柔媚，刘聪直看得呼吸紧促，继而气喘如牛，就差流下不争气的口水了。要不是靳准在身边微笑着碍眼，刘聪恨不得像狼一样扑将上去，立刻成其好事。

剧情张力尽显，接下来就水到渠成了。万难忍住欲望之后，刘聪当下拍板纳其二女为左右贵嫔。这姐俩我照单全收了，即刻跟朕进宫“议事”。刘聪心情好到了极点，酒精的作用也开始显现，灵魂似乎出了窍，晃晃悠悠来到靳准身边，拍着准老丈人的肩膀说：老靳，别怪我猴急啊，哥们儿一刻也等不了了。

刘聪等不了，靳准那也正巴不得呢。这才叫周瑜打黄盖，一个愿打一个愿挨。靠着这俩闺女，靳准在朝中的地位与日攀升。

他没法不攀升啊，刘聪对这姐俩喜欢得不得了，像是打了鸡血般兴奋，浑身有使不完的劲儿，今儿在月光床上，明儿在月华床上，直慨叹造物的恩宠，上天的善待。你想这姐俩和刘聪交流的机会能不多吗？二人一个劲儿念叨自己那“苦命”的老爹，枕边风吹不止，迷魂汤灌不停。刘聪身心愉悦之余，也感到老丈人的不易，能给自己培养出如此尤物，本身就是立了奇功一件，给个啥官儿也不过分啊。

不光对老丈人有表示，对这姐俩也没含糊，刘聪不久就给她们提高了待遇，靳月光为上皇后，靳月华为右皇后。可惜的是，后来姐姐靳月光出轨（具体怎么出轨、因啥原因出轨，本篇不再赘述，这不是咱们要说的重点），事发后羞愧自杀。

奇怪的是刘聪似乎并不在乎月光的出轨与否，仍旧时常“追念其姿色”（《晋书》）。既不提及旧情也不怨恨出轨而只想念姿色撩人，整天咂嘴咂舌地大叫可惜，足见我们这位靳月光小姐长相确实不凡。人如其名，如水月光，想想都让人心暖。

不过死了姐姐还有妹妹。相较之下，刘聪更喜欢靳月华一些，则这妹妹的样貌犹在姐姐之上了。刘聪自此在靳月华身上更下功夫了，似乎要将对姐俩的喜爱，全都一股脑儿的放大到妹妹身上。这乘以二的宠幸让月华欢快不已，兴奋满足的表情引逗得刘聪更加忙碌。

甚至有阵子刘聪几乎忘了自己是皇帝，忘了自己身上还肩负着祖先的重托，整日窝在后宫享乐，创下连续百天不上朝的惊人记录。靳月华不断按照老爹靳准的意愿给刘聪灌输着枕边风，刘聪二话不说，无不应从，肆意展现着一个成功男人的魅力。

不过此时靳月华吹的风，还都是些轻轻柔柔的微风，最多也就是给老爹或家人谋谋福利啥的。虽说有任人唯亲、营私舞弊之嫌，却于江山社稷并无大碍。因为那官谁当也是当，东西给谁都是给。

可后来的一次吹风，伴随而来的却是令人恐怖的血腥屠戮。谁也不会想到，那次温柔甜腻的枕边风吹过之后，却有如蝴蝶效应一般，打破了彼时勉强维系着的能量平衡，继而表现出异常迅猛的后劲——它不但吹得帝国覆灭，还吹灭了两个家族。而一片狼藉过后，两个新的帝国也在风中孕育而生。

枕边风不是空穴来风

公元318年，不过是一个普通的年份，可对于平阳城（汉国都城，今山西临汾西南）来说，却无疑是一个极为血腥恐怖的年份。一年内连续三次灭绝似的屠杀，让这座城市蒙上了一层阴森的气息。城内一时血流成河，其状惨不忍睹。屠杀最初源于靳准的一场阴谋，而这场阴谋得以最终实现，就是靳月华吹的一次枕边风。

事情要从刘聪死后说起，老爹一蹬腿儿，长子刘粲继位，紧接着便将老爹的宠妃樊氏、宣氏、王氏一干人等，全部接手，“晨夜蒸淫于内”（《晋书》）。平日刘粲看着老爹这些女人个个风姿绰约，只有生闷气干瞪眼咽口水的份儿，这下无所顾忌，像要报复谁似的，来了个一网收尽，这其中当然也包括刚刚晋升为皇太后的靳月华。

那么这里面有靳准什么事呢？有，而且很关键。因为刘粲能当上皇帝，靳准是立了大功的。刘聪是汉国开国皇帝刘渊的第四子，本是庶出，其皇位是抢的长兄刘和的。夺位后，刘聪曾礼貌性地谦让刘渊的另一个嫡子刘乂，说我无意皇位，只是为了刘氏的天下先代为打理，还说“待乂年长，复子明辟”(《晋书》)，要等刘乂长大后就将位子让给他。为了表示诚意，也为了正人视听，刘聪封刘乂为皇太弟、大单于，地位仅次于皇上。

有了如此一段渊源，便埋下了矛盾的隐患。刘粲对刘乂的位置很不感冒，因为这无异断了刘粲当皇帝的梦想。而刘聪最终将皇位传给了刘粲，没有履行当初对刘乂的诺言，也让刘乂对刘粲有了隔阂。

二人有矛盾，都憋在心里，并没有显现出来，糟糕的是，靳准和刘乂之间也有过节，这就最终导致了双方矛盾的激化。

说过节其实也没什么大不了的，问题就出在说话上，就像如今同事之间的矛盾，并非真有什么深仇大恨，往往都是因说话不得当而使双方有了嫌隙。靳准有一个堂妹嫁给了刘乂做小妾，后来小妾因和侍从勾搭被刘乂杀了。这事靳准也说不出什么，毕竟错在堂妹。

可靳准不说，不等于刘乂不说。刘乂“屡以嘲准”(《晋书》)，挤对着靳准玩儿。你怎么教育的你妹妹？这都啥素质啊？跟你做亲戚我算倒了霉了。多次让靳准下不来台。

你说你人都杀了还有啥过不去的？何况这事和人家靳准也没啥关系啊。可靳准还不能反驳，人家是皇太弟，法定继承人，惹不起。但他嘴上不说，内心却波澜起伏，一张平时春风得意的老脸羞得没处安放。惭愧加气愤，靳准最后就只剩下咬牙切齿的恨了。

有了上面这些乱乎事儿，靳准自然不想让刘乂接皇帝的班，加上刘粲对刘乂的气恼，所以当靳准陷害刘乂谋反时，很快便得到刘粲的积极响应。刘粲心领神会，暗示他可照计划进行。

为了得到刘乂谋反的证据，靳准将刘乂的亲信们抓起来，“悬首高格，烧铁灼目”(《晋书》)，极尽刑讯逼供之能事。硬用烧红的烙铁把眼熏瞎了，这玩意儿比渣滓洞的老虎凳、辣椒水残酷多了。

那些亲信们扛不住，也就顾不得刘乂平时的恩情似海深了，纷纷“自诬与乂同造逆谋”(《晋书》)。是这么回事，我们早就想反了他娘的，靳大人看得就是准，无怪乎叫靳准。靳大爷饶命啊。

这下铁证如山，刘聪于是废刘乂为北部王。而后刘粲又斩草除根，派靳准杀了刘乂，还坑杀了刘乂的亲兵15000多人，一时间“平阳街巷为之空”(《晋书》)，这里的黎明静悄悄，比那除草剂除得还干净。刘粲这下彻底没了后顾之忧，伴随着刀光血影，他也如愿以偿地当上了皇太子，开始总摄朝政，并在刘聪死后继任皇位。

人的欲望是永无止境的。靳准因为“平叛”有功，被刘粲委以大司空重任，但他仍不满足，又想除掉前面的几个绊脚石。于是靳准故伎重演，再次向刘粲吹风（这个不是枕边风），说朝中现在反对刘粲的声音很多，太宰、太师、大司马那些人（全是官儿比他大的）想拥立大司马刘骥来取代他。

结果出乎靳准预料，这次刘粲居然没理会（看来刘粲也不是一点分析能力没有，先前听靳准的，也是应了他自己的心思）。靳准这下挠头了，敢情您不傻啊，对你有利的事你干，我的事就不管了啊。这事不能就这么算了，于是靳准再下猛药，终于把女儿靳月华搬了出来。

靳月华现在是刘粲的床上客，有大把接触一把手的时间，献言献策极为方便，而且还不会跑风漏气。靳月华父命在身，不敢不重视，于是每天晚上“承间言之”(《晋书》)，使出浑身解数，在刘粲耳边一通唠叨，说那些人就是要谋反。还做出一副担惊受怕的样子：臣妾以后可怎么办啊，呜呜……呜……

人都是这样，谁也别说谁的辨别能力有多强，拿破仑不是说过吗，真理就是谎话重复一千遍。你耳边老是听到这个人的不好，你还会认为他好呀？大脑皮层早就形成条件反射了，靳准先前利用的也就是这一点。

这其实也是那些整天在领导面前奏本的小人们屡屡得手的不二法宝，对这种人你还没别的办法，搁我这暴脾气，甭废话，抡起板砖拍他个半死，肯定老实。不过你说是为民除害吧，还要负法律责任，想想还真没什么好办法。

枕边风吹过之后

靳月华的枕边风很是凑效，刘粲毫无悬念地中招，不再固执己见，随即开始了血腥大清洗，将太宰、太师、大司马、大司徒、车骑大将军、吴王、齐王一干人等全给杀了。

靳准因对此事早有“预见”，也再次得到了提拔重用，被拜封为大将军、录尚书事。从此“军国之事一决于准”(《晋书》)，靳准终于如愿以偿地将朝政大权控制在手。

但随后发生的事便有些蹊跷了，手握大权的靳准不久又发动兵变，不但废杀了刘粲，将刘氏宗族男女老少杀得一个不剩不算，还把汉国前两任皇帝的坟墓都挖开了，开棺戮尸，又将刘氏的宗庙祠堂一把火给烧了个干净。当时情形可谓恐怖之极，平阳城内“鬼大哭，声闻百里”(《晋书》)，很是瘆人。

靳准之乱最终被相国刘曜平息，流血惨案又再次上演，就像靳准杀刘氏宗族一样，刘曜也将靳氏一族杀了个鸡犬不留。而刘渊耗尽毕生心血建立起来的汉国，也随着这几次灭绝似的大屠杀最终趋于毁灭，取而代之的是两个全新的国家——刘曜在长安建立的前赵，和石勒在襄国(今河北邢台)建立的后赵。

靳准为什么发动叛乱？目的是什么？确实很让人费解。如果单纯为了权力，当时“军国之事一决于准”，老靳大权已经在握了。况且刘粲又和他爹一样，是个整日沉溺酒色、游宴宫廷的顽主，基本就是个摆设，杀掉他实在没什么必要。而且靳准此举还承担了很大的风险，因为当时的相国刘曜和大将军石勒都领兵在外，未必会服从于他。事实上，靳准最终也毁灭于二位之手。

若说靳准想篡位当皇帝，也有可能，但即便这样，以他两次耍阴谋升迁的事实来看，靳准应该是个很讲方法很讲策略的人，做事不会太露骨。杀掉刘氏族人，这个可以理解，为的是斩草除根不留后患，但连刘家的祖坟都刨了，如果不是恨到极点，决然不会干出这等事来。而这种愤恨是从哪里来的？让人很是疑惑。

41 变脸

美貌是把双刃剑

女人太漂亮，有时也会招来麻烦。美貌是把双刃剑，它能带给你多少，也能让你失去多少。邓绥因美丽而得宠，也因美丽而遭到阴皇后的忌恨，为此她还险些丢了性命。邓绥最终完成了人生的变脸，彻底舍弃她的美丽，将目光牢牢盯住了权力。只是她没想到，原来权力也是一把双刃剑。

漂亮的女人吃得开

166厘米的身高，一头乌黑亮丽的秀发，肌肤如玉、凤眼秀眉、巧笑嫣然……这样的美女想看看不，您要看得费点劲，需穿越时空回到汉朝，还要经她老公的点头同意，方能一睹芳容、领略一下这位昔日美人的风采。

邓绥（81年~121年），是东汉第四任皇帝刘肇的皇后。她一生的传奇故事，一如现在职场中打拼的漂亮而优雅的女强人，在看似无限风光的背后，却饱含着无数的艰难和辛酸。

不管人们接受与否，也不管人们怎样试图去规避，美貌总是女人的一个先天优势。那些风姿绰约、容貌俏丽的女子，无疑总是很吃得开，也更容易成功一些。这条不成文的潜规则，同样适应于古代的后宫。

后宫其实挺热闹的，三个女人一台戏，后宫规矩虽多，也逃脱不了这个理。后宫的女人都漂亮（少数走后门入宫的除外，像贾南风那样的，属于违例提拔的干部，禁不起群众检验），一水儿的靓姐靓妹。不过好中选优、羊群里跑骆驼，它也能分出个一二三来。世界小姐选美，那个个都是人尖子吧？最后终归有个冠亚季军产生。

而邓绥就是在这个美女如云的俱乐部里，那也属于鹤立鸡群、出类拔萃的佼佼者。

邓绥长得有多漂亮，《后汉书》中着墨不多。古人说话隐晦，讲究点到即止、留出遐想，不像今人这么直白：哇！长腿、翘臀、细腰，超级大美女耶，口水都要流出来的样子，古人没这么没出息。

范晔在《后汉书》中只说她“姿颜姝丽”，就是与众不同的漂亮。邓绥初入宫时，范晔用了春秋笔法，说她“绝异于众，左右皆惊”。整天在美女堆里混的人都发出惊呼赞叹，跟什么都没见过似的，怎么个漂亮法，你尽管去想好啦。

邓绥人长得没得挑不算，身材还不错，大高个儿，身长“七尺二寸”。汉代的一尺相当于现在的23.1公分，那么邓绥便有166厘米还多（不穿高跟鞋），相当标准，是时下流行的那种高挑型美女。

古人个子普遍矮小，邓绥这个头中等偏上。再加上腰身纤细，长身玉立、婷婷袅袅的，很惹眼。

这样的美女得到皇帝的宠幸，自是一点也不奇怪。漂亮和得宠，本就是相互促进、互相转化，并且不可分割的两个方面。女人漂亮，皇上看着赏心悦目，不但能提神，时刻保持旺盛的精力和昂扬的斗志，还能保证龙脉永续、子嗣广延，实在是益处多多，没有理由不喜欢。

而反过来，女人越得宠也就会越漂亮。为嘛？她舒心啊，她待遇好啊，有名牌化妆品护肤品啥的，得先紧着人家用吧？有营养品滋补品啥的，也得先紧着人家吃吧？再者，还有皇帝的宠幸，身体满足，心情自然愉悦，也不容易导致内分泌失调、更年期提前等病症，各方面都能就上劲儿。

你再想想那些被打入冷宫的女人们，斜倚熏笼坐到明，整天郁闷纠结到天亮，反映在脸上肯定是青灰色苦瓜状，肯定好看不到哪去。

才情可以增加美丽的砝码

除了美貌，才情是女人的另一个看点。才情在某种程度上也可以说是一种修养，是一种内涵，反映出来就是所谓的气质。而一个气质型的美女，总是比那些单纯的花瓶女人耐看些。那些胸大无脑故作天真的女人，没几天也就看腻了。你别让她说话，一说话着三不搭两的，让人大倒胃口。

女人漂亮而聪明，美丽不打烊，会更加持久些。况且，仅靠美貌取胜的女人，在竞争激烈的后宫中是绝难长久的，因为青春容颜是会随着时间的流逝而改变的。后宫缺什么也不缺美女，那一茬一茬的，换得比明星的脸还快呢。

邓绥不但是位美女，还是一位才女，人相当地聪明。她自小饱读诗书，哥哥们有不懂的都得向她讨教。

更难得的是，邓绥还是位孝女。5 岁时，有次奶奶给她剪头发，老眼昏花的，下剪子就没了准儿，一下剪到肉了，那血汩汩地流，人家邓绥“忍痛不言”(《后汉书》)，就是不喊出疼来。后来有人问她，说你那样流血就不疼吗？邓绥说，咋个不疼呢，疼死我了。但我不能喊，要是喊了，奶奶就会感到很尴尬，拂了她老人家的一番好意。瞧瞧，多懂事的一孩子啊。

父亲死后，邓绥很伤心，据《后汉书》记载，邓绥“昼夜号泣，终三年不食盐菜”。哭得没个人模样不算，还好几年不吃盐不吃荤，以示哀悼。结果造成严重的营养不良，以至于后来“憔悴毁容，亲人不识之”。小模样儿连家里人都认不出来了，那肯定是不漂亮了。不过别担心，很快就能恢复，坯子在那摆着呢。时间久了心情稍缓，容颜自然就会再放异彩了。

漂亮，有才情，还有孝心，这样的女人堪称极品，没有理由不让人喜欢。

所以，尽管邓绥入宫之初只是个贵人（嫔妃的一种称号），不是皇后，汉和帝却对她宠爱有加、视若珍宝。皇帝宠幸，那待遇自然也就跟上了。不光吃穿用度，就是在人情世故上也大开绿灯。

比如，一次邓绥生病，和帝就特别下令，允许其家人来探视。按当时的规定，娘家人是不能随便出入后宫的，这等于为邓绥破了皇室的规矩。而且还说探视不限时日，待着吧，想待多久待多久。就这待遇，连当时的阴皇后都没有。

女人的美貌是把双刃剑

女人太漂亮，有时也会招来麻烦。这倒不是说会招致多少色狼的性骚扰——皇宫里没人敢那样干，除非活得不耐烦了，而是来自同性群体的压力，惹得其他女人不高兴。你想啊，后宫佳丽三千，老公就一个，啥时轮到一回呀？而且你还得忠贞不二，好赖就这一口。婚外恋想也别想，要灭九族的，划不来。再急你也得排队等着。

如此一来，所有女人的希望，就全部寄托在唯一的老公——皇帝身上。皇上要是不喜欢，你这辈子就算白瞎了，跟守活寡差不多。所以，后宫女人无一不想争得皇帝宠幸。而女人争宠的杀手利器，那肯定是容貌、身材和气质了。邓绥样样都是头筹，让别的女人没了念想，自然也就被推到了风口浪尖上。

咱们上文不是说到和帝给过邓绥特殊待遇，让娘家人来探视她吗？娘家最后没来人，因为邓绥给拒绝了。她对和帝说，咱别破了规矩，那样不好，我不能带这个头。如此通情达理、明晓是非，也让和帝对她从此更加宠爱。不过和帝并不知道，邓绥拒绝的真正原因，却是怕遭到阴皇后的嫉妒。

女人的美丽是把双刃剑，它能带给你多少，也能让你失去多少。邓绥入宫前，阴皇后很得宠。邓绥一来，艳绝后宫，把阴皇后给比下去了，皇上也不怎么拿正眼看她了，她对邓绥能不恨吗？这邓绥等于是抢了人家的饭碗啊！

就地位而言，邓绥仅次于阴皇后。然而，这也就像一个单位一样，给一把手造成最大威胁的，往往便是地位与他最为接近的二把手。所以，来自正副职之间的矛盾冲突，也总是最激烈、最火爆的。邓绥当时便受到阴皇后的百般刁难，阴皇后千方百计地给她穿小鞋、使绊子，反正你不让我好，大家谁也别想好。

常言说，伴君如伴虎。这陪伴皇后的日子也一点不轻松，甚至还会更危险，因为女人有时比男人还凶残。

为了免招杀身之祸，邓绥选择了低调，事事小心，尽量不去和阴皇后发生正面冲突。皇宫中每有重大宴会，女人们如花团锦簇，那是怎么漂亮怎么捯饬，唯独邓绥简装素颜，不和他们凑热闹。要是哪天衣服和阴皇后不小心穿成一个色儿了，那就二话不说，回去立马换掉，以确保阴皇后在行头上的独版。

一块去见皇上，邓绥从来不敢坐着，说话也从不抢辄，以突出阴皇后的地位。就连平时走路，邓绥都是亦步亦趋，不敢显露一点风风火火、志得意满的样子出来，以衬托阴皇后的威严。可谓处处赔尽了小心。

其实这也正是邓绥的聪明之处，因为她知道自己斗不过阴皇后，她只能忍。她内心其实也不是不想进一步得到和帝的注意和宠幸，只不过在那种险恶的环境之下，她采取了另外一种表现方式。

一个聪明的女人，懂得如何把自己的美丽发挥到极限。那种如水的温柔，那种低调的美，会让她显得更自信，也更具杀伤力。你想啊，热闹的宴会上，大家都是浓妆艳抹、花枝招展，像一个模子里刻出来的，就你一人不描眉画眼，一袭白衣在那肃立，保持着原生态的自然之美，反而会更加突出、更加抢镜些。

话又说回来，邓绥心里也明白，就是她再怎么小心伺候，也不会得到阴皇后的好感。因为这相当于敌我矛盾，属于原则性的问题，根本就无法调和。也就是说，问题没有出在那些表面形式上。邓绥有意低调，反而让和帝我见犹怜、更加喜欢。

不过皇帝越是喜欢，阴皇后就越是恨，最后恨到牙根痒痒，差点要了邓绥的命。

有次和帝生病，阴皇后就放出话来，说“我得意，不令邓氏复有遗类”(《后汉书》)。小浪蹄子你给我等着，别让我得势，得了势灭你全家。这话说得够狠的，平时所有的愤怒都像是从牙缝中挤了出来，有一种发泄般的痛快。

女人的性格具有双重性，温柔是她，咬牙切齿也是她。女人急了眼，那是什么事都能干出来的!

这下邓绥真的害怕了，皇帝死了没人罩着，自己的小命就攥在了阴皇后手里，那还不怎么捏怎么是啊！况且自己倒霉也就算了，让全家跟着遭殃，这是她无论如何不想看到的。万般无奈之下，邓绥想到了自杀。你说这福和祸，不都是她那绝世的美貌和热辣的身材招来的吗!

然而邓绥命不该绝，侍候她的宫女心疼主子，竟甘冒天下之大不甦，对邓绥诈称皇帝的病好了。有了希望，邓绥才打消了自杀的念头，多悬啊。

你说这事也就邪门了，宫女急中生智的一句话，竟然成了汉和帝的灵丹妙药，第二天果然传来消息，皇帝龙体真的康复了。估计这和帝得的也不是什么大病，皇上的身子骨不比咱老百姓，都娇贵，头疼感冒也会弄得满朝上下不得安宁。

这下轮到阴皇后糟心了，奶奶的，这老不死的身子骨咋这么硬朗呢？满怀希望之后的失望，往往就是绝望。阴皇后眼见没啥盼头了，于是破釜沉舟孤注一掷，又用巫蛊之术咒邓绥，结果东窗事发后被废，邓绥也就顺理成章地取而代之，一越成为了后宫之主。

成为万人瞩目的焦点，万民敬仰的皇后，邓绥如愿以偿，也终于去了一块心病。但她并没有将这种得意写在脸上，而是依旧低调，丝毫没有得势后的猖狂。这其实也再次显现出了她的聪明。

汉和帝想加封邓绥的家人，当上皇后了，一人得道，本就该鸡犬升天。然而这次邓绥又婉言谢绝了，因为她有着更为深远的考虑。她有过濒临死亡的教训，她也深知枪打出头鸟的道理，惹火的身材给她带来的霉运，到现在依然让她心有余悸，没能彻底的烟消云散。

在以后的日子里，她给自己定下了原则：在没有十足把握的情况下，绝不轻举妄动。

权力会改变美女的性情

邓绥的一生，其实是充满矛盾的一生。而这个矛盾的焦点，就是权力。刚入宫时，邓绥更像一个懵懂的纯情少女，还带着纯朴稚嫩的羞涩。而在后宫浸染日久，邓绥犹如白色坯布上了五彩颜色，就是再怎么漂，也不可能漂回到最初的白色，索性还不如弄得再艳丽些、去花布之中争奇斗艳了。

而在这个过程中，邓绥也很快明白了一个道理——要想在这个险象环生的后宫立足、在花布市场上大放异彩，你就必须拥有权力。

当初她之所以惧怕阴皇后，就是因为阴皇后拥有生杀予夺的权力，掌控着自己的命运，所以邓绥只能在战战兢兢、诚惶诚恐之中，过着那种小媳妇般的生活。因为吃过没权的苦，所以就会特别在乎手中的权力。邓绥现在是后宫之主，再也不用去看别人的脸色行事，这种感觉让她舒坦、让她迷恋，也会让她更加珍惜。

邓绥大权在握，就再也不想放手。随着时间的推移，这种掌控权力的欲望变得异乎寻常的强烈。也许只有这样，她心里才会感到踏实。最后，她终于将权力的触角伸到了大汉朝的前台。

和帝死后，本该由和帝的长子刘胜继位，结果邓绥以刘胜痴愚为由，立了尚在襁褓中的刘隆为帝。就是再痴愚的人，他也不如一个襁褓中的孩子好控制。邓绥由此晋升为太后，开始全面执掌朝政。

然而刘隆是个短命鬼，不满周岁便死了，于是群臣上表邓太后，要求她归位，这下你还有啥说的，该把皇位还给人家刘胜了吧？结果这邓绥根本不理那一套，又立了 13 岁的侄子刘祜，是为汉安帝，邓绥仍就执掌朝政大权。这年是公元 106 年，一直到公元 121 年邓绥去世，她一共执掌东汉朝政长达 16 年之久。在此期间，邓绥开始大量启用娘家人，再也不是当初那个不要皇帝封赏的邓绥了。邓氏一族从此充斥朝野、权倾一时。

美丽的才女，总是想让人们看到她美丽之外的一些东西。也就是说，她们可以因美丽上位，却不想让人们感觉她只是一个装饰的花瓶。特别是像邓绥这样的，因美丽而受过伤害，一朝得势，就更想展示她的另一面。

在邓绥掌权的这 16 年里，她犹如咸鱼翻身，长久的压抑得到全面释放。她充分享受着权力带给她的快乐，再也不去追求那如水的温柔，那种低调的美了。

政治是无情的，历史也有着惊人的相似。权力最终也给邓绥的人生带来了悲剧的收尾，她一手构建起来的邓氏家族权力网，在她死后被无情撕破。同样在她面前表现得战战兢兢、诚惶诚恐的汉安帝刘祜，在摆脱了傀儡束缚之后，如一匹脱缰的野马，变得失控而疯狂起来，长久的压抑演变成了刻骨的仇恨和血腥的屠杀。刘祜尽灭邓氏一族，为自己铺平了今后的权力道路。

也许扬眉吐气之后的汉安帝，更像 16 年前邓绥的一个翻版……

42 贪婪

人死了，钱没花了

破禅

女人也有欲望，而且有时很强烈，只不过她们缺少展现的机会。一旦位高权重，女人和男人一样，也很强悍，甚至有过之无不及。刘皇后在达到一个女人所能达到的地位极限后，仍然对金钱充满着无限的渴望和激情。她变换着各种方式聚敛钱财，只为享受那份疯狂的快乐。

有权的女人怎样敛财

如果现在还有视钱财如粪土的人，那么不外乎两种情况：一是这人没什么钱，二是这人有的是钱。

第一种情况颇有自命清高的嫌疑，兜里不宽绰，但还够用，又瞧不起那些满身铜臭满脑子高粱花子的人，就高傲地昂起头，自顾自地表现他们的不屑一顾。

另外一种情况，则是一种习惯性麻痹。因为有着足够多的钱，以至于花钱都没了感觉。这样的人也是少数，请不要随便对号入座，你可能还不够资格——只要你的钱还能表示成一个数字。

不过不管怎样说，作为一国的皇后，都应该属于后者。天下是老公的，老公的就是我的，她有足够的理由和资本藐视钱财。她既不需要拼命去赚钱，更不需要精打细算的花钱。

然而，凡事都有例外，历史上就曾有过这样一位皇后，在她达到一个女人所能达到的地位极限后，却仍然对金钱充满着无限的渴望和激情。甚至在国难当头身家性命不保之时，仍旧惜金如命。她便是五代十国时期、后唐庄宗李存勖的皇后刘氏。

刘皇后爱财，更会敛财。我们先来看看她捞钱的两个手段：

一是经商。打发身边的宫女太监小厮们走进农贸市场，都别在宫里耗着了，给我做买卖去。于是这帮人就热热闹闹地开张了，“薪刍果茹，皆称中宫所卖”(《新五代史》)，还挺卖力气，水果蔬菜什么的，啥都卖。并挂出招牌：皇家食品，欢迎选购。

公务员下海，这事本身就是一大噱头，加上皇宫御用这个驰名商标，再整上两句广告词——你想和皇帝同吃一畦韭菜吗？你想让你的皮肤和皇后一样白嫩细腻吗？那你还等什么，赶快行动吧！这买卖没有不火爆的。由此刘皇后很容易就淘得了第一桶金，之后便乐此不疲了。

这生意没有任何风险。你想啊，税不用交吧！地痞流氓不敢收保护费吧！而且卖不了还有宫里的御膳房兜底，就是烂了，扔去皇家猪圈喂猪，你也得高价回收。只赚不赔，天底下还有比这更好做的买卖吗？！

再就是受贿。这个来钱更快，连吆喝都省了。刘皇后有这个方便条件，老公是皇帝，权力就不用说多大了，生杀予夺，掌握着全国人民的命运，托他办事的人肯定少不了。可皇帝不是谁想见就能见的，否则光握手就忙不过来，哪还有时间去考虑国家大事啊。于是就有聪明人迂回到了皇后这边，两口子给谁都一样，晚上睡觉时把话递到效果更佳，还免得直来直去说话的尴尬。

这事儿是两厢情愿，互有默契。送礼之人乐得打通一个新的办事渠道，就是不能立竿见影，也多了一个人事上的储备，迟早会用得上。而受礼之人有时也想显示一下自己的实力，乐得有机会展示一下。此方法一直沿用至今，无数事例都在验证着它的可行性。

刘皇后办事钉是钉铆是铆，拿人钱财替人办事，在这上面毫不含糊、很讲江湖道义。她将钱财一分为二，一半给皇上，你看，谁谁谁孝敬您来了，这人真不错，挺懂事的，有能力、有魄力，咱们国家现在正需要这样的人才啊，极其高调的就把这事给办了。剩下的一半归自己，把玩盘点之后入小金库。

那边做生意，这边收贿赂，刘皇后忙得不亦悦乎，生活那叫一充实。

可能在一天接待数波之后，她也发出过类似领导家属不好当、真想好好休息休息之类的慨叹，不过都是愁在嘴上甜在心里，看着“货贿山积”(《新五代史》)的金银珠石、奇珍异宝，再苦再累她也认了。

更舒服的是，这钱刘皇后还用不着花，一切吃穿用度照样走宫里的账，去外面消费了也是回来报销，自己一律零开支，干进不出，这要是不发财天理不容。刘皇后唯一花钱的地方，就是给附近寺庙里的和尚尼姑们添些香火。她觉得自己能当上皇后，日子能过得如此滋润，全是佛祖帮忙，所以也偶尔出手大方几回。

女人为什么喜欢金钱

“君子爱财，取之以道”，其实这句话同样适用于女人。女人不一定就是软弱的代名词。软弱，是因为她们没有到达一定的位置，没有遇到合适的机会。一旦位高权重了，女人和男人是一样的，也很强悍，甚至有过之无不及。吕雉的残忍，武则天的冷酷，贾南风的荒淫，独孤氏的霸蛮，无不用事实验证着这一点。

女人也有欲望，而且有着强烈的欲望，只是她们缺少展现的机会。刘皇后之所以能够疯狂敛财，就是因为她具备了展现欲望的条件。

那么，刘皇后为什么爱财如命呢？这和她的两个特殊情结分不开。

一是出身情结。刘皇后出身低微，这是她对钱财充满渴望的最原始的动力。刘皇后出生于魏州成安，父亲刘山人是江湖郎中，卖野药兼算卦相面，挣俩钱也是勉强度日，家境贫寒，并非豪门望族。

刘皇后进宫，也是因为一个偶然机会。李存勖灭后梁时，手下的大将袁建丰打下成安，看到刘氏长得乖巧，于是将其送入宫中，分配的工作是当奴婢，皇宫里的最底层。

那时刘皇后才五六岁的年纪，整天目睹后宫的繁华，却没有一样属于自己，心里只有羡慕的份儿。在这种富丽堂皇的环境刺激下生存，对富足有着无限的渴望，自然也就对钱财有着无限的渴望。而随着时间的推移，当这种渴望深入到骨髓时，便成为一种潜意识的欲望了。

你可能会说，刘氏当上皇后，不再受穷了，这种欲望就应该逐年减退才对。其实完全不是那么回事，她的欲望不但不会衰退，反而会更加强烈——因为她穷怕了。当一个人真正有过饿得两眼直冒绿光，一分钱恨不得掰成两半花的痛苦经历后，才会真切感受到贫穷的可怕。

二是攀比情结。刘氏不是李存勖的原配，她是第三个娶进门儿的，在她之前，还有正室卫国夫人韩氏，以及燕国夫人尹氏。这二位都是家世显赫、系出名门，刘氏来自民间，又是从一个底层奴婢一路干上来的，在这二位面前自然就很自卑。

而消除这种自卑的一个最好的东西就是钱财，钱财能让她心里获得莫大的安慰，也可以给她带来巨大的成就感，让她说话办事有底气。

刘皇后的攀比情结是很严重的，因为要攀比，她更加忌讳出身，甚至可以不认自己的亲生父亲。

老刘听说女儿在宫里富贵发达了，于是就乐呵呵地找去了，估计一路上还逮谁和谁说，我这丫头如何如何，这下我的生活有着落了，再也不用卖野药算卦了什么的，总之兴奋得要死。结果想象代替不了现实，女儿根本不认他这个爹。

李存勖对这事倒没什么忌讳，不过突然冒出来个老丈爹，也马虎不得，便让袁建丰过来辨认，这事可得整准喽，弄错就麻烦大了。

结果袁建丰一眼就给认出来了，因为这刘山人有个显著的特征：留着黄胡须。而且这么多年基本还是当初那身打扮。

袁建丰一拍大腿：没错，是他，叫爹吧。

小刘得信后急了，这不是来打我脸的吗？我前脚才跟老韩、小尹她们吹嘘完我家多富有，多少头牛多少亩地的，后脚你就给我来个叫花子爹，丢人现眼啊，现眼丢人啊，我以后在皇宫还怎么混！不由分说叫人把她爹轰了出去，同时无情地呵斥道：哪来的叫花子敢冒充俺爹，俺爹早死了。随后眼圈一红，掉下几滴眼泪：我那苦命的爹唉……

老公为什么不管贪财老婆

皇后如此贪财，皇帝难道不管吗？不是不管，是顾不上。这要说到李存勖的一个特殊爱好——唱戏。

李存勖唱戏简直到了痴迷的程度，他常常扮上花脸，穿上行头，亲自操刀上台，不过足了戏瘾绝不罢手。刘氏能成为皇后，其实也得益于李存勖的这个爱好。为了投其所好，刘氏刻苦学习歌舞技巧，在一次宫廷歌舞表演中被李存勖看中，进而纳入后宫专宠。而刘氏最终能成为皇后，靠得也是这一招。

李存勖在戏剧表演上很有创意。他自取艺名为“李天下”，一次上台表演，他连喊两声：“李天下何在？”（《新五代史》）一个叫新磨的伶人，上去就给了他一大嘴巴。李存勖被打蒙了，捂着脸问他为什么打自己。

新磨说：“李天下者，一人而已，复谁呼邪。”李（理）天下的只有皇帝一人，你叫了两声，难道还有一人不成？李存勖一想，是这么个理儿，原来是为了我好，不但没有责罚他，反而还予以重赏。这耳光打得值！

没有正规演出时，李存勖也闲不住，就对刘皇后搞恶作剧，“自负蓍囊药箧”（《旧五代史》），扮成刘皇后父亲刘山人的样子，背了药箱，拿着占卜算卦的幌子，衣衫褴褛地跑到刘皇后寝室，说要找女儿。弄得刘皇后脸上青一阵儿白一阵儿红一阵儿的。

如此玩闹的皇帝，整天生活在戏里，哪还顾得上皇后干什么啊！

女人越有钱越抠门

刘皇后最后成了名副其实的富婆了，国库里的钱都没她多。那国库是有进有出的，要给工作人员开工资，还要置办东西、调拨军费，以及吃喝拉撒的，都得花钱。刘皇后这钱不用花，光进不出，只会越来越多。到最后，国库都不得不向她伸手借银子了。

同光三年（925年）的秋季，黄河泛滥，庄稼绝收，税收一时不能保证，国家财政出现了赤字。就连皇宫卫队都发不出工资，饿死了不少人。这事非同小可，连保护皇上的人都吃不饱肚子，这安全还能有保障吗？于是就有大臣向李存勖建议，让刘皇后拿私房钱出来分给将士，以解燃眉之急——现在全国就她一人富得流油。

结果刘皇后听后断然拒绝，大言不惭而又语重心长地说：“吾夫妇得天下，虽因武功，盖亦有天命。命既在天，人如我何！”（《新五代史》）俺们两口子能有今天，不是靠得打打杀杀，都是命里注定的，现在咱们混到这份儿上，也是命该如此，靠人力是解决不了的。那意思，别老惦记我这点钱，花钱也没用，这是命。

后来看实在躲不过去了，老公那眼都红了，眼珠子都快瞪出来了，才不得已拿出来个首饰盒递给李存勖：我就这点家当，都拿出来了，你省着点花吧。

这点钱还不够塞牙缝的呢，李存勖没办法，就来了个寅吃卯粮——预收明年的赋税。这下老百姓更没活头了，仅有的口粮也被官府抢去，国家秩序变得混乱不堪，大将军李嗣源也趁乱起兵。眼看国家不保，这下刘皇后也慌了，赶忙拿出一部分钱分给士兵，好让他们坚守城池。士兵们都很气愤，说我们的妻儿老小都饿死了，还要这些钱有什么用？纷纷扔下兵器逃命去了。

刘皇后一看大势已去，也顾不得老公了，赶忙收拾金银细软，拉了好几大车，自顾自地逃到了太原。后来李存勖在兵变中成了刀下鬼，刘皇后走投无路，只得削发为尼。不久，李嗣源即位，下令赐死了刘皇后，没收其一切财产。

这下可好：人死了，钱没花了。

43 膨胀

残忍女人的心理解析

破禅

不是所有女人都温柔，而温柔的女人也不是每时每刻都能温柔。当一个完全以自我为中心的女人，权力欲望极度膨胀的时候，她就会变得失去理智，变得心狠手辣。吕雉对付情敌戚夫人的手段，简直达到了人类所能达到的残忍极限。做出如此变态疯狂的举动，只因有人要动她的奶酪。

女人折腾起来比男人还猛

记得有个电影叫“美人如玉剑如虹”，武打片，香港的，咱们不说内容，说说这个名字。这几个字里说到了男人和女人，而且还说到了男人和女人的性格。

女人就是美丽、温柔，如玉的气质，像小鸟般依偎在男人怀中。男人则用挥剑舞苍穹的英气和霸气征服女人，之后再去保护她。

这是男人眼中的完美女人，以及女人眼中的完美男人。有些夸张，有些理想化，有些以偏概全，但大抵如此。人是不可能用简单的几个符号，或是简单的几个词来概括一生的，人的性格同样也不能。

性格会因外界条件和环境的改变而改变，是动态的。它就像河里流动的水，有时平静缓慢，有时湍急汹涌，有时还会激起层层浪花。当然，一个人有着他最基本的性格，就像水流的快慢与否，它仍旧是水。

不是什么样的男人都有霸气，而有霸气的男人也不是在什么时候都有霸气，他们有时也很脆弱，也会想有个女人的胸膛来御寒，或是在心仪的女人面前撒撒娇（当然不是当着外人，那是贱骨头），甚至有时还会像孩子一样的困顿无助。

同样，也不是所有女人都温柔，而温柔的女人也不是每时每刻都能温柔。有句话怎么说来着，女人狠起来比男人还狠，就看她怎么表现了。

比如吕雉这个女人，她在性格上就不属于温柔的（或许也有过温柔，这个可以问问刘邦先生），用现在的话说，该归类为精明能干的女强人型，是事业心强而做事泼辣的职业白领。她帮助老公刘邦打得天下，后来又一度成为大汉王朝实际意义上的掌舵人。这一路走来，太过温柔了绝对干不了。

所以吕雉留给世人的印象，除了有手腕、懂权谋之外，就是心如蛇蝎、辣手无情。

其实这里面有点误会，政治是一种博弈，是一种以胜负成败论英雄的游戏，用情感作为衡量标准本身就有问题。狡猾的刘邦把心眼实诚的项羽蒙得一愣一愣的，为的是独得江山，并不是要评选时代好男人。在随后的四百年间，中国姓刘而不是姓项，这就是刘邦想要的结果，没有当初的流氓手段能行吗？

女人也一样，要想在这个政治圈里混出些名堂，没实力没手腕也不行。只不过温柔是女人的基本特质，给人的印象往往是弱者，所以她们一旦折腾起来，对别人的感官冲击就大。

女人发起狠来什么样

吕雉其实就是这样一个女人。她闻名于历史，创造了太多的第一。她是中国历史上第一个名副其实的皇后，也是中国历史上第一个名副其实的皇太后。她还开创了女人专权的先例，让彼时的中国不再只是纯爷们的天下。

单就政绩来说，吕雉也是骄人的。太史公评价说，“政不出房户，天下晏然。刑罚罕用，罪人是希。民务稼穑，衣食滋殖”（《史记》），在吕雉专权的岁月里，大汉朝国强民富，社会和谐，一派欣欣向荣的景象。对吕雉是完全持肯定态度的。

吕雉的著名，还有她的残忍。她对付情敌戚夫人的手段，简直达到了人类所能达到的残忍极限。我们只要看看《史记》中记载的这些血淋淋的文字，就会感到触目惊心——“断（戚夫人）手足，去眼，煇（同熏）耳，饮瘖（同喑）药，使居厕中，命曰人彘。”

一个曾经有说有笑活泼可爱的美少女，硬是让吕雉整成了厕所中无法辨认模样的“人彘”，那是怎样的一副凄惨景观啊！想想都让人不寒而栗。

吕雉对付戚夫人的这种刑罚，可以说是要多残忍有多残忍。它的残忍程度，甚至比被喻为古代酷刑极限的凌迟还要残忍。

凌迟残忍，是因为它达到了对人的肉体摧残折磨的极限，能带给围观者以巨大的视觉冲击力，在极度血腥中不断挑战人的心理承受极限。

而把活生生的人做成“人彘”，口不能言、耳不能听、眼不能看，没手没脚，还放到虫蛆蚊蝇充斥的厕所，让她痛苦地等死，则达到了从肉体到灵魂的双重迫害极限。

吕雉为什么这样残忍？为什么这样痛恨戚夫人？除了女人对情敌所特有的恨外，也和她进入皇宫之后的心路历程不无关系。人有性本善的一面，也有性本恶的一面。人性本善是与生俱来的，吕雉最初嫁给刘邦时，未必就是这样一个狠心的女人。而人性本恶却是受外界刺激而生的，是随着环境的变化而变化的。

历史上的恶人暴君不在少数，他们在历史舞台中所表演的“杰作”，并不是早就在娘胎里设定好了的程序，吕雉的行为也不是。它的形成有一个过程。这个过程可以总结为吕雉对权力的追求过程，也可以说是一个心灵扭曲的过程。这个过程让吕雉的内心逐渐变得冷酷无情，对付戚夫人之举，也只不过是这个过程中的一次小小演练而已。

谁动我的奶酪我跟谁急

对于刘邦来说，吕雉可能是个可以依赖的助手，却绝不是能让他欢心动情的宠物。随着吕雉的色衰，刘邦自然会喜新厌旧，他开始宠爱戚夫人，问题就来了。这个年轻漂亮而又转盼多情的定陶美人，让刘邦每每不能自持，也每每不能自拔，于是就把原配吕雉晾在了一边。

那么吕雉被晾，恨不恨戚夫人呢？恨，是正常女人都会恨。因吃醋而恨，因被冷落而恨，或是因爱而很。吕雉也会恨刘邦，不过刘邦是皇帝，既有喜欢任何人的权力，也有不喜欢任何人的权力，她控制不了，也惹不起。

如此一来，吕雉就把对刘邦和戚夫人两个人的恨，都集中在了戚夫人一个人身上，恨上加恨，恨何如哉？不过这也不是吕雉后来那般残忍折磨戚夫人的根本原因。吕雉恨归恨，但并不是很在意，因为她也没闲着，背地里和辟阳侯审食其有一腿。生理上既然有了保证，也就乐得睁一只眼闭一只眼了。

吕雉后来对戚夫人恨之入骨，是因为二人有了另外一个矛盾——戚夫人要抢夺原本属于她的奶酪。这是吕雉无论如何不能容忍的。这个新的矛盾也进一步促使了旧有矛盾的迸发，她因醋意而产生的不快迅速沉渣泛起。新仇旧恨纠结一处，老账新账一块清算。

事儿其实很简单。吕雉所生的儿子刘盈本是太子，是未来皇位的继承人。可刘邦爱屋及乌，喜欢戚夫人，连她生的儿子刘如意也看着顺眼了，就想废了刘盈，另立刘如意为太子。这就触及到了吕雉的心理底线。

咱且不说吕雉帮着刘邦打天下定天下，立有大功。就是无功，她也愿意让自己的儿子继承大统，这个是不消多说的。况且刘盈本就已经是太子了，平白无故地废掉，对吕雉也好，刘盈也罢，都是一种否定，她这张老脸也没处搁。

吕雉当时是很有危机感的。戚夫人漂亮温柔，但也不是一点私心没有，她也在竭尽所能地促成此事，《史记》中所谓“日夜啼泣，欲立其子代太子”。每天在刘邦面前哭哭啼啼、哼哼唧唧，不断吹枕边风，让刘邦立刘如意。而刘邦也是好几次都差点将这事落实到行动上，只是当时时机不成熟而最终流产。

流产的原因源于三个方面：

一则，废立太子毕竟是件受人瞩目的大事，好多人都有不愿节外生枝的惯性思维。当时叔孙通说的一席话很有代表性：“太子天下本。本一摇天下振动。奈何以天下为戏。”（《史记》）说废立太子不是小孩子过家家，今儿合明儿散的，那是关系到邦宁本固的大事情。明确表态：不同意废刘盈。

二则，现任太子被许多人看好。事情都有两面性，刘盈虽然性格孱弱，三砖拍不出个屁来，却反倒以温和的形象获得了极高的支持率，废了有悖民意。这也可以理解，做下属的都有一个通病，谁都想跟着一个仁义的老实君王，政治上既无太大风险，工作上也好混些。

三则，吕雉有着一定的势力。虽说她在姿色上不受刘邦待见了，可毕竟还是皇宫里的二把手，有一定的影响力。后来吕雉又请来“商山四皓”（汉初商山的四个隐士，即东园公唐秉、角里先生周术、绮里季吴实和夏黄公崔广）为太子助阵，这哥四个在当时威望颇高，堪比如今一些做出过突出贡献的革命老前辈，说话很有分量。他们一助阵，舆论和形势便出现了一边倒。所以，事儿就这么给拖了下来。

做母亲的对儿子有私心，这事无可厚非，就是上帝也会原谅的。戚夫人想让自己的儿子当太子，和吕雉不想让刘邦废掉自己的儿子，心情都是一样的。然而，上帝原谅，不等于吕雉也原谅。戚夫人要夺吕雉的奶酪，犹如一个叫花子去抢另一个叫花子的夜宵，被侵犯的一方一定会玩命的。

所以，立太子的问题，也就成了吕雉和戚夫人之间矛盾的最直接的导火索。在看似平静的表面，二人其实早在暗较心劲了，空气中弥漫的火药味已经很浓。而局面之所以还能控制，没有即刻爆发，只是因为刘邦依然健在。戚夫人虽手无缚鸡之力，身后却是强悍的一国老大，吕雉也不敢把戚夫人怎么样，她只能先忍着。

这个忍的过程，极易让一个人的心灵发生扭曲。等刘邦一蹬腿儿，这种积蓄已久的仇恨便很快爆发出来。

当妈的总是恨铁不成钢

刘邦想废掉刘盈（后来的孝惠帝），其实也不全是因为宠爱戚夫人，还因为刘盈的性格。要论道德和人性，刘盈那是没得说，其死后被谥为孝惠，便是对他一生最好的概括。《谥法解》中说：“爱亲曰孝，柔质慈民曰惠。”刘盈是个极具亲和力的好领导。

然而人性好，在政治上并不一定吃香，表现出来往往就是为人仁弱、魄力不足的缺点了。这样的性格自然不能令作风硬朗的刘邦满意。而戚夫人所生的儿子如意，则让他觉得很满意，正如刘邦自己说的，如意这孩子随我。

这事说来也挺逗的，看来遗传基因这玩意有时还真的会变异。吕雉和刘邦二位都不是善茬吧！生的儿子却很善良（或者说很软弱），戚夫人漂亮温柔，生的儿子倒虎虎有风。其实刘盈的温和性情，不但刘邦不喜欢，就是吕雉也不怎么喜欢。刘盈即位后，吕雉曾多次按照自己的心思调教他，试图改变他的这种性格。

比如，吕雉害死戚夫人后，又想杀掉刘如意以绝后患。刘盈不忍心，就把刘如意请到自己的住处，一起喝酒，一起睡觉聊天，等于给保护起来。吕雉劝儿子说，留着他迟早是祸害，你不能这么仁慈，这对你没好处。可刘盈就是不听。结果刘盈百密一疏，最后还是给吕雉钻了空子。

有一天刘盈早起去郊区骑马射箭，刘如意没跟着去，在被窝里睡大觉，吕太后得到线报，赶忙派人去收拾刘如意，给他强行灌了毒酒。刘盈兴高采烈地回来，还想着和刘如意一起喝早茶呢，没想到那边早死翘翘了。

还有一事，也能看出吕雉对刘盈是恨铁不成钢的，结果这事给弄砸了，最终害了自己的儿子。吕雉把戚夫人做成“人彘”放到厕所之后，就让刘盈去看，也没和他多说什么，估计是想练练他的胆量，让他学得胆大点，学得残忍点。刘盈一点思想准备都没有，猛不丁看到这么一个怪物，吓得魂飞魄散。别说刘盈，搁谁也得吓一跳啊。结果刘盈受此惊吓，从此一病不起。刘盈后来年轻轻的便见了阎王，和这次受到惊吓不无关系。

再就是对付齐王刘肥。刘肥在刘邦的诸子中排行老大，刘盈不是懂礼貌讲礼数吗？一次宫宴，刘盈就谦让刘肥，让他上座，刘肥推脱不过，也就大大咧咧毫不客气地落腚了。这让在一边冷眼旁观的吕雉很不高兴，这成何体统啊，你刘肥岁数再大，也还是臣子，是下人，你居然敢坐在皇帝上头，这哪行啊，你这是没把我们孤儿寡母的放在眼里啊。

于是吕雉就让人倒了两杯毒酒放在这哥俩面前，皇太后赐酒，有点受宠若惊，这哥俩于是五魁首六六六的准备一饮而尽。这时吕雉突然打掉刘盈手里的杯子，二话不说，走了。刘肥这下知道酒里有问题了，也知道是啥阵仗了，吓出了一身冷汗。后来刘肥采用谋士的策略，百般巴结吕雉，才免得生命之忧，不过这就不是本篇所说的重点了。

吕雉这样做，无非是想让刘肥在刘盈面前放尊重些，知道谁大谁小，别给你点阳光你就灿烂，给你点浓缩铀你就做原子弹。从中我们也不难看出吕雉对刘盈的良苦用心。

权欲的膨胀让女人变得可怕

人没有权力并不可怕，可怕的是拥有权力之后再失去权力。这是吕雉后来牢牢控制权力的根本所在。刘盈在位，当妈的说了算，刘盈死后，吕太后又连着立了两任傀儡，亦即前少帝刘恭和后少帝刘弘，依旧全面把持朝政。

吕雉不放权，是因为她喜欢权力，喜欢享受权力带给她的快乐，她深知失去权力会意味着什么。为了牢牢控制权力，吕雉还做了另一番准备，就是大封吕姓王侯。试图把刘家的天下变成吕氏的天下，以达到权力的延续和扩张。

这在当时是极具颠覆性的一个事儿。且莫说刘邦当年有遗命，说“非刘氏而王，天下共击之”(《史记》)。明白的告诉世人，天下是我们姓刘的，不是刘姓皇族你功劳再大，能力再强，也没当王的资格。相当于公司合同里的霸王条款，不容修改和质疑。就是刘邦没这样说，外戚控制朝纲，这也是个十分敏感的问题，所以当时反对的声音很多。其中的代表人物就是右丞相王陵。

当然也有认清形势坚决支持的，中国自古就不缺少顺杆爬的人。比如左丞相陈平和绛侯周勃，就对吕后此举表示了高度理解，说“高帝定天下，王子弟，今太后称制，王昆弟诸吕，无所不可”(《史记》)。说刘邦说了算的时候，封刘姓王，现在你吕太后说了算，自然要封吕姓王侯啊。一朝天子一朝臣，谁都想着自己人，这再正常不过了。搞吧，早就该这样!

如果有几个人围着你转，听你调遣，那么你就是这几个人的核心。如果大家都围着你转，以你马首是瞻，那么你就是大家的核心。这就叫形成合力，也就是领导常说的凝聚力。陈平和周勃以吕后为核心，领会吕后的精神并坚决予以贯彻，这无疑让吕雉很高兴。她再次体会到了权力的魅力。

当一个人完全以自我为中心，权力欲望极度膨胀的时候，性情也会随之改变。他心中会逐渐树立起一个坚定的信念：谁敢触动我的利益，谁能威胁到我的地位，我就会毫不客气、毫不留情地对付谁。吕雉此时正是这样一种心态，她甚至已经听不得一点点反对的声音。最后吕雉终于寻了个理由，罢了王陵的丞相职位，就是最好的说明。

44 手段

女人怎样对付男人

男人对付女人的手段通常比较简单直接，而女人因为温柔内敛的性格，也因为她们的从属地位，让她们在对付男人的手段上，要复杂得多，也隐蔽得多。武则天不但要领导一大群男人，还要掌控整个王朝的走向，要成功，没有手段是绝对不行的。可以说，武则天政治上的成功，就是对人的一种成功，特别是对男人的成功。

男人和女人的不同手段

男人离不开女人，女人也同样离不开男人。于是男人与女人之间，便不断上演着纷纷扰扰、幽幽怨怨；上演着悲欢离合、聚散依依。也就有了男女之间相处的方式方法，以及手段。

在古代，男人对女人，可以是欣赏、喜欢、占有，甚或是玩弄、抛弃、转让。女人对男人则不行，她们大多没有选择的权力，只能被动地任由男人去欣赏、喜欢、占有，或者是玩弄、抛弃、转让，而无可奈何。随着女权主义的进步，这些行为一样也被女人用在了男人身上，而且有过之而无不及。

中国自古都是男权社会，也因为男人粗犷和不拘小节的性情，让男人对女人不屑一顾，所以男人对付女人的手段通常也比较简单直接。而相比之下，女人因为温柔内敛的性格，也因为女人的从属地位，让她们在对付男人的手段上，要复杂得多，也隐蔽得多。

说到对付男人，武则天无疑是女人中的佼佼者，也是最有发言权的。她身边的男人，可以说涵盖了世间所有男人的类型：皇帝、丈夫、儿子、大臣、男宠；年老的、年轻的；反叛的、支持的；正义的、邪恶的……

武则天是中国历史上唯一的一个女皇帝，关于她的事迹和传说，向来是人们热衷追捧和研究的对象。她的文治武功、她的治国方略，每每让人拍手称奇。当然，与之相伴随的还有她的私生活，特别是她的风流韵事，广为坊间流传。仁者见仁智者见智，有关此类事的评价，向来也是褒贬不一。

历史本就是任人评说的，这个无可厚非，也无法操控。但是任何人也不能还原历史的本来面目。正如武则天要给自己立无字碑一样，或许有些事连她自己也说不清楚。

不过有一点是没有争议的：就是谁也不能否认武则天是一个伟大的政治家，是一个伟大的女性。

有人说武则天手段太过残忍、太过毒辣，这个我不否认，但也不能就此妄下断语，说其天性凶残、人性泯灭。

作为一个女人，能够在男权社会立足，已是十分不易。何况这个女人还要领导一大群男人，领导男人精英中的精英，还要掌控整个王朝的走向，这就更加难上加难了。而要做到这些，没有手腕是不行的，没有过激的行为也是不可能的。不管怎么说，武则天最后还是成功了，她驾驭了大唐王朝，也为大唐盛世做出了不朽的功勋。仅这一点，就很值得敬佩。

从宫中一个小小的才人，到后来的皇后、皇太后，再到自立为皇帝，武则天的一生是奋斗的一生，是极不平凡的一生，也是极其艰难的一生。

政治的斗争，其实就是人与人之间的斗争。在到处充满杀机的皇宫之中，每走一步都是艰难的，因为你不知道前面会有什么陷阱，这个陷阱可能是别人设下的，也可能是自己不小心设下的。总之，你在那里不能有一点点的失误，只要有一步棋走错，就会满盘皆输，还可能付出生命的代价。

可以说，武则天政治上的成功，就是对人的一种成功，特别是对男人的成功。我们不妨先来看看武则天在对付男人上，都用过哪些手段。

武则天对付男人的几个手段

一是取悦。不管现在的女性多么独立，或者已经独立到多么桀骜不驯的地步，取悦男人仍旧是女人的一个习惯性理念。女为悦己者容，这是人之常情，也是互为因果的两个方面。

女人被男人喜欢，就会在意自己的仪表，增加照镜子的次数、和对面部以及身体的修饰力度，极力表现她们优雅的一面。而女人这么做，也无非是为男人的喜欢增添新的砝码，以便让这个男人喜欢得更加死心塌地一些。

当然，随着女权的进步，这种取悦业已改变了它的内涵。如今女人眼里的男人，是一个泛泛的概念，更像一个没有个性、没有名字的群体，而不是专属于哪一个具体的男人。

女人期待所有男人都来欣赏自己（甚至为她吃醋），而她却并不一定靠着这种欣赏而生活，不一定、也没必要对这种欣赏做出什么回应。换句话说就是：男人必须喜欢我，我则可以视心情、看情况而择之。这已经很拽了，足以让某些男人为之崩溃。

不过武则天虽然伟大，但毕竟是古人，还没有现代女性藐视一切的资本。她面临的问题要单纯得多，她不敢有让别人喜欢而自己不屑一顾的奢念。她必须取悦男人，必须千方百计让男人来喜欢她，她才能出头，此外别无他法。因为她面对的是一帮世界上最拽的男人——皇帝或者太子。

女人取悦男人，最基本、也是最有杀伤力的武器，当然是美貌了，这点武则天也不例外。可后宫拥有美貌的女人实在是太多了，全国的美女精英皆汇聚于此，想要被宠爱可是件非常难的事。

武则天天生丽质，14 岁那年，“太宗闻其有色，选为才人”(《新唐书》)。也就是说，武则天的美貌是大家公认的，而且都传到李世民耳朵里去了，就这样才给了个才人的位置，可见竞争有多激烈。

那么才人在后宫是个什么位置呢？唐初时的后宫制度，自皇后以下，依次为贵妃、淑妃、德妃、贤妃几个夫人。再往下是昭仪、昭容、昭媛、修仪、修容、修媛、充仪、充容、充媛等，为九嫔。九嫔之下，才是婕妤、美人、才人各九人。属于第四类第三等，离皇帝远着呢。

位置虽然不高，但武则天却完成了取悦的第一步，就是得到了太宗李世民的青睐。为啥这样说呢？因为李世民除封武则天为才人外，还给她“赐号武媚”(《新唐书》)，重新取了个名字。

这就有点意思了。媚，在字典中本就有逢迎取悦之意，武则天容貌要不过硬，那整天在美女堆里混的李世民根本不会看上眼。而如果光有容貌，死气沉沉的，也不会引起李世民多大兴趣。所以，若非当时武则天婀娜多姿逗得老李心痒痒了，他脑海中绝不会轻易冒出这个“媚”字来的。

太宗死后，武则天削发为比丘尼，居住在感业寺。高宗李治即位后，曾去感业寺上香，“见而悦之”(《新唐书》)，一见钟情。

高宗上香，时间不会太长，回去还有好多事呢，大领导都很忙，不能在这瞎耽误工夫。而他与武则天四目相对，停留的时间也不会太长，也许只是一碰一闪的事，毕竟这是佛家清静之地，不是男女调情的最佳场所。况且彼时还有随从和众尼姑在一旁眼睁睁看着呢，他老直勾勾地盯着一个尼姑看也不是那么回事啊。

武则天能在这么短的时间内让李治看上，这眼神里的交流是必不可少的，武则天的“媚力”全都体现在这。也足见其在取悦或者说被取悦方面，确实很有两把刷子。当然，高宗那次不是初见武则天，早在当太子时便见过，当时李治太子也是很“悦之”的。有了这个前提，那么上香时的“见而悦之”，或许是高宗的一个甜蜜阴谋吧？！个中缘由，咱们且不管它。因为时过境迁，此时的武则天毕竟是尼姑身份，头部没有任何修饰，长发不再飘飘，也没有华丽的衣服鞋子，如此形象都能让高宗再次光顾而且“悦之”，那要的才是真功夫呢。

二是欺骗。不知哪位先哲说过：女人是一种天生会撒谎的动物。说这话的哥们儿可能吃过女人的大亏，不过客观说这话还是有一定道理的。女人大多含蓄、内敛、羞涩，不可能完全口无遮拦地吐露心声，也不可能事事做到有一说一、不打诳语。

比方说，女人和男人恋爱，却时常说这个男人讨厌（只限于她自己说，你说她会挠你）。这种否定式的肯定倒不是有意为之，而是性别的差异和性格的特点所决定的。或许我们将其定位为一种委婉的表达更为恰当。

正因为有这个特性，女人说谎才具有麻痹性，而且特别容易麻痹男人，因为男人和女人的思维方式是不一样的。我们常说要读懂女人，就是要读懂女人表情和说话背后的真实涵义，你如果只注意到女人说你讨厌，而不去理会她那娇羞的一瞥、嗔怪的一笑，您老就真亏大发了。

男人容易被女人麻痹，还有男人自身的原因，因为男人喜欢注意女人表情之外的东西，特别是对那些如花似玉的美女，你总是盯着人家漂亮的脸蛋、迷人的三围，心里早就痒成一处，身体也早就软做一团了，还有啥子辨别能力？不乖乖的顺杆爬才怪！

因此，女人搞政治是具有先天优势的，因为她们的合作伙伴大多是男士。

女人容易被人相信，还有其先入为主的善良。男人对于女人，特别是他心仪的漂亮女人，总会把她往好里想，而不愿将一些邪恶的事情与其相联系，这大概也是人性本善的一个突出反映吧。武则天在欺骗男人上也充分运用了这一点，这让她的行为不但具有麻痹性，还具有强烈的真实性。

武则天能够再次回宫，除了高宗的喜欢，还因为王皇后的力挺。

大老婆主动给老公找小老婆，这事咱们还得两说，不是人家王皇后吃饱了没事干，她也是有目的的。因为当时高宗很是宠爱萧淑妃（看来高宗这家伙很多情），王皇后受到冷落，气不愤，就想找个人替她和萧淑妃争宠，好打掉萧淑妃的嚣张气焰，于是才看中了武则天。

没想到这回老王搬了石头砸了自己的脚，她本来觉得武则天地位低下，不可能对她构成威胁，结果却忽略了武则天的“媚力”和能力。武则天不但替她打掉了萧淑妃，还捎带脚把她一起给收拾了。收拾王皇后，武则天就是制造了一个真实的谎言。

武则天生了个女儿，王皇后来看，走后武则天就对女儿下了毒手，等到高宗乐颠颠地来看女儿，女儿早已凉了半天。武则天哭哭啼啼，说王皇后来之前女儿还好好的，这是怎么了？我那苦命的孩子啊……

一定是王皇后做的手脚，高宗对此深信不疑。这也不能全怪高宗不明辨是非，但凡是人，那心都是肉长的，决不会想到天下还有这么狠毒的母亲。高宗被骗得一愣一愣的，终于下了“废王立武”的决心。

三是用心。机会总是留给那些有准备的人，也就是那些平时用心的人。女人在这方面比男人有优势，因为她们的性格就是稳妥而细心的。她们会注意一些男人忽略的细节。而这些细节，也最能体现一个人的真实性。因为所谓的“大事”，往往都是做出来的，是刻意安排好的，是程序化的东西。而那些被人们忽略的细节，却往往才是事情最为真实的一面。

武则天的用心主要体现在政治上。女人一般不喜欢政治，而她们一旦喜欢，就不似男人那般粗放、简单，她们凡事很细心、很留意。而且她们也不像男人那般张扬，有点事就像搞了个独一无二的发明，要抢注专利，恨不得嚷嚷得满世界都知道，借以表现自己见解之独到。又或把身子往椅背上一靠，故作高深地微笑着，以示自己对一切都已了然于胸。

女人没这么多事，她们经常处于旁观者的位置，所以看问题要冷静客观得多。

武则天以姿色进幸，也以姿色为手段进一步巩固自己的地位，但这不过都是她表面的幌子。一如迎风猎猎的军旗背后是全副武装的战士，武则天运用最多的还是她精明的头脑。她清楚地知道：一个仅靠姿色取悦男人的女人是绝难长久的，因为男人并不是想象中的弱智。

高宗身子骨不结实，据《新唐书》记载，他在执政后期“多苦风疾”，龙体总是欠安，工作有点力不从心，于是“百司奏事，时时令后决之”。先是让武则天帮着看个奏章拿个意见啥的，后来干脆将部分工作交给武则天直接处理了，自己落个轻省自在。不过这也说明不了什么，因为武则天是皇后，宫里的二把手，一把手有病，二把手主持些工作也很正常，毕竟是家天下嘛。

可后来事态的发展就不妙了，人们开始渐渐遗忘高宗这个一把手了，高宗说话也不那么管用了。人都有这样一个毛病——我可以不干事，但我必须受重视。高宗的威信都受到了严重挑战，就有些后悔了（也可能是胆小了），怕给架空，终究放心不下朝政，就又想着废了武则天。但这也正像职务的升迁，你提拔他容易，再想让他下来就难了。最后的结果完全出乎高宗意料，他“谋泄不果”(《新唐书》)，已然是无力回天了。

你别小看这个“谋泄不果”，这里面学问大了。为什么会“谋泄”？皇上的“谋”都有人“泄”，这说明了什么？只能说明武则天当时已经通了天眼，皇上的一举一动都尽在掌握，其势力不仅是遍布朝野这么简单，还直接渗透到了皇帝身边。也就是说，在高宗养病期间，武则天并没闲着，她将一些重要岗位悄悄换上了自己的人，或是给现有的人来了个大洗脑，让他们向自己靠拢。这充分说明武则天是处处留心政治的，她不会放过任何条件和机会，只有这样，他才有和男人抗争的资本。

人们对既成的事实总会慢慢适应和接受的，后来事态的发展也充分证明了这一点。高宗尽管不高兴，但对武则天表现出的政治天赋也是由衷地叹服，后来也就乐得放手交权安心养病了。

不光高宗，武则天的政治天赋也得到了底下一帮大臣的认可。上元元年，亦即公元674年，高宗改称天皇，而“皇后亦号天后”，这并驾齐驱的夫妻俩，被朝野上下称为“二圣”。情形堪比隋初的文帝杨坚和皇后独孤伽罗。这“二圣”的称号，当是对武则天政治成绩的最好肯定。换句话说，武则天是用自己的能力和魅力征服了满朝文武。高宗临死，遗诏皇太子李显即位，并且特别交代：“军国大务不决者，兼取天后进止。”武则天成了顾问委员会主任，可见老高宗对武则天的政治头脑终究是肯定的。这不能不说是武则天对政治用心的结果。

四是笼络。古代豢养食客，其实质就是一种物质笼络。人家凭什么养着你这么个只吃饭不干活的闲人？又不是钱多得没处花了对吧？关键时候你得拿命去换。

无数的事实都在证明着一个道理——金钱有时是可以换取人心的。

和金钱有着同样效果的还有爵位。中宗李显即位后，武则天被尊奉为皇太后，临朝称制，大赦天下，于是金钱和爵位双管齐下，大肆笼络人心。据《新唐书》记载，武则天先是“赐九品以下勋官一级”，从最基层抓起，给他们一个甜头尝尝。一年后，武则天废掉李显，另立李旦为帝，是为睿宗。武则天又下诏“赐文武官五品以上爵一等、九品以上勋两转”，大力提高中层以上干部的待遇。第二年武则天又大赦天下，“赐酺三日，内外官勋一转”。这家伙，又让喝酒又给官的，谁不高兴啊。

为了能够笼络人心，武则天“不惜爵位，以笼四方豪桀自为助”，出手很是大方，从来不吝惜赏赐封官，反正都是给她干事，该给甜头给甜头，把干部哄高兴了干得才更欢。所以在对象选择上，也大大放宽尺度。“虽妄男子，言有所合，辄不次官之”，不管什么样的人，只要和武则天对脾气，她看得上的，一律封官加爵，出手大方得很，由此她也很快便笼络住了朝廷和地方上的官吏。这一方面稳定了自己的统治，另一方面也让大唐的事业更加蒸蒸日上。

一个官吏，为官的最大愿望不是什么多做事、做好事而是获得升迁，这才是他们为官的最原始动力。你让他看到了希望，也就刺激了他的工作积极性，捎带脚做点好事也应该。

五是监控。一个成功的领导，对下属的言行必须掌握，否则便会稀里糊涂，甚至在阴沟里翻船。

所以，领导掌握下属的言行，也是一门必修课，如此才能与下属正确沟通或是对症下药，才能知道自己的民意走向。

武则天当上皇帝，在当时是一个极具颠覆性的事件，人们不理解不接受是肯定的。武则天知道，人们的认知有一个适应的过程，随着时间的推移，人们会慢慢接受她，也会慢慢接受这个事实的，但也不排除仍会有一些食古不化的人，毕竟古人一根筋的多，不像现在人这么灵活。所以武则天在志得圆满之际，偶尔也会“畏天下有谋反逆者”(《新唐书》)，睡觉难免不踏实，于是就用了个新招：诏许上变。

所谓上变，就是向上汇报异动，也就是下诏允许各地官员甚至百姓，直接向皇帝上报基层的一些异常情况，不必经过宰相副宰相什么的中间环节。这样一来，武则天就能随时掌握基层的第一手资讯。

武则天对这事很重视，亲自抓亲自过问，规定：“凡言变，吏不得何诘，虽耘夫荛子必亲延见，禀之客馆。敢稽若不送者，以所告罪之。”(《新唐书》)对告密者开一路绿灯，谁也不得阻拦，就是扛大锄的捡破烂的你也得热情接待，不许截访。

政策如此宽松，群众热情异常高涨，积极性被充分调动起来，人们拼命伸长耳朵打听是非，睁大眼睛观察动态，期待着有立功的机会，谁不想在皇上面前表现表现啊！一时间“上变者遍天下”(《新唐书》)，来京反映情况的人络绎不绝。

武则天这招震慑力极大，以至于当时人们说话都小心翼翼的，连大气也不敢出了(人人屏息，无敢议《新唐书》)。随便议论朝廷是非？省省吧，连说梦话都惊着几分心呢。此举对武则天权力的巩固起到了不可估量的作用。

六是利用。人在江湖漂，哪能不挨刀。我想这说的是社会的复杂，和人在社会中的无奈。真挨刀倒不至于，但是被人算计被人利用却是司空见惯的。每个人都有可能被别人利用，也一定会被别人利用，只是程度上的区别，除非你实诚到（或者说傻到）一辈子都蒙在鼓里。

从某种角度上讲，人能被利用，说明他还有他的价值，如果连被利用的价值都没有，就只能是被抛弃了。这何尝不是人类的一种悲哀啊。不过多数人是不会在乎这种被利用的，吃一堑长一智，人是高级动物，模仿能力超强，在反复被人利用之后，就会变得聪明起来，也会反过来想着去利用别人。

历史上著名的酷吏周兴、来俊臣，能够在当时肆无忌惮、横行朝野，其实就是武则天在利用他们，否则不可能任他们那么嚣张。武则天通过他们制造的种种恐怖，来营造一种紧张的政治氛围，从而控制人们的思想和言行，维系她的统治。或者说，武则天是假借他们之手，来树立自己的威严。

物极必反，后来这哥俩儿玩得忒猛，弄得人心惶惶，不但一般人惧怕，就连武氏集团的精英分子对这二位也是避之不及，这就不符合大多数人（或者说主要人物）的利益了，也失去了最初的功效，没有了再利用的价值。

于是武则天又通过除掉他们，来争取大多数，最后又利用了他们一把。她先是假借来俊臣之手，请周兴先生“入瓮”，要整死他，后来终究念及他的往日功勋，改为流放边疆。来俊臣则没这么幸运，后来到底寻了个理由将其斩首谢众。

七是残杀。杀一儆百，杀鸡给猴看，永远是统治者树立威信、统治民众的一个最常用、也是最有效的手段。武则天在这上面可谓展演得淋漓尽致。说实话，武则天的统治地位一开始并不牢固，最起码不像后来那样牢固。毕竟她是冒了天下之大不韪，做了一件别人想都不敢想的事情。正是她后来的以杀立威，用无数人的尸体和鲜血铺出了一条恐怖而寂静的道路。

与一般为政者不同的是，武则天杀人并不选择对象，只要对她不利她就杀。就是对自己的亲生骨肉，武则天也是毫不留情地出手。前面说过她曾经亲手扼死自己的亲生女儿，这不是重男轻女的思想作怪，因为她对自己的亲生儿子也同样的狠辣。

光宅元年（684年），是武则天充分展示权力的一年，也是她对子孙大发淫威的一年。这年她废中宗李显（武则天第三子）为庐陵王，并将其幽禁起来，另立了豫王李旦（武则天四子）为皇帝，废皇太孙李重照（李显之子）为庶人，并且派人将早已废为庶人、流放到巴州的次子李贤杀死。

对亲子尚且如此，别人就更不用说了。在武则天正式称帝的前两年，这种杀戮简直成了家常便饭。对其杀人如草芥的大手笔，我们只要看看《新唐书》中的部分记载，就会一目了然：

破禅

永昌元年（689年），“杀汝南郡王玮、鄱阳郡公諲、广汉郡公谧、汶山郡公蓁、零陵郡王俊、广都郡公璹……杀天官侍郎邓玄挺……杀阎温古……杀张光辅、洛州司马弓嗣业、洛阳令弓嗣明、陕州参军弓嗣古、流人徐敬真……杀陕州刺史郭正一……杀相州刺史弓志元、蒲州刺史弓彭祖、尚方监王令基……杀恒山郡王承乾之子厥……杀魏玄同、夏官侍郎崔察……杀彭州长史刘易从……杀凉州都督李光谊……杀陕州刺史刘延景……杀右武威卫大将军黑齿常之、右鹰扬卫将军赵怀节……杀嗣郑王璥……”

天授元年——载初元年（690年），“杀刘齐贤……杀地官尚书王本立……杀范履冰……杀梁郡公孝逸……杀汴州刺史柳明肃……杀豫章郡王䜣……杀泽王上金、许王素节……杀太常丞苏践言……杀许王素节之子璟、曾江县令白令言……杀裴居道……杀将军阿史那惠、右司郎中乔知之……杀尚书右丞张行廉、太州刺史杜儒童……杀流人张楚金……杀流人元万顷、苗神客……杀南安郡王颖、鄅国公昭及诸宗室李直、李敞、李然、李勋、李策、李越、李黯、李玄、李英、李志业、李知言、李玄贞……杀钜鹿郡公晃、麟台郎裴望及其弟司膳丞琏……”

在完成这一系列的杀戮之后，武则天称圣神皇帝，建国号为周。

八是玩弄。性欲的宣泄也是为政者的一种减压方式，这不是专对男人讲的，也不是男人的专有，而是对于掌权者而言，包括女人。历史上荒淫的女人也比比皆是，特别是在皇宫那个人欲横流的地方，更是数见不鲜。

对于武则天来说，政治的压力和苦恼是不为外人所知道的——她也不会让外人知道，人们只注意到她的威风，欣赏到她的风采，感受到她的霸气。人们更愿意把她看成一个符号、一个象征，而不是一个纯粹的女人。

可她的确又是一个地地道道的女人，是一个各方面需求都很正常，而且欲望非常强烈的女人。武则天也有苦闷无助的时候，她也需要发泄，需要身心的愉悦去冲淡这种苦闷的浓度。

武则天玩弄男人，和她最初取悦男人，有着异曲同工之效。她靠博得男人欢心上位，所以在上位之后也要充分享受男人带给她的愉悦。随着权势的稳固，在对待男人方面，武则天变客为主，变被动为主动，最后变成按需索取、随心所欲。这些男人获得了宠幸，也像后宫女人获得皇帝宠幸一样，无不感到开心和幸运。这些人不光是她床上的玩物，还是她的眼线、她的亲信。看着这些死心塌地、小心伺候的男宠们，武则天感到了一种满足，一种征服的满足，一种唯我独尊的满足。

最早被武则天相中的是薛怀义，本名叫冯小宝，“伟岸淫毒”(《新唐书》)，床上功夫十分了得，武则天对他很是满意。为了掩人耳目而又能经常亲密接触（“欲掩迹，得通籍出入”《新唐书》)，武则天让薛怀义出家，做了白马寺的主持。

如此，薛怀义便可随意出入宫中，因为和尚是不吃荤的，谁也别往下三路上去想。况且找和尚来宣扬佛法教义，犹如领导找美女下属到办公室谈话一样自然。

薛怀义之后，又有张易之、张宗昌兄弟（这三个是比较著名的，当然不止这三个），武则天也是大加宠爱，其实质都是为了满足自己的生理需求。将男人玩弄于股掌之间，一如皇帝对后宫女人的玩弄。

薛怀义后来飞扬跋扈，也像那些被皇帝宠爱的妃子，一高兴就不知道自己几斤几两了，终于惹怒武则天，将他杀了。老薛不知道，喜爱是有限度的，玩弄式的喜爱会随着时间的推移而变淡，此时的武则天早就没了当初的激情，候补型男又排成了长队，她当然不会在乎一个小小的薛怀义了。

九是报复。让我们将时间再往前推一点，当初武则天被高宗召回宫，并没有直接让她当皇后，而是立为昭仪。为了当上后宫一把手，武则天陷害王皇后，让高宗终于下了“废王立武”的决心。那时高宗和武则天正处于热恋阶段，也乐得讨武则天欢心。

结果这重新立后之事朝中意见不一，权臣长孙无忌等人以死固争，既不同意废掉王皇后，也不同意立武则天。长孙无忌是高宗的舅舅，说话很有分量，高宗不得不考虑。

为了实现自己的政治主张，高宗竟然不惜放下皇帝的架子，来了个倒行贿。他“密以宝器锦帛十余车赐之（长孙无忌）”（《新唐书》），把平时自己都舍不得把玩的稀罕物件都给舅舅送去了，可以说下了血本。

上司给下属送礼，此事亘古未有。可高宗为了他心爱的武昭仪，竟敢于舍下老脸、“礼贤下士”，也的确难得的很。而且光送礼还不放心，随后高宗亲自驾临长孙无忌的府邸，晓之以理，动之以情。

破禅

武则天她妈也没闲着，也是“诣其（长孙无忌）家申请”（《新唐书》），跑到长孙无忌家里拜访，当说客。长孙无忌府邸一时人来人往，好不热闹。这事儿要搁那些会应景的领导头上，早就好好好是是是了，并且还会千方百计找出武昭仪适合当皇后的种种理由，以迎合皇帝的心意。可古人没今人活络，长孙无忌根本不买账。

不同意就不同意，面子给全你了，硬不要脸谁也没办法。高宗于是便来不讲理的，犹如一把手力排众议，最后拍板：这事就这么地了，出了事算我的。武则天最后还是被立为了皇后。但是这样一来，武则天“以无忌受赐而不助己”（《新唐书》），收了礼却不办事，心里就恨上长孙无忌了，后来得势后终于寻了个理由，将他流放到黔州（今重庆市彭水县），方解了心头之恨。

十是恐吓。杀人是不得以而为之，是最后的杀手锏，教育还是摆在第一位的。但是光凭教育也不行，因为有的人并不识教，光嘴说没用，还要上点别的手段才有效。幸好，在杀人和教育之间，还有恐吓这个不左不右的妙法。

徐敬业造反，武则天将叛军收拾停当之后，召开了专门会议进行总结。对众朝臣说：徐敬业是人中豪杰，做出不利于朕的事，朕都能杀了他（彼皆人豪，不利於朕，朕能戮之《新唐书》），你们这几棵葱蒜自己就掂量掂量吧，要是觉得比徐敬业还牛，你们就说话。这谁还敢说话啊？于是“群臣顿首，不敢仰视”（《新唐书》），战战兢兢，大气都不敢出，连说好好好是是是。

女强人在欲望上不输于任何男人

人的手段其实不是天生的，而是后天造就的，形成原因也是多方面的，有外因也有内因。

外因是生活环境的影响。武则天的手段也不是一下子形成的，而是随着外部环境的改变，在她逐步适应环境的过程中一步步形成的。皇宫的环境还不同于一般的环境，这里等级森严、险象环生，在这样的环境中生存很容易锻炼人。犹如魔鬼式集中营的训练，有人在后面拿枪逼着你，不学也得学。

内因则是人的欲望在作怪。每个人都有欲望，只是对所达到的要求不一样。武则天的欲望非常强烈，但她的欲望也是渐次提高的，一开始她也许并不想当皇帝，或者说她根本就没敢往当皇帝那事儿上想，能够得到皇帝宠幸，在宫中占得一席之地就不错了。可是人的欲望犹如小人的性情，会蹬鼻子上脸。地位的逐渐提高，也不断刺激着武则天向更高更多的欲望进发！

内因和外因是相互影响、相互作用的。我们常说时势造英雄、造化弄人，这“时势”和“造化”就是外因环境，而武则天对权力的欲望就是内因基础。如果没有欲望，她受环境的影响不会那么深，而环境又让她的欲望变得更加强烈。正是这两者的相互作用，最终造就了历史上这位特殊的女人。

能够使手段的人，都是有一定胆识和智商的人。具体到女人，在这方面会表现得尤其突出。武则天从一开始入宫，就表现出这种特质。有胆识不仅仅是有胆量，更不是鲁莽，还要有真本事。如果说武则天取悦李世民父子，靠得是姿色和小聪明的话，那么她后来的政治作为和政治手段，则是胆识与智慧的完美展现，尽管这里面充满了心机、血腥和杀戮，包涵了人们的不解和疑惑。

武则天不过是众多女强人中的一个典型代表，随着社会的进步，如今的女强人越来越多，她们活跃在各个岗位，活跃在我们身边。和男人一样，现在的女人也一样可以张扬，可以昂头挺胸了。

做商人，她们会精打细算、利益至上；做公司高管，她们会不择手段、心狠手黑；做高官，她们会呼风唤雨、雷厉风行。就连男人的潇洒，女人也表现得毫不示弱，男人可以找小姐、逛夜店，女人一样可以，甚至出手更加大方。